# 中国经济的
# 逻辑与展望

林毅夫 等◎著
王贤青 白尧◎主编

图书在版编目(CIP)数据

中国经济的逻辑与展望/林毅夫等著;王贤青,白尧主编.—北京:北京大学出版社,2022.1
ISBN 978-7-301-32558-2

Ⅰ.①中… Ⅱ.①林…②王…③白… Ⅲ.①中国经济—经济发展—研究 Ⅳ.①F124

中国版本图书馆 CIP 数据核字(2021)第 198481 号

| | |
|---|---|
| 书　　名 | 中国经济的逻辑与展望<br>ZHONGGUO JINGJI DE LUOJI YU ZHANWANG |
| 著作责任者 | 林毅夫　等著　王贤青　白　尧　主编 |
| 策划编辑 | 王贤青　徐　冰 |
| 责任编辑 | 王　晶 |
| 标准书号 | ISBN 978-7-301-32558-2 |
| 出版发行 | 北京大学出版社 |
| 地　　址 | 北京市海淀区成府路 205 号　100871 |
| 网　　址 | http://www.pup.cn |
| 微信公众号 | 北京大学经管书苑(pupembook) |
| 电子信箱 | em@pup.cn |
| 电　　话 | 邮购部 010-62752015　发行部 010-62750672<br>编辑部 010-62752926 |
| 印　刷　者 | 北京宏伟双华印刷有限公司 |
| 经　销　者 | 新华书店 |
| | 720 毫米×1020 毫米　16 开本　16.75 印张　251 千字<br>2022 年 1 月第 1 版　2022 年 10 月第 4 次印刷 |
| 定　　价 | 65.00 元 |

未经许可,不得以任何方式复制或抄袭本书之部分或全部内容。
**版权所有,侵权必究**
举报电话:010-62752024　电子信箱:fd@pup.pku.edu.cn
图书如有印装质量问题,请与出版部联系,电话:010-62756370

# 序

美学大师朱光潜写过一段话:"悠悠的过去只是一片漆黑的天空,我们所以还能认识出来这漆黑的天空者,全赖思想家和艺术家所散布的几点星光。朋友,让我们珍重这几点星光!让我们也努力散布几点星光去照耀那和过去一般漆黑的未来!"

我们每个人,每个组织,其实都生活在一条黑暗的时间隧道里,只有当下是光明的,身后的一切,转眼就变成了黑漆漆的历史。同时,我们的前方也是漆黑一片。

我们由衷地感谢历史上的创作者与记录者,他们的作品,不论是文字、建筑,还是绘画、雕塑等,就像点点的星光,让历史有路可寻。

相比历史,我们更需要面向未来的观察和思考,更需要有强大的星光帮助我们照亮前方的黑暗。有时,哪怕只是多看见前方的一点点,也能帮助我们更好地制定当下的策略,谋得更美好的生活,尽量避开弯路,减少一些不必要的经济损失甚至人员伤亡。

今天的我们,已经清楚地看到了传染力极强的新冠病毒,给全球健康和经济都带来了巨大挑战;看到了拜登战胜特朗普,成为美国新一任总统;看到了塔利班控制喀布尔,凡此种种。试想一下,如果有人在2019年的时间点上就能看见今天的一切,其价值不言自明。

可惜,生活中没有预言家,我们不可能准确地知道未来的所有细节,不过这不等于我们对未来就一无所知。

就经济而言,虽然未来的经济现象与今天相比可能千差万别,但很多经济学理论，或者说经济发展的很多底层逻辑依然适用，这些正是我们洞察未来时可靠的助手、宝贵的星光。

很多人应该都还记得，20世纪90年代人们对于中国经济能否继续保持GDP年均8%以上的增长曾像今天一样面临巨大的未知。当时的中国正经历国企改革的重大转型，失业率居高不下、银行坏账率攀升，同时东亚金融危机爆发、加入WTO困难重重。但林毅夫教授断言中国经济还能继续保持8%左右的年均增长率，而且能保持20年。这个判断就像一盏照亮了未来的明灯。林老师做判断的底层逻辑就是：相比于发达国家，中国经济还有足够大的后发优势和改革空间，中国政府也将继续放眼全球，遵照比较优势发展。

时间证明林毅夫教授是对的，那些借助林毅夫教授的"星光"做决策的人受益匪浅。

当前的世界正经历百年未有之变局，中国等新兴市场国家的崛起使发达国家占据全球经济半壁江山的时代已经翻转，新冠疫情又成为重塑全球变局的新变量，阿富汗的局势也在不断演变，类似的变量还有很多。这使得我们今天依然特别需要具有学术穿透力的"星光"。

当前的中国正面临老龄化的难题、人工智能与深度数字化的双刃剑、碳达峰与碳中和的约束、制造业的上下夹击，还有教育改革、社保压力、技术创新，以及所谓"中美关系的修昔底德陷阱"，等等，挑战重重。而且，过去的技术革命只是淘汰工具，今后的人工智能可能淘汰很多行业、很多人。这使得我们今天更需要深刻地理解中国经济发展的底层逻辑。

我们呈现给大家的《中国经济的逻辑与展望》这本书，集结了林毅夫、周其仁等中国最优秀经济学家群体的文章，这些文章源于北大国发院研讨国家发展重大问题的传统，这些研讨包括大国角色、中美关系、双循环、疫情与健康中国、开放新战略、中小企业融资、数字金融、数字化等重要议题，学者们的深入思考对大家理解中国经济发展的底层逻辑、进而判断未来改革的方向和发展趋势一定会有所帮助。

经过我们北大国发院传播中心白尧、曹毅、高玲娜、王志勤等同事和北大出版社的共同努力，这本书终于正式出版，在此一并感谢所有的学者和协作者,大家一起成就了这部特别有意义的作品。本书的意义一方面在于通过相对完整地记录中国最优秀的经济学家群体的思考,帮助未来的人们找回中国经济当下的难题;另一方面,借助这些优秀经济学家对中国经济发展底层逻辑的深度剖析,帮助今天的人们更好地走向未来,这个意义也许更大一些。

王贤青
2021 年 9 月
北京大学承泽园

# 目录

**第一章　发展的逻辑　/ 003**

新时代的中国和世界　林毅夫　/ 005

双循环的深意与落实中的关键点　林毅夫　/ 011

如何理解中国经济的双循环　姚　洋　/ 018

越是水大浪急，越要做精做专　周其仁　/ 036

全球新挑战与新变局下的中国经济　姚　洋　/ 045

中国经济如何在全球大变局下开新局　余淼杰　/ 057

新冠疫情下的经济增长与健康中国　刘国恩　/ 073

深化体制改革是经济强劲增长与追赶的关键

卢　锋　/ 084

从理论、战略到政策　傅　军　/ 095

企业要抱持增长的信念　陈春花　/ 100

**第二章　转型的挑战　/ 107**

"起飞"后的增长　周其仁　/ 109

中国未来发展需要应对的三大挑战　刘世锦　/ 115

我国国际发展环境的变局与挑战应对　查道炯　/ 122

接下来，挑难的事做　周其仁　/ 131

宏观调控谋稳定 改革突破上台阶　卢 锋　/ 149

企业家亟须的数字化理解与反思　陈春花　/ 156

如何破解中小企业融资难题　黄益平　/ 169

中国应以发展的眼光应对全球气候变化　林毅夫　/ 185

## 第三章　关键的改革　/ 193

中国增长模式的转型与必要的改革　黄益平　/ 195

体制成本与中国经济　周其仁　/ 203

创新型经济呼唤中国特色的金融改革　黄益平　/ 222

中国公共财政的改革方向　林双林　/ 226

中国制造业在转型升级中最重要的是什么　周其仁　/ 232

如何削弱官员的机会主义行为　席天扬　姚 洋　张牧扬　/ 236

从"所有制中性"到"竞争中性"

——WTO改革国企规制议题的背景与选择　卢 锋　/ 241

中美经贸关系出路——中国深化改革，美国调整认知　卢 锋　/ 247

技术发展与社会进步需关注"边界"　姚 洋　/ 252

中国该如何选择创新的路径　姚 洋　/ 258

# 第一章
## 发展的逻辑

# 新时代的中国和世界[1]

林毅夫[2]

2018年是中国改革开放40周年,四十年来经济发展成就巨大。1978年开始改革时,中国是世界上最贫困的国家之一,当时的人均GDP只有156美元,尚不及撒哈拉沙漠以南非洲国家平均数的三分之一。中国当时也是一个非常内向的国家,出口占GDP的比重只有4.1%,进口只占GDP的5.6%,75%以上的出口品是农产品或农产加工品。在这样薄弱的基础上,中国40年来保持了年均9.5%的GDP增长和14.5%的贸易增长。现在,中国已经成为世界第二大经济体、第一大贸易国,并获得了世界工厂的美称。

中国2017年的人均GDP达到8 640美元,成为一个中等偏上收入的国家。在这样的背景下,习近平主席在2017年党的十九大上宣布中国进入了新时代。新时代有很多层面,我想跟大家强调其中的四个:第一,改革永远在路上。第二,中国仍然拥有巨大的经济发展潜力。第三,中美经济互补,两国之间的贸易是双赢的。第四,中国需要为世界的发展承担更多的责任。

---

[1] 本文根据林毅夫教授在2018年9月16日中国发展高层论坛"中国:改革新征程 开放新境界"专题研讨会开幕式上的发言整理。

[2] 林毅夫,北京大学博雅讲席教授、北京大学国家发展研究院名誉院长、北京大学新结构经济学研究院院长、北京大学南南合作与发展学院院长、曾任世界银行高级副行长兼首席经济学家。

## 改革永远在路上

过去四十年来中国的改革开放之所以能够避免像苏联、东欧等其他转型中国家那样经历经济崩溃、停滞和危机，是因为中国采取了一个务实、渐进的双轨制转型方式。在这个过程中，中国对于老的大规模的资本密集型、违反中国比较优势的国有企业提供了转型期的保护补贴，以维持经济的稳定。同时，对新的符合比较优势的劳动密集型产业放开了准入，并以经济特区、工业园、加工出口区等形式解决了软硬基础设施的瓶颈限制，使符合比较优势的产业迅速变成竞争优势，以实现经济的快速增长。

在经济快速发展的同时，中国也为渐进双轨的改革付出了一些代价，包括收入差距扩大和腐败现象的出现。这些问题是双轨渐进改革中对市场的干预扭曲所导致的租金和寻租行为产生的后果。在改革的初期，中国是一个收入水平低、资本短缺的国家，违反比较优势的产业中的企业在开放竞争的市场中缺乏自生能力，保护补贴属于"雪中送炭"，是维持经济稳定所必需的。经过近四十年的快速发展和资本积累，比较优势已经发生变化，过去许多违反比较优势的资本密集型产业现在已经符合比较优势，在开放竞争的市场中，企业由缺乏自生能力变为具有自生能力，保护补贴的性质从"雪中送炭"变成了"锦上添花"。随着经济的发展，中国必须把双轨制遗留下来的保护补贴以及市场干预扭曲取消掉，这样才能解决腐败和收入分配扩大的难题。正因如此，在2013年的中共十八届三中全会上决定全面深化改革，消除各种对市场的干预扭曲，让市场在资源配置中起决定性作用。

自2013年以来，全面深化改革小组（委员会）已经推出了数百项改革举措，以彻底消除各种干预扭曲，建立完善的市场经济体系。这些举措的落实当然需要时间，但是，即使这些举措都落实到位，随着中国的发展，各种新的问题仍然会不断涌现，结构性问题会是一个"野草烧不尽，春风吹又生"的问题。正因如此，中国必须有改革永远在路上的态度和思想准备。

## 中国仍然拥有巨大的经济发展潜力

即使过去40年来中国取得了年均9.5%的高速增长,中国仍然有巨大的增长潜力,因为中国在技术创新和产业升级方面还大有可为。任何国家经济的持续增长都有赖于技术创新和产业升级,发达国家的技术和产业已经处于世界前沿,技术创新和产业升级仅能靠自己发明,投入大,风险高,百多年来的年均增长维持在3%—3.5%之间。中国作为一个发展中国家,在技术创新和产业升级上具有后来者优势,过去40年来中国年均增长率能够达到9.5%,靠的就是后来者优势。在未来,中国是否还有潜力维持快速增长?答案在于中国还存在多少后来者优势,这取决于中国和高收入国家总体劳动生产率水平的差距,这个差距可以由人均收入水平的差距来反映。

根据经济学家安格斯·麦迪森(Angus Maddison)的研究,2008年,按购买力平价计算的中国人均GDP是美国人均GDP的21%,这是1951年日本、1967年新加坡、1971年中国台湾地区、1977年韩国和美国差距的水平。这些东亚经济体恰恰是利用了和美国收入水平差距所代表的后来者优势,实现了连续20年的8%—9%的年均GDP增长率。它们能实现持续的快速增长就意味着中国同样有这一可能,因此,中国从2008年开始应该有20年以年均8%的速度增长的潜力。

另外,这些年出现的工业革命4.0中的新产业部门,其产品和技术的研发周期一般比较短,12个月、18个月就有新一代的产品和技术,这些产品和技术的开发以人力资本的投入为主。中国作为一个有着13.9亿人口的大国,拥有巨大的人力资本供给,同时,中国拥有巨大的国内市场和完整的产业配套能力,在新经济上具有比较优势。

从上述两个角度来说,我有信心中国未来还具有巨大的高速增长潜力。但是,这种潜力反映的仅仅是供给侧的技术可能性,到底多大程度上能够得到实现呢?这取决于国际经济的外部需求形势,也取决于中国是不是能够进一步深化落实前一点所谈到的国内改革,同时,还取决于中国政府是否能够克服技术创新、产业升级时必然存在的外部性和协调相应软硬基础设施的市场失灵问题。

中国充分利用增长潜力，固然不会是过去接近二位数那么高的经济增长，但应该有可能在未来几年保持6%以上的速度。这样的增长速度有利于中国实现其发展目标。目前，国际经济尚未完全从2008年的危机中复苏，中国保持稳定和快速增长对全球其他国家也是一个利好消息。

## 中美经济相互补，两国之间的贸易是双赢的

中国的人均GDP在2017年达到8 640美元，美国的人均GDP则高达6万美元。根据市场价格来衡量，中国的人均GDP只是美国人均GDP的15%。用PPP来衡量，中国的人均GDP也只有美国的25%。中国生产的主要是中低端、低附加值的产品，美国的产业则在高附加值的部门。贸易意味着中国可以向美国的消费者提供廉价的商品以及向生产者提供较低成本的中间品。中国也可以为美国高附加值的产品和服务提供巨大的市场。所以，两国之间的贸易是双赢。

即使未来中国的收入水平达到了日本、韩国、德国的水平，中国和美国的贸易仍然是双赢的。这是因为贸易取决于比较优势，在收入水平差距大时，比较优势取决于要素禀赋结构不同所造成的要素价格的差异，收入水平较低的国家在劳动力较为密集的产业有比较优势，收入水平较高的国家在资本、技术密集型产业有比较优势。当两个国家的发展水平相当时，比较优势则转为专业化生产所形成的规模经济，不同的国家会专业化于不同的产业而各自形成比较优势，其实，绝大多数的国际贸易发生于发达国家之间。只要各自有比较优势，贸易就会共赢。不管是中国人民还是美国人民，大家希望的都是有更好的生活，公司、企业希望的都是有更高的利润，中美之间不管现在还是未来都会各有比较优势，两国的贸易往来都会是互利双赢。希望双方能够经由交流沟通，消除误解和不信任，使得有利于两国人民的经济理性成为两国互动贸易往来的基础。

## 中国需要为世界的发展承担更多的责任

目前,中国是全世界第二大经济体,第一大货物贸易国,很有可能在2025年左右跨过人均GDP12 700美元的门槛成为一个高收入国家。像其他高收入国家一样,中国需要向全世界做出贡献,帮助其他发展中国家实现增长、消除贫困。

第二次世界大战以后,OECD的高收入国家对发展中国家提供了超过3万亿美元的发展援助。援助的金额不可谓不多,但是,绝大多数的发展中国家仍然深陷贫困之中。当中国加入援助国的俱乐部时,中国需要思考能不能更好地帮助其他发展中国家实现经济增长、减少贫困。根据我自世界银行高级副行长、首席经济学家任上开始倡导的新结构经济学来看,经济发展是一个结构变迁的过程。从低附加值的农业转型到制造业,不断爬制造业的阶梯,最后迈向高附加值的服务业,这是一个持续转型的过程。在这样一个发展的过程中,第二次世界大战以后,少数几个成功从低收入向高收入转型的经济体都抓住了国际劳动力密集型产业转移的窗口机遇期,实现了现代化、工业化。比如,第二次世界大战后的日本、六十年代的亚洲四小龙,以及1978年改革开放以后的中国内地。中国现在已经成为中等偏高收入国家,不远的将来也会成为高收入国家,现在让中国成为世界工厂的劳动密集型产业将会失去比较优势,给其他尚未成功转型的发展中国家提供另一个窗口机遇期。中国现有制造业的雇佣人数为1.24亿人,其中劳动密集型产业的雇佣人数达8 500万人。这8 500万个就业机会的释放几乎可以让南亚、中亚、非洲收入水平较低的发展中国家同时从农业社会转向工业社会。这些国家要抓住这个机遇就必须克服基础设施的瓶颈,从而使其劳动力丰富的比较优势变成在国内、国际市场上的竞争优势。

对发展中国家来说,目前它们发展的最主要瓶颈就是基础设施严重不足。有了这样的认识以后,就能够理解中国提出的"一带一路"倡议作为国际发展合作主要内容的精神实质,它的"五通"以基础设施的互联互通为抓手,在中非合作论坛北京峰会上,中国也强调了以基础设施建设作为中非合作的重点工程。

如世界银行前行长罗伯特·佐利克（Robert Zoellick）先生所言,把基础设施建设作为中国帮助其他发展中国家发展的一个主要合作方式要发挥良好的作用,就需要在项目设计、实施、管理上有良政,保证透明度和高标准,还要与其他国家和国际发展机构通力合作。如果能够做到这样,那么当中国作为一个大国对世界承担起更多责任时,其他发展中国家也有可能像中国过去四十年改革开放一样迎来一个快速发展、消除贫困的时代。中国的新时代不仅仅意味着中国的复兴,也意味着所有国家的共同繁荣。

# 双循环的深意与落实中的关键点[①]

林毅夫

"以国内大循环为主体、国内国际双循环相互促进的新发展格局"是我们今年提出的很重要的国家发展定位。对此,我谈两点心得:第一,为什么要提出这个新论断;第二,如何落实这个新论断。

关于中国经济发展模式的惯常说法是,要"充分利用国内国际两个市场、两种资源"。不少国内和国际上的学者据此把中国的经济发展模式称为出口导向型。在2008年国际金融危机爆发前存在全球贸易不均衡时,以及在美国与中国发生贸易摩擦时,有些学者甚至认为是由于中国推行出口导向的经济,才导致全球贸易失衡以及美国对中国贸易逆差的不断扩大。

2020年,中央首次提出我国经济发展模式要以国内大循环为主体,这是一个重大的转变。由于中国现在已经是世界第一大贸易国,中国发展模式的改变将不只影响到中国自身,也将影响到全世界。

## 提出双循环的短期原因与深层考虑

我个人的看法是,中央这个新论断的提出既有短期原因,也有深层考虑。

2020年,新冠肺炎疫情在全球大爆发,全球经济遭受巨大冲击,不少学

---

[①] 本文根据林毅夫教授在2020年12月20日北京大学国家发展研究院"第五届国家发展论坛"上的闭幕演讲整理。

者认为,这次冲击是自20世纪30年代大萧条以来规模最大的一次。在这个局面下,国际贸易随之萎缩,世界贸易组织预测,2020年的国际贸易可能萎缩13%—32%。①

一方面,中国是出口大国,在产品出口减少的情况下,当然要更多地靠国内消化,这就是国内循环。另一方面,美国对中国高科技产业的不断打压,比如对华为实施断供,也会影响到相关企业的出口。这些企业要继续发展,产品就要更多地靠国内市场来消化,在国内循环。

以上是当前中央提出"以国内大循环为主体"新论断的短期原因。

但从我们研究经济学的角度来看,中央提出这一论断更重要的原因在于"以国内大循环为主体"是经济发展基本规律的反映。

虽然有不少学者把中国经济的发展模式称为出口导向型,但事实是,出口在我国经济总量中比重最高的年份(2006年)也只有35.4%,略高于三分之一。到2019年,这一比重就下降到17.4%,换言之,2019年中国经济总量的82.6%就已经是在国内消化循环,这意味着我国经济已经是以内循环为主体。

出口在GDP中的比重自2006年以来不断下降,反映了两个基本经济规律:第一,一国的经济体量越大,内循环的比重就越高;第二,当服务业在整个经济中的比重不断提高时,内循环的比重就会越高,因为服务业中的很大一部分不可贸易。

第一,为什么出口占比与经济体量存在正相关的关系?因为现代制造业本身就有很强的规模经济的特征。如果一个小型经济体发展现代制造业,其国内市场容量有限,本土可消化的比重偏小,那么生产出来的产品绝大多数只能出口。反之,如果经济体量大的国家发展现代制造业,国内市场能就地消费的就多,出口比重就低。以新加坡为例,其2019年的出口占经济总量的比重高达104.9%,明显超过其GDP总量,原因就是国内市场规模太小,同时出口中的有些零部件是先从国外进口,成品出口之后可能又会计算一次。我国出口占经济总量比重最高的2006年也不过是35.4%,这个比例

---

① 数据来源:世界贸易组织2020年4月8日发布的年度《全球贸易数据与展望》报告。

就得益于中国是个大经济体。

第二,为什么出口比重与服务业有关?同样是大经济体,美国在2019年的出口占其经济总量的比重只有7.6%,原因在于服务业占美国经济总量的比重达到80%,而服务业往往有很大一部分不可贸易。因此,一国服务业占经济总量的比重越高,其出口比重也一定越低。而服务业的发展水平与一个国家的经济发展、收入水平有关。

从上述两个角度分析,我国的出口比重从2006年的35.4%下降到2019年的17.4%是因为我国这些年经济总量和人均收入水平都得到极大提高,服务业得到良好的发展。2006年我国人均GDP只有2 099美元,2019年提高到10 098美元;2006年中国经济规模占全世界的比重只有5.3%,服务业在GDP中的占比只有41.8%,到2019年,这两个数字分别上升到16.4%和53.6%。中国经济在世界经济总量中的占比提高了两倍。

展望未来,我国经济还会继续发展,收入水平还会继续提高。随着收入水平的提高,我国经济占世界的比重会从现在的16.4%增加到18%、20%,再向25%逼近。我国服务业占经济总量的比重会从现在的53.6%,逐渐向60%、70%、80%逼近。在这两个因素的叠加之下,我国的出口占经济总量的比重会从现在的17.4%,逐渐降到15%、12%、10%。也就是说,国内循环占我国经济总量的比重会从现在的82.6%逐渐向90%逼近。所以,我国经济现在已经是,将来更会是以国内循环为主体。

中央现在提出上述论断其实只是澄清了一个事实:中国是一个大经济体,随着我们收入水平的提高,服务业在经济总量中的比重会越来越高,国内循环的比重会越来越大。澄清这个事实很重要。

此前,国际上和国内都有不少人宣称中国是出口导向型经济。对于2008年的国际金融危机,国外很多人归因于全球贸易不均衡,进而又归因于中国推行了出口导向型经济。国内也有类似说法。这都是因为没有看到中国经济的实际情况。

同时,如果继续错误地把中国看成出口导向型经济,当中美贸易摩擦或新冠疫情影响出口时,各界就容易判定中国经济要出问题。现在中央出面澄清我国经济是以国内大循环为主体这一事实,非常有利于我们认清发展的现实和规律,并增强我们自己发展的信心。在这种状况下,只要我们能够把国内经济稳定好,不管国际风云如何变幻,都基本上不会改变我们整体发展的格局。

## 国际循环跟过去一样重要

明确提出中国经济以国内大循环为主体,是不是意味着原先我们关于"充分利用国内国际两个市场、两种资源"的说法就不重要了?我认为,国际循环和过去一样重要。

我倡导的新结构经济学强调,发展经济要充分考虑各个国家、各个地区的比较优势。具有比较优势的产业要想发展得好,不仅要在国内市场流通,也应该进入国际市场。

中国是一个大经济体,按照购买力平价计算是世界第一大经济体,按市场汇率计算是世界第二大经济体。按市场汇率计算,2019年中国的经济总量只不过占世界的16.4%,这意味着国际上还有83.6%的市场值得我们关注和开拓。所以,中国有比较优势的产业除了充分利用国内市场、国内循环,也要充分利用那83.6%的国际市场。

按照比较优势发展,也意味着我们在很多产业还不具备比较优势。中国许多自然资源短缺,一些资本、技术很密集的产业与发达国家相比也还不具有比较优势。另外,随着经济发展、工资水平上升,我国过去很有比较优势的劳动密集型产业的比较优势也会不断消失。

在这种状况下,经济发展要降低成本、提高质量,就应该更多地利用国际市场能够提供的资源。对我国没有比较优势的产业的产品,我们能进口当然要多进口,要利用好包括自然资源、技术资源和劳动力资源在内的国际资源。只有少数关系到国家安全、经济安全的高科技产品,我们可能会被某些国家卡脖子的,才作为例外。对于哪些国家可能会卡我们的脖子,也要认真分析。欧洲在高科技产业有比较优势,但并没有积极性卡我们脖子,中国是全球最大的单一市场,欧洲有积极性将具有比较优势的产品卖给我们。美国卡我们脖子的积极性相对大。我国发展很快,体量和影响力越来越逼近美国,美国为打压中国发展才会对我们实施技术封锁。然而美国这样做也会牺牲掉利用我国市场来发展美国经济的机会。

我们还要认识到,对那些我国没有比较优势的大多数高科技产品,并非仅仅美国有,欧洲、日本也有。我们要如华为任正非先生所讲,只要买得到,而且买比自己生产更合算就要继续买。这些国家为自身发展考虑,也乐意把这些产品卖给我们。只有美国独有,欧洲、日本都没有,我们实在买不到的产品才需要发挥举国优势自力更生。但我相信这是极少数。

所以,我们以国内大循环为主体的同时,一定要坚持国内国际双循环的相互促进。

## 怎样才能真正循环起来?

如何落实这个新论断?怎样才能真正循环起来?

**第一,用结构性改革挖掘发展潜力,拉长长板,补足短板。**

在我看来,要实现以国内大循环为主体,最重要的是必须让国民收入水平越来越高,让经济体量越来越大。在这种情况下,经济体量在世界的占比以及服务业占经济总量的比重会越来越高,随之而来的必然是出口比重下降,国内循环比重增高。怎样让经济体量越来越大?从经济发展的角度来看,需要不断实施技术创新、产业升级。中国在这方面具有两大优势。

首先是在传统产业方面,2019年我国人均国内生产总值刚过1万美元,跟美国6万多美元、德国4.8万美元、日本4.2万美元相比,我们的收入水平较低。人均国内生产总值差距的背后是平均劳动生产水平、产业技术、产品附加值等方面的差距。但面对差距,传统产业作为成熟产业,意味着我们还有相当大的后来者优势,还能追赶。那些有技术的国家也会乐意把设备卖给中国,否则没办法实现其技术价值。所以,我国仍具有通过引进技术实现技术创新、产业升级的后来者优势。因为2010年我国人均国内生产总值按照购买力平价计算是美国的19.2%,才相当于日本在1953年、新加坡在1970年、中国台湾地区在1971年、韩国在1980年相对于美国的比例水平。利用这种后来者优势,日本实现了20年每年9.3%的增长、新加坡实现了20年每年8.4%的增长、中国台湾地区实现了20年每年8.9%的增长、韩国实现了20年每年8.4%的增长。这意味着,到2030年,我们还有每年8%的增长潜力。

其次是在新产业方面,我国拥有前述东亚经济体在追赶阶段所没有的新经济革命的换道超车优势。在新经济革命的新兴产业中,我们跟发达国家在很多方面有条件齐头并进。新经济有的涉及软件,比如互联网、人工智能;有的涉及硬件,比如无人机、手机。新经济的特点是研发周期短,投入以人力资本为主。我国是人口大国,人力资本多。这些新的产业如果属于软件方面,我们国内有最大的应用场景;如果属于硬件方面,我们国内有全世界最大、最齐全的产业部门和最好的供应链。所以,中国在新经济革命上具有比较优势。一个最好的指标是所谓的"独角兽"。独角兽指的是,创业不到10年还未上市、市场估值已超过10亿美元的企业。根据胡润研究院发布的全球独角兽榜,2019年全球494家独角兽企业中中国就有206家,美国是203家。截至2020年3月31日,全球独角兽企业有586家,中国有227家,美国有233家。这意味着中国在新经济方面具有和发达国家直接竞争的优势。

在供给侧,可以利用我们的优势拉长长板,补足短板。当然,一方面必须靠有效的市场来配置资源、提供激励;另一方面要靠有为的政府来克服产业发展方面的一些市场失灵。

**第二,要深化改革,打通国内循环中的一些堵点。**

中国改革是渐进的、双轨的,各方面改革的速度不一样,现在产品市场基本放开,但要素市场还存在很多结构性的障碍或堵点。

在金融市场方面,实体经济中的农户和民营中小微型企业,其税收占全国的50%,GDP占70%,就业占到80%以上,但是,其金融需求在国内以大银行、股票市场、金融债券、风险资本等为主的金融体系中得不到满足。金融要实现服务实体经济的功能,在改革中就需要补上为农户和中小微企业提供金融服务的短板。

在劳动力市场方面,要推动户籍制度改革,以利于人才流动。要解决高房价问题,让房价回归"房子是用来住的,不是用来炒的"的定位。

在土地市场方面,最大的堵点是怎样落实农村集体土地入市的问题,增加土地供给,包括工业用地、商业用地和住房用地。政策已经有了,就看怎么推行。

在产权方面,要落实"两个毫不动摇":毫不动摇地巩固和发展国有经济,同时毫不动摇地鼓励、支持和引导民营经济的发展。要让民营企业在市场上不会因为产权安排的不同而受到准入或运行方面的障碍。

**第三,需要扩大开放,更好地利用国际资源。**

在扩大开放方面,过去我们的开放也是双轨制的,有比较优势的产业开放,没有比较优势的产业不开放,现在需要扩大开放来更充分地利用国际资源。

国内要做的是,一方面要降低关税,另一方面要缩小负面清单的范围,让外国投资能够更好地进入中国。这方面先要扩大自贸区的范围,向全国推行在自贸区试点成功的政策。这样我们才可以充分利用外国资源,包括技术资源和金融资源。

在国际上,中国应该更积极地推动世界贸易组织的改革,参加一些区域性的经济合作协定,比如最近刚刚签署的 RCEP(Regional Comprehensive Economic Partnership,区域全面经济伙伴关系协定)、中国跟欧洲达成的中欧投资协定,并且我们已经表示有意愿加入 CPTPP(Comprehensive and Progressive Agreement for Trans-Pacific Partnership,全面与进步跨太平洋伙伴关系协定)。区域性贸易协定让我们能够更好地利用国际资源和国际市场。

同时,中国的开放还有一个好处,那就是国际上其他国家也能更好地利用中国的市场和资源。中国作为世界上发展最快的市场,如果能够给世界上其他国家提供发展的机遇,这些国家就不会轻易加入美国封锁中国的行动中。如果美国想孤立中国,被孤立的反而会是美国自己。所以,进一步扩大开放也有利于化解我国目前遭遇的不利国际局面。

总体来讲,面对百年不遇之大变局,我们要保持定力,认清形势,做好自己的事。继续深化改革,扩大开放,充分利用我们的发展潜力。只要这样,那么不管国际上有多大的不确定性,中国都可以保持稳定和发展,实现到 2035 年把中国建设成社会主义现代化国家,到 2049 年把中国建设成社会主义现代化强国的目标。中国的发展不仅有利于中国,中国的发展也有利于世界。

# 如何理解中国经济的双循环[①]

姚 洋[②]

双循环是现在的一个热词,但怎么去理解双循环,有两句话非常重要。

第一句话是"要牢牢把握扩大内需这个战略基点"。我国扩大内需已经持续了大约十年时间,但是这次将内需作为"战略基点",把内需提到战略的高度,是一个很大的变化。过去十年里我国的内需已经在增长,而且增长速度比较快。今天我们确定要把扩大内需作为一个重大战略时,如何进一步挖掘内需就成为非常值得思考的问题。

第二句话是"加快形成以国内大循环为主体、国内国际双循环相互促进的新发展格局"。中国出口在 GDP 中的比例于 2006—2007 年达到顶峰,之后就开始下降。因此,过去十年,国内大循环已经成为主体。这句话要特别强调的是:形成国内和国际双循环相互促进的新发展格局。

要更好地理解这个重大战略及其意义,我想从三个方面来讲:

第一是 2010 年以来中国经济的再平衡,也就是国内循环做了哪些事情。在了解这一点的基础上,我们才能更加深刻地理解双循环。

第二是国际环境的变化对中国经济的可能影响。我个人觉得当下的媒体对这个问题有点儿夸大,把国际形势对中国经济的影响看得过高。如果

---

[①] 本文根据姚洋教授 2020 年 9 月 29 日在九三学社第 36 期发枝荟沙龙暨北京大学国家发展研究院公开课第 14 期上的发言整理。

[②] 姚洋,北京大学博雅特聘教授、北京大学国家发展研究院院长、北京大学中国经济研究中心主任、北京大学南南合作与发展学院执行院长。

按照这样的理解来制定我们的政策,方向上容易出现失误。

第三是在理解前两点的基础上,思考中国接下来应该做什么。

## 中国经济的再平衡

过去二十年,中国经济基本上刚好可以分成相等的两个阶段——前十年和后十年。前十年是经济狂飙突进式增长的十年,后十年是震荡下行调整的十年。

### 1. 2001—2010 年:狂飙突进的十年

从 2001 年中国加入世界贸易组织到 2008 年金融危机,我国出口在这 7 年时间里以平均每年 29% 的速度增长,7 年增长 5 倍,外汇储备也激增。从全球范围来看,年均两位数的 GDP 经济增长速度也无与伦比。北京等很多大城市最大的面貌变化就发生在那十年,城市建设迎来十年的大前进。

此外,那十年也出现了周其仁老师所说的"水大鱼大"。"水大"就是经济增长非常快,"鱼大"指的是巨额财富的创造和集中。中国的财富创造速度是惊人的,但集中度也高,少数人拥有极多的财富。整个国家的收入分配报告显示,我们的收入分配非常不平均。另一个问题是结构失衡,表现为储蓄过度、消费占比下降。

### 2. 2010—2020 年:调整的十年

过去的十年是我国经济调整的十年,结构性变化很大。第二产业占比下降,工业化的高峰已过。当然,工业化高峰过去不代表我们不再发展工业,而是无论从增加值比例还是总量占比而言,第二产业(工业)的比例都在下降,第三产业(服务业)占比上升。同时,出口占 GDP 的比例,以及出口对 GDP 贡献的比例,都在持续下降。

如果以 GDP 的三驾马车来看,消费占 GDP 的比例在不断上升,储蓄率不断下降,投资和出口增长对经济增长的贡献显著下降。

过去几年里,消费增长对GDP的贡献都在70%以上,已经非常接近美国的水平,高位甚至到75%。因此,可以说内需推动的经济其实在过去几年已经形成,中国已经不再是一个外需推动、投资推动的经济体,国内循环早已经占据主导地位。所以在我看来,以国内需求推动经济增长的空间已经所剩不多,这个判断很重要。

从具体数据来看,图1中的曲线是出口占GDP的比例,这条线的最高峰是2006年和2007年,之后持续下降。柱状图显示的年出口总额,除了2009、2015、2016这三年有所下降,其他年份都在上升。我国现在的出口总额将近2.5万亿美元,是英国或法国GDP的总量。英国和法国都是世界主要国家,还是联合国的常任理事国,中国的出口额和这两个国家的GDP相当,这证明中国的出口量惊人。

图1　出口及出口/GDP

资料来源:国家统计局。

### 3. 提升国内消费不能靠降低储蓄率

消费占比上升,储蓄占比就下降。图2是国民储蓄和资本形成占GDP的比例,因为储蓄的反面就是消费,储蓄上升了,消费就下降,这是21世纪头十年发生的事情。2010年是个转折点,储蓄下降了,消费占比就上升。

图 2　国民储蓄、资本形成占 GDP 的比例

资料来源：国家统计局。

但提升国内消费的空间是有限的。自 2010 年以来，我国消费率每年提高 0.86%，目前已达到 55%。与之相反的是储蓄率降到 45%。如果保持这个下降速度，10 年到 15 年之后，我国储蓄率将低于韩国现在 35% 的水平，而韩国现在的人均 GDP 是 3 万多美元，按照可比价格计算，已经超过美国人均 GDP 水平的一半，但估计 15 年后中国的人均 GDP 还达不到美国的一半，要等到 2049 年或者最快 2045 年才能达到这一水平。因此，中国的储蓄率下降最好不要这么快，而是应该努力保持适度的储蓄率，因为经济增长离不开资本积累，技术进步也需要储蓄支撑。韩国的研发投入占本国 GDP 的 4% 左右，我国是 2.2%。我们作为一个大国当然不需要达到 4%，但是按比例算我们仍然低于美国的 2.8%。

援引这几项数据想说明的是，国内消费对 GDP 的贡献已经很高，从占比的角度看，剩余的增长空间已经不大，但不代表没有结构化的空间。下一步要提升的重点不是消费对 GDP 的占比，更不能简单地靠降储蓄来刺激消费，否则容易出现方向性错误。

对于如何才能更好地提升国内消费，后面再具体讲。

# 国际环境变化对中国经济的影响

前面回顾了过去二十年的中国经济发展史,尤其是结构上的变化,主要是帮助大家理解中国经济的内在调整。接下来,还要分析一下中国外部环境的变化,因为外因对中国的影响也很大,这一点同样非常重要。这一部分主要讲两大问题:第一,"去中国化"发生了吗?"去中国化"就是企业撤离中国,中国被排除在全球供应链之外;第二,会形成两个平行体系吗?这是指在技术和金融领域分别形成以中国和美国为中心的平行体系。

我自己对这两个问题的结论都是否定的。对于"去中国化"问题,世界对中国的依赖度还在提高,而不是下降。对于平行体系问题,我们在技术领域确实已经跟美国有部分的脱钩,但这不意味着我们和全世界都在脱钩。在金融领域,除了中国到美国的投资在下降,中国和美国的金融黏性都有增无减。

## 1. 为什么说没有发生"去中国化"?

**中国重回美国第一大贸易伙伴身份**

受贸易摩擦的影响,中美贸易 2019 年降幅很大,比 2018 年下降了 10.7%。2020 年上半年仍然在下降,比 2019 年上半年下降了 6.6%。所以这两年来,贸易摩擦的确使中美贸易有大幅度下降。但是今年因为疫情,美国和世界其他国家的贸易往来也都出现下降。因此,一个有趣的现象是:2019 年因为贸易摩擦,中国已经不再是美国的最大贸易伙伴,但从 2020 年 4 月份开始,中国又重回美国第一大贸易伙伴的位置。

由此可以看出,对于所谓美国要跟中国脱钩,其实美国人并没有形成一个统一的战略。这一点是我着重要强调的:美国没有形成一个对华经济和技术的统一逻辑和一致战略。

中美的贸易不平衡在今年急剧上升,也就是美国对中国的贸易赤字急剧上升,因为中国对美国的出口在维持,但是美国对中国的出口下降了。所以,特朗普真是搬起石头砸了自己的脚,他的本意是缩小中美贸易的不平衡,但实际结果是贸易不平衡不减反增。中国失去的这些出口转移到了东南亚、墨西哥等其他国家,而美国的整个贸易状况没有任何改变,甚至出现恶化。

**全面的产业链断裂没有发生**

全球产业链的确在部分高科技企业中发生了断裂,也就是美国列入实体清单的 190 多家实体,受影响非常大。如果明年华为还是不能获得高端芯片的供应,华为高端手机的生产就难以为继。这对华为来说是巨大的挑战,因为其手机业务销售额已经占到全部销售额的一半。但是总体而言,我觉得形势可控,全面的产业链断裂并没有发生。

一般的企业是否受到了美国制裁的影响?大部分都没有。这说明 190 多家企业、大学占我国经济的份额比较小。即使是华为,我也想强调,9 月 15 日禁令生效以来,美国的 Intel 还有 AMD 已经获得了继续向华为供货的许可,这意味着华为的电脑业务和平板业务不会受影响,只有最高端的芯片受到影响。因此,即使从华为一家企业来看,美国政府其实也没有形成一致性措施,并不是非要把华为彻底打趴下,给华为全部断供。

**外资企业并未大规模撤离中国**

外资企业是不是在大规模撤离中国呢?美国企业基本上是雷声大、雨点小。另外我们日常用的很多产品都是国外品牌,包括我们引以为傲的中华牙膏,其实也是联合利华的,后者是欧洲品牌。这些企业愿意离开中国吗?中国这么大的市场,他们绝对不愿意轻易离开。另一个例子是沃尔玛,它利用中国的生产网络以及廉价劳动力,生产了很多产品,卖回美国,卖到全世界。同时,沃尔玛也早已在中国的零售业扎根了,甚至深入一些县级城市。他们愿意搬离中国吗?当然不愿意。

日本政府出资 150 亿元鼓励日资企业撤离中国,但资金规模很小,目前只有 80 多家企业响应。而且这些企业也未必都是完全搬离中国,只不过回日本再设一个厂而已。

当然,我们经常会看到报道说一些企业正搬到东南亚去,越南对美国的出口已经增长 20%,于是有些中国人开始着急。但只要认真看看数据就会发现,中国的出口总量是 2.5 万亿美元,越南的全部出口只是中国的 1/10。

越南出口美国所增加的20%,即使全都转自中国,也只能造成中国的出口下降2%,更何况越南的出口增长中有相当一部分是自己内生的出口,并非源于中国的订单转移。另外,越南对美国、欧洲的出口虽然增加,但中国对越南的出口也在增加,因为这是一个生产网络。越南生产服装鞋帽进行出口,需要从中国进口棉纱、棉布,这本质上也是我们服装鞋帽生产的升级,使中国实现了大规模的自动化纺纱、纺布,这是好事。我考察过江苏的一个纺织大镇,那里的纺纱企业已经位列世界五百强。所以,这样的出口转移我们没必要过于担心。

**中国在世界经济中的份额上升**

疫情对世界贸易的影响非常大,世界贸易组织预测2020年全球贸易将下降13%—30%。实际数据显示,中国上半年的出口下降3%,但6—8月份出口正增长非常快,8月份出口已经转正。进口早在6月份就已经转正,8月再度转负的根本原因是国内需求还没有完全恢复,相对偏弱。

总体而言,一般预测中国2020年全年出口将正增长3%,GDP正增长2%左右。① 全世界的贸易都在下降,GDP也在下降,因此中国在世界经济中的份额将再度增加。

数据显示,中国GDP和出口占世界经济的份额一直在上升,明年还会继续上升。按照名义量计算,目前中国占世界GDP约17%,出口占世界的14%。具体而言,GDP增速方面,2009年中国的GDP总量只有美国的1/3,2019年达到美国的2/3强,2020年可能会达到美国的73%,因为美国会下降,而中国还有增长。

世界五百强企业数量方面,2008年中国包括香港企业在内只有37家,还比不上日本,当年日本五百强企业有40多家。2019年我们已经达到119家,2020年达到124家,超过了美国。

我们也有了全球领先的公司,包括技术领先的公司和产量领先的公司。在技术上领先的公司有华为、阿里巴巴、腾讯、百度、大疆等,十年前我们没有,现在这些企业都进入了"无人地带";在产量上领先的公司有格力、美的、

---

① 我国2020年全年出口实际增长4%,GDP实际增长2.3%。

联想等,都是各自领域里世界第一的企业。

尽管目前我们的经济增长速度下降了,但是过去十年我们的技术水平在提高,我们的市场在扩大。这是事实。

**中国对世界的依存度下降,世界对中国的依存度上升**

根据麦肯锡的调查数据,2000—2017年,世界对中国经济的依存度在提高,中国对世界经济的依存度在下降。这其中包括东南亚对中国的依存度上升,因为他们生产低端产品,而中端产品大多来自中国。东亚地区以中国为核心的生产体系也没有改变,只不过中间做了一些调整。

**国际分工和贸易的逻辑没有改变**

国际分工和贸易的逻辑,就是一件产品不是由一个国家生产,而是多个国家的企业共同生产,由此形成产品内贸易,而国际贸易中近90%是中间品贸易。

中国的优势除了世界第一的市场规模,还有强大的生产网络,拥有联合国工业分类中的全部工业门类。中国的生产能力很强,产业链日趋完善,这方面没有一个国家有能力跟中国竞争。不仅如此,我们的人力资本和技术水平还在不断提高,还有潜力可挖。

**西方国家政府对企业的影响力受限**

我们也不能高估西方国家政府对企业的影响力。在西方,政府不能命令企业做事情,政府影响企业的唯一途径就是立法。但是在西方国家想要立法,涉及的面很广,需要平衡各种各样的利益,耗时极长。

政府也可以给予企业补贴,但非常有限,因为政府财力有限,同样还会涉及利益平衡。以是否脱钩为例,西方企业是不是要离开中国,是不是要跟中国断链,企业自己才是最后的决策者。我们不能以为西方政府说了什么就要发生什么。在西方法治程度高的国家,企业没有义务听政府的,反而是企业对政府的影响力不可忽视。

## 2. 技术完全脱钩不会发生

为什么说技术完全脱钩不太可能发生?我认为有几个现实的问题难以突破。

首先是现代技术的复杂性。一个国家想控制整个产业链几乎不可能。比如,特朗普政府曾发起组建 5G 联盟,最后不了了之。特朗普甚至还下了一道总统行政令,凡是有华为参加的国际会议,美国企业不能参加。结果发现反而是美国企业被排除在外,因为华为掌握了 40% 的 5G 技术,5G 技术的会议如果没有华为参加就无法进行。实力决定了话语权,特朗普政府最后只好取消这条禁令。

其次是标准问题。在现代技术越来越复杂的情况下,统一的标准变得越来越重要。因为一个产品的中间环节是由不同国家生产的,各国必须遵循统一的标准。在这种情况下,想要隔断产业链或者垄断整个技术,难度非常大。国际标准是由头部企业制定,而不是由国家制定的。以前有个说法,谁掌握了标准,谁就掌握了市场。其实这句话需要一个前提,就是只有技术强大者才能掌握标准。在 5G 领域,不用国家出面,华为就把标准掌握住了。所以在标准问题上,世界也不可能分成两个平行体系。

最后是美国企业的作用。中国市场如此之大,任何一个美国企业都不可轻易放弃。华为每年将 700 亿美元用于对外采购,其中 140 多亿美元付给了美国的企业。美国高通一半以上的销售都在中国。如果美国再下一道命令说高通不能对中国出口芯片,可能高通很快就无法生存,因为芯片行业全靠销售额支撑,如果没有销售额就不可能跟得上研发和技术的大潮流。正是由于这一原因,美国对华为的禁令曾经一再延期,现在虽然实施了,但 Intel 和 AMD 很快就取得了供货许可,高通也在努力争取许可。

**良性竞争是技术领域的最好结局**

现在美国采用的是一种"流氓"手段,我称之为 Tanya Hardin 手段。Tanya Hardin 是 20 世纪 90 年代美国的一名花样滑冰选手,她出身于工人阶级,滑得不是很好,她的竞争对手出身于中产阶级,滑得也比她好。为了参加奥运会,她买通黑帮把竞争对手的脚踝敲坏了。事情很快败露,她的竞争对手无法上场比赛,而 Tanya Hardin 本人不仅无法上场比赛,还进了监狱。这就是杀敌一千、自损一千五。

美国现在做的不少事情也基本上符合这个逻辑。美国业界没有多少人支持特朗普政府的这种行为,主要是特朗普政府中的鹰派主张如此策略。

美国政府里还有一些温和派、理性派,对谈判的进展也能起到关键性作用。所以我的判断是,技术竞争不可避免,因为地缘政治竞争是不可避免的。我们要寻求的最好结局,是在统一的标准和规则之下进行开放的、良性的竞争,而不是主动脱钩,自我闭关。

### 3. 金融也不会完全脱钩

金融会不会脱钩？中国会被排除在 SWIFT(Society for Worldwide Interbank Financial Telecommunication,环球银行间金融通信协会)之外吗？SWIFT 是一个多边电报协议,一个多边支付的协助体系,自身并没有支付能力,美国对此也没有控制权,与美元也无直接的关系。

**不会把中国整体排除在美元体系外**

美元结算体系 CHIPS(Cleaning House Interbank Payment System,纽约清算所银行同业支付系统)、CLS(Continuous Linked Settlement,持续连接结算系统)等是美国能够掌握的。只要在国际贸易或买卖资产中用到了美元,最后的结算都要通过纽约的 CHIPS 结算。因为这个原因,美国可以完全把一个交易方排除在外,也可以对其进行监控。

美国是否会把中国排除在美元体系之外呢？对此,我们要换位思考一下,从美国人的角度想想这么做对他们有什么好处和坏处。

中美之间的贸易额是 6 000 亿美元,如果中国被排除在外,那么中美贸易无法结算,也就无法进行。对美国人来说,用美元的国家越多越好。美元是一个国际硬通货,对于使用美元的国家,美国就可以"割他们的韭菜"。从 1971 年布雷顿森林体系开始,美国就不断通过美元贬值的方式来"割韭菜",1971 年,1 盎司黄金价值 35 美元,今天价值高达 1 900 美元,可以想象美元贬值了多少倍。所以从美国人的角度来说,绝对不想把中国排除在美元体系之外。

当然,这并不能排除美国会把我国的个别企业或银行排除在美元结算体系之外,甚至是 SWIFT 外。这是有先例的,伊朗和俄罗斯的一些银行就被排除在外,但是美国都找到了貌似"正当"的理由,比如称伊朗违反了伊核协议,俄罗斯兼并了克里米亚。所以,我们也要做好应对这种情况的预案,如果美国用某种"正当"理由把我们的个别企业排除在外,我们该如何应对?这一点要提前有所思考和准备。

### 中美之间的金融联系没有中断

一方面,2020年中国企业赴美上市不减反增,已有20家中国公司在美上市,筹集资金40亿美元,超过了2019年全年在美IPO筹集的35亿美元。

另一方面,美国企业在华投资增加。这得益于我们新的《外商投资法》,很多美国金融企业到中国来开设合资机构,比如PayPal收购了国付宝70%的股份,成为在华第一家在线支付的外国公司。按人民币计算,2020年上半年美国对华投资增长6%。由于人民币升值,如果按照美元来计算,这一增长速度更快。

### 央行数字货币预期

我国央行现在发展数字货币,这能否应对美国的金融脱钩?央行数字货币的优势是点对点的分散式交割,也可以离线使用,所以如果成功了就可以绕开SWIFT。并且,数字货币使用方便,手机下载APP即可使用。发行数字货币对人民币国际化有辅助作用。问题是,数字货币根本上仍然是人民币,所以仍然面临人民币面临的所有问题。

有人设想过,在一个平台上跑一个数字货币,两头都是本国货币。比如中国给津巴布韦出口100万人民币的产品,津巴布韦的买家用津巴布韦币换成平台上跑的数字货币,数字货币再换成人民币,所以津巴布韦的买家支付的是津巴布韦币,中国的卖家得到的还是人民币。听上去似乎可行,但仔细一想,这个办法是行不通的。因为中国对津巴布韦持有大量贸易盈余,这就会导致大量津巴布韦币积累在这个平台上。鉴于津巴布韦的超高通胀率,用这种办法虽然脱离了美元陷阱,但其实又落入了津巴布韦币陷阱。

举这个例子是想说,问题的关键还是世界是否接受人民币,只有人民币国际化之后,我们的数字货币才能起作用。因为数字货币仍然是人民币,没有脱离货币的本质。

中国央行发行数字货币可能有两个理由:一是为未来的技术做准备,因为纸币最终会消失,我国每年制造纸币的成本是200亿元到300亿元,发行数字货币也可以节约成本;第二就是与支付宝、微信支付共存,起到补充它们的作用。

这一部分的总结是：国际环境确实发生了深刻变化,特朗普政府的行为也的确对我国的创新环境,特别是最顶尖的创新环境有影响,但是我们不要把这个影响夸大。如果按照夸大的影响来做决策,可能要出问题。

## 实现双循环新格局应该做什么？

### 1. 走出疫情,迎接新的景气周期

未来5年到10年中国经济怎么走？我个人的判断是,如果疫情不反复,2020年下半年我国经济增长率达到5%—6%是可能的,2021年达到7%—8%也有可能。从2021年开始,我国经济将进入一个新的景气周期。其实,2016—2017年中国新的景气周期已经开始,但由于"去杠杆"和疫情的影响,景气周期被打破,我认为明年能够接续。

如果较高水平的增长能够维持,中国对美国的追赶就非常有利。

假设美国的增长率为2.2%,通胀率2.0%,而中国按高、中、低三种情况预测增长率分别会达到6.5%、5.5%和4.5%。中国以美元计算的通胀率,包括了人民币升值的成分,5年以内中国即使保持6.5%的高增长率也赶不上美国。但是10年之后,以预测的中速度就能超过美国,即使按预测的低增长率,也跟美国比较接近。具体数据可见表1。

表1 中美经济增速预测

| | | 假设 | | 预测(万亿美元) | |
|---|---|---|---|---|---|
| | | 增长率 | 通胀率 | 2025 | 2030 |
| 美国 | | 2.2% | 2.00% | 27.40 | 33.66 |
| 中国 | 高预测 | 6.5% | 3.72% | 26.07 | 42.41 |
| | 中预测 | 5.5% | 3.32% | 24.14 | 36.84 |
| | 低预测 | 4.5% | 2.92% | 22.34 | 31.95 |

大体而言,中国应该会在2025—2030年之间超过美国,成为第一大经济体。

## 2. 关键领域要有自主创新

习近平总书记在 2020 年 8 月 24 日主持的专家座谈会上说,越开放越要防控风险。我个人认为风险主要在技术领域,技术领域形成自主技术是国内循环的关键。如何去搞自主创新？在我看来大有可为。

**让市场做创新主体**

绝大多数情况下,市场应该起决定性作用,是创新的主体。

习近平总书记在座谈会上提到了十一届三中全会和十八届三中全会,两个全会都以改革为主调。十一届三中全会是我们 1978 年改革的起点,十八届三中全会发布了新的改革蓝图,我想他提这两个三中全会是有深意的。座谈会还提到,应该是市场在资源配置中起决定性作用。在常态下,利用国际合作是技术进步的最佳路径,无论如何我们都要争取一个开放共融的国际环境。

在关键领域,美国要卡我们脖子,我们的政府就要增加投入。但是首先,要科学地确定哪些是关键领域,不能泛泛防止"卡脖子"。比如,圆珠笔的笔头是瑞士的一家小公司生产的,如果它不供应,我们就无法生产圆珠笔。那么,是不是中国就一定要努力自己研制笔头？我认为没必要,"卡脖子"并非唯一标准,关键标准应是这个领域是否足够重要,同时是否面临美国人完全断供的风险。

其次,政府资金最好是雪中送炭,投到那些技术路线比较明确但缺少资金的领域,而不是那些"从 0 到 1"的创新领域。现在,很多地方政府投大量资金搞"从 0 到 1"的创新,但失败太多。这其中绝大多数都是在浪费金钱,无任何意义。最近有人统计各省对芯片企业和转产芯片企业投资的增长率,其中西北地区某省增长约 500%,是个天文数字。芯片是个高举高打的行业,不是人人都能干,没有一点技术积累就去做,一定行不通。

**芯片领域全工序投入很难**

在我看来,芯片要做,但我们是不是道道工序都有能力做？这个问号也很大。芯片生产有四个主要工序:设计、晶圆材料、晶圆加工、封测。

中国在设计方面已经达到世界先进水平,华为的麒麟芯片、寒武纪陈氏兄弟两个年轻人设计的AI芯片,还有紫光的芯片等都属于世界领先。但是,中国在设计领域只有"半条腿",因为芯片设计的辅助软件以及很多知识产权都被外国掌握。这次美国英伟达收购英国ARM,又给我们敲响警钟。英国人也反对这次收购,因为这意味着英伟达对芯片设计辅助软件的完全垄断。即使中国能做辅助软件,IT方面还有很多我们不可能完全做到。

制造芯片的晶圆材料方面,中国高度依赖日本进口。好在我们不用太担心日本卡我们,因为我们和日本之间有更多谈判空间。

晶圆加工有两个重点,一个是光刻机,一个是加工。光刻机方面,中国的领头羊是上海微电子,它在2021年可以推出28纳米的光刻机,但世界领先的阿斯麦已经可以做5纳米的光刻机,我国落后了十年以上。加工方面,中芯国际已经可以做14纳米级,但是与台积电的5纳米级仍有两代技术差距。本来中芯国际订购了7纳米的机器,但是美国动用《瓦森纳协定》禁止阿斯麦出口。

封测方面,中国的差距相对小一些。

总体而言,想把上述四个领域做全很难。我国现在提出的目标是在2025年把芯片自给率从1/3提升到70%,我认为难度很大。

中国是否要做芯片的全行业闭环?这个问题值得慎重考虑,更可行的做法是在一些关键点上先做出突破。

中国不完全掌握最先进的芯片,这对中国经济的影响有多大?短期的影响其实微乎其微。例如,受美国禁令影响,华为2021年可能无法制造最先进的手机,但是国内其他几个手机领头羊如小米、VIVO、OPPO没受制裁,他们可以购买别人设计的5纳米芯片来制造手机。因此,如果禁令延续到2021年,中国的高端手机领域可能要洗牌。总之,芯片禁令对中国的总体影响没有我们想象的那么大,但是对我国技术最领先的企业华为影响会很大。

评判一个企业是不是伟大的企业,我的标准就是它敢不敢投资一些目前没有任何商业盈利可能性、但是长远来说对人类的知识积累有益的科研。曾经的IBM是一个,现在的华为是一个。我们要在关键领域搞自主技术,但是要想好具体怎么去做。

### 3. 提高低收入群体的收入和消费

要扩大国内消费,应该怎么做?开头已经说过,全面扩大消费已没有多少空间,最重要的是做结构调整,尤其是提升低收入群体的收入和消费。

图 3 是 2016 年全国的家户收入分布,来自我们北京大学国家发展研究院的中国家庭追踪调查,我是这个调查的发起人之一。我们从 2010 年开始做连续性调查,每两年做一次,2018 年的数据还未整理完毕,这是 2016 年的数据。这两年数字有变化,但是整体分布没有太大变化。

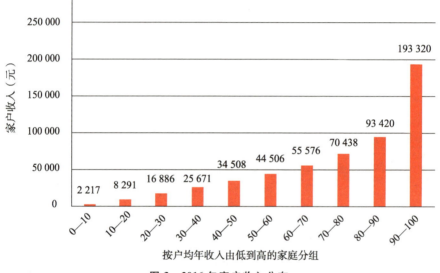

图 3　2016 年家户收入分布

资料来源:中国家庭追踪调查。

调查显示,10% 为最高收入家庭,占有全国收入的 35.5%。50% 为低收入家庭,只占有全国总收入的 16%,他们的平均收入不到全国平均收入的 1/3。10% 为最低收入家庭,只占全国总收入的 0.4%,也就是说,最高收入家庭的平均收入是最低收入家庭的 87 倍。事实上,最低收入的那部分家庭人口是在欠债生活,如果不算上住房,他们的净资产是负数。

**推进社保体系建设**

如何提升低收入群体的消费呢?我们的一次分配已经在改善,而且会继续改善,因为我国经济增长正在向农村地区、西部地区推进。中国城乡之间、东部和中西部之间的收入分配差距最大。在我看来,我国东部沿海地区和世界最发达地区的差距,小于中国西部地区和东部沿海地区的差距。同时,服务业正在替代第二产业成为非农业就业的主力部门,服务业的工资水平相对高一些,这有利于一次收入分配的改善。

不过,二次分配还需加力。我国的第二个百年目标是到2049年实现社会主义现代化强国,其间的阶段性目标是到2035年全面实现现代化,这是党的十九大提出的目标。除了收入方面,我想全民社保是全面现代化的一个必要指标。全面实现现代化之后,我国不能像美国那样还有两千多万人没有医保。我国台湾地区在20世纪90年代末就实现了全民社保,到2035年大陆的平均收入会超过台湾20世纪90年代末的收入水平,我们更有理由实现全民社保。

全民社保的具体措施,个人有以下设想:

首先,若想实现全民社保城乡统筹,暂时不能以城市居民所享受的社保及医保作为全国统一的标准,这样难度极大,我的建议是建立统一但分级的社保体系,也可称为菜单式社保计划。

其次,建立临时性贫困人口救助体系。这次疫情突显了社保体系的漏洞,许多失业人口和半失业人口没能得到及时救助,这也是我国现在消费增长比较慢的原因之一。目前,我们消费的复苏远远低于生产面复苏的水平。

低收入人群的消费对社保非常敏感,我们的研究表明,加入新农合后,低收入农户的消费可以增加10%—20%。他们的收入很低,又没有保障,在获得保障之后他们才敢去消费。因此,我们未来在消费上的调整应该是结构上的调整。

### 4. 加速城市化步伐

我国城市化滞后,应该加速城市化步伐。目前,我国名义城市化率是60%,但是这包括了那些进了城却没有城市户口的人。如果把这部分人去掉,我们的城市化率不足45%。同时,农村人口占全国总人口的40%,但农村劳动力只占全部劳动力的28%。按劳动力占比算,我国真正的城市化率应该达到 72% 以上,恰好是日本 20 世纪 70 年代、韩国 90 年代中期的水平,并且,我国现在的人均收入和这两个国家那时候的人均收入相当。

中国城市化率下一步的目标是到 2035 年达到 75%—80%,城市化率相应增速应该达到每年增长 1.3%—1.4%。然而,过去这四十年每年的城市化率增速才 1% 左右,我们的城市化速度应该再加快一些。

城市化怎么推进呢？在之前提到的习近平总书记座谈会上,九位发言的专家里最年轻的是陆铭,他的研究领域就是城市化,尤其是都市化,他主张着力发展大都市。在我看来,这个观点与国家未来的城市化战略并不违背,今后就是要着力推进城市化。我建议发展以大都市为中心的城市群,而不仅仅是大都市。所有国家的城市化都是这样的过程,所谓"大集中、小分散"。人口会向少数城市化区域集中,在这个城市化区域里面又会分散。

目前,区域城市化或城市群发展得最好的是珠三角和长三角,区域内有巨型城市、大型城市、中等城市,还有很多小城市,形成一个城市网络。中国几大城市群未来最终可能集中我国 60%—70% 的人口。

## 小 结

首要的一点,不要把底线思维变成常规政策。我们确实要防范国际上可能越来越多的风险,为此做充足的准备,但也不能把这个底线级的准备变成常规政策。我们在 20 世纪 60 年代基于底线思维搞过三线建设,因为要应对可能的战争,把很多经济建设挪到了西南地区,但后来把战争风险解除之后,底线思维演变成了常规政策,这些经济建设最后基本上全失败了。

其次,以国内循环为主不等于放弃国际循环。以更大的开放来对冲特朗普政府的围堵,才是正解。在金融领域,让美国更多的金融企业到中国来设立独资企业,以增加美国脱钩的成本。

最后,在国际舞台上,我们应该建立以规则为基础的新交往方式。有人说现在我国在国际上的一些外交困难是因为我们没有坚持韬光养晦的政策。我认为这种判断是不对的。今天想继续韬光养晦已经行不通了,十年前我们给中央的一个报告中就写:大象难藏身于树后。以前我们是一只小绵羊，躲在树后没问题，现在是一头成年的大象，树已经挡不住我们了，再韬光养晦已不可能。

我们一定要有所作为。以前我国是国际规则的接受者，很多规则对我们不利。现在，美国想重构全球化、重构世界秩序，恰好中国经济体量排全球第二，于是在很多问题上美国就冲着中国来。我们应该抓住这个时机，跟美国人去谈新的世界秩序，并让这个秩序成为新的国际秩序，这方面的空间还很大。当然，在这个过程中，我们要改变心态，要做好牺牲一些自己利益的准备，因为规则制定者肯定不能像以前一样只讲自己的利益，而要讲全球的利益。我想中国已经做好了这个准备，我们在"一带一路"上已经承担了许多核心义务，在规则制定方面我们也同样可以承担更大的义务。

# 越是水大浪急,越要做精做专[1]

周其仁[2]

## 中国经济面临的国际新局面

### 1. 中国经济的新境地

当下我们面临的挑战,比所有其他年度性的事件更加严峻,因为它还和我们改革开放40年来经历高速增长、进而改变全球竞争格局有关。

在我看来,中国经济进入了一个"夹在中间"的困难境地:我们产品上的成本优势渐失,资本和技术方面的独到优势尚缺。如果说40年前中国是凭借当时的贫穷加上改革开放,以很低的成本加入了全球竞争的话,那么,今天格局已经发生了很大变化。

向上看,发达国家在很多领域成为我们头上坚硬的天花板。虽然发达国家内部矛盾重重,同时面临经济增长等很多新问题,但是,它们手里掌握了中国经济至今相对薄弱的一样东西,即市场上的"独到性竞争优势"。

所谓的"独到性竞争优势",指的是全球市场都需要的很多关键性产品和要素都在它手上,没有别人供应。举两个让我印象特别深刻的例子。

第一个例子是2008年美国金融危机期间,全球消费者排队购买美国苹

---

[1] 本文根据周其仁教授在2020年9月21日"进无止境——纪念深圳经济特区成立40周年暨企业精神高峰论坛"上的主题演讲整理。
[2] 周其仁,北京大学博雅资深教授、北京大学国家发展研究院教授。

果公司的产品,就是因为它的产品重新定义了手机。

另一个例子是今年受疫情影响,美国经济也面临着很大挑战,同样有一家美国公司的产品即电动汽车,引起全球消费者追捧,它也有可能重新定义汽车行业。

这种"独到性竞争优势",在全球竞争中始终"高高在上",特别是在贸易战、科技战打到"卡脖子"的领域,我们每个人都能感受到,有些东西没有就是不行,你自己没有市场上也不供应。这是我们头顶上很大的一块"天花板"。

我们的底下,和40年前相比也有很多变化。40年前比中国还贫穷的国家有很多,但是这些国家通常无法生产出在全世界市场都有竞争力的产品。然而,如今比中国开放更晚、人均收入比中国更低的越南和印度,也已经形成了非常强大的产业竞争力,它们在全球投资,产业布局方面非常有吸引力。现在,如果我们去很多发达国家的超市、商场逛一逛,找一些服装翻翻商标,会发现印度、越南、马来西亚生产的服装比例在增加,中国生产的服装比例相对在减少。

总之,经过40年发展的中国经济面临着"上不着天,下不着地,后有追兵且成本更低"的局面。在产业链下游,中国很多产业自己都把工厂移到越南、印度;往产业链上游走,中国经济的"独到性优势"依然非常薄弱。这就是当下中国经济面临的挑战。

### 2. 中国经济亟待突围

2007年我就在深圳讨论过,中国经济要"突围",因为两头都被围住了。现在的问题不单是静态的"上有天、下有地,我们被夹在中间",甚至不单是经济的"独到性竞争优势"不足,它还包括发达国家和中国的经济关系也处在一个非常复杂、棘手的阶段。

中国经济很多年来都是以"出口导向型"为主,因为国内有大量低成本的生产要素,结合外来的资本、技术,世界市场特别是发达国家市场对中国开放,形成了大量出口,由此形成贸易顺差,中国投资环境得以改善,也吸引大量外国资本进入中国。这期间,中国的外汇储备节节上升,从20世纪90年代早期几百亿美元储备,快速增长为几万亿美元储备。

由于美元储备在中国无法直接使用,我们必须购买美国的资产,其中很大一部分是购买美国政府的国债以及美国企业的金融产品。这部分钱又构成美国的外债,同时流入美国的金融市场。由于资本供应非常充沛,美国金融市场的利息长期以来非常低,既刺激投资也刺激消费,大量进口产品和对外投资形成更为严重的逆差。

回顾过去的国际经济研究,早些时候有一个专门的词汇用来形容这个局面,就是"中美国",意思是中国和美国合在一起看,虽然美国有巨额贸易逆差,中国有巨额贸易顺差,但加在一起就很好,经济循环好得很。

这期间潜伏的危机有过两次爆发:第一次是2008年的金融危机,第二次就是2018年开始的中美贸易摩擦。这个过程中,美国的经济问题常常集中表现为国际经济、政治问题。这个局面,也会影响中国今后的发展和国际和平环境。

对此局面,国际货币基金组织和很多国际研究机构很早之前都发出过警告,比如2003年、2004年多次预警"全球失衡",失衡的突出表现就是美国逆差和中国顺差形成的"剪刀差"。"剪刀差"会导致重大的问题。但是很多问题常常是被预言却不会马上暴发,时间长了我们会认为这些预言没什么了不起。现在看来,"剪刀差"最后的确可能引起全球格局的重大变化。

### 3. 中美关系恶化的原因

为什么中美之间的关系突然恶化?在我看来,它是由内部矛盾推动的,这个内部矛盾和全球化有关。

简单来说,世界上有一个贫穷经济体,一个富裕经济体。人均资本少就属于贫穷经济体,反之,则是富裕经济体。前者人均资本少,主要靠劳力、靠自然的力量,生产率就低,收入也非常低;后者人均资本多,生产效率高,收入就高。

如果两个经济体中间存在壁垒,富裕经济体过富日子,贫穷经济体过穷日子,可以持续很多年。第二次世界大战之后至1978年,全球几十年大概就是这个局面。之后中国的改革开放把这个壁垒撤掉了,由于资本打通,劳动力在某种程度也被打通。劳动力虽然不能大规模地流动,但是劳动力生产的产品可以出口,等于将劳动力内含在产品里转运出去。

打通以后,全球的分配情况都面临新的挑战,即发达国家的劳动力和发展中国家的劳动力,相当于在同一个平台上竞争打通了的资本市场。之前,发达国家的资本主要用于满足国内的劳动力,现在全世界特别是发展中国家的劳动力,都来争夺这些资本。

全球来看,这会导致全球资本的稀缺性提高,工人和工人之间的竞争加剧,其中竞争最激烈的就是发达国家的工人,因为他们的工资已经非常高。过去,发达国家的工人不会受到中国工人、印度工人的冲击。全球化以后,发展中国家的产品和发达国家的产品相互竞争,发达国家的产品卖不动,当然会影响发达国家的国民收入和就业。某种程度上,两种经济体之间内部的收入矛盾都日益尖锐化。

这种局面下的全球化,总体来说提高了全球生产力,对发展中国家的好处更多,但也有利益受到损害的集团,发达国家受损最大的集团就是面临发展中国家冲击的劳动力。

就像过去中国生产服装换美国生产的飞机,后来中国自己也生产飞机,美国需要往更高的产业链上游走,才能稳住竞争优势,但是这很难。

再比如,全球化背景下,苹果手机的专利和发明权是美国公司的,但是生产代工可以由中国公司来做。美国可以拿到发明的红利,包括资本为发明提供服务这部分收入也会增加,所以华尔街、硅谷都拥护全球化。但是与此同时,美国有相当一部分利益集团,包括蓝领工人以及一部分白领,在全球化过程中是受到冲击的。

国内也一样,实施开放对我们经济发展有很大的好处,而且越靠沿海好处越大,因为资本、技术从海上来,离资本和技术远一点,不懂英文、不懂对外来往,就要差一点。

总之,全球化的确推动了全世界经济的增长,但是对不同利益集团有不同的影响,遭受冲击的问题甚至反映到数据、意识形态、观念和政策等方面。

统计数据显示,美国的基尼系数(用以衡量一个国家或地区居民收入差距的常用指标,指标取值从 0 到 1,越接近 0 表明收入分配越趋向平等)在第二次世界大战以后大幅度下降,中间停滞了一段时间,随着中国、印度开放并冲击全球市场,以美国为代表的发达国家,基尼系数几乎上升到战前水平,这是非常危险的信号。欧洲的发达国家也差不多。

还有现实生活中的对抗事件,比如2011年在美国发生的"占领华尔街"运动,诱因正是部分人没有分享到经济增长带来的红利,反而出现更严重的失业,他们的收入停滞不前,面临各种各样的困难,最后演变为1%的富人和99%的穷人的矛盾。

2006年我在美国做研究访问,到访过宾夕法尼亚的一家钢铁厂,这家工厂在当年鼎鼎有名,美国第一艘航空母舰的甲板钢材就是这家工厂供货的,旧金山的大桥也是它提供的材料,如今完全破败了。为什么?因为全球竞争之下,它们的生产成本太高,技术进步没有后来者快,等到中国的钢铁行业起来,在全球市场上与之一同竞争,它们的产品就卖不动了,庞大的工厂也"锈"在那里。

在美国地图上,制造业败落的地区有一个专门的名词"锈带",那里多是早期从欧洲转移过来的制造业,在全球开放竞争当中遇到麻烦。后来,"制造业回迁美国、增加美国就业"这个口号成为特朗普竞选的基础。尽管美国知识分子、经济圈人士看不上特朗普,可是从政治上来看他依然有基础,他的选票票仓和"锈带"之间有着重要关联。

当然,全球化会引起相关方的变化,但显然全世界并不会因为中国的高速增长而增长,相反,它会等着你。

## 中国国内经济的变化

### 1. 成本上涨

贸易顺差加上大量外资进入,这是好事情,中国从来没有这么多外汇。这些钱进入国内市场流转起来,资产价格就会变化。如果经济体内货币供应量大,商品资产少,价格一定会起来,而且会形成"上涨"预期。前些年大蒜、粮食等价格疯涨,实际上正是因为大量热钱进入国内循环,同时国内产品大量出口而导致的经济现象。

它带来的好处是国内"不差钱"。这些钱相继进入土地、生产要素等领域，企业的成本也随之上涨。经济在"不差钱"的环境里运转，企业运营和市场竞争等成本也会急速提高。数据显示，中国经济高速增长期间，名义 GDP 增加了 8.6 倍，工资总额增加 8.8 倍，税收增加 16.7 倍，非税的政府收入增加了 18 倍，社保缴纳增加 28.7 倍，最厉害的是土地出让金，增加了 64 倍。这一系列数据背后，意味着成本在急速提高。

这个成本不是市场主体"你情我愿"或是劳动力竞争导致的，而是法律规定的，不缴纳这份钱属于违法行为。问题是，企业没有"独到性竞争优势"，成本却大幅度上涨，中国国民经济面临的最基本挑战也在于此。

从 2008—2010 年，我们的经济增长速度从平均 9%—10% 降到 6.5% 左右。如今即便疫情消失，我们要回到高速甚至是中高速增长的难度都非常大。这个难度在我看来是结构性难题。

如何应对大幅上涨的成本？在我看来有两个对付的办法，也是 2007 年以来我们讨论突围的两个主要方向。

第一个方向，用新办法来组织生产，无论是政府改变营商环境，还是企业优化自身生产环境，控制成本永远有潜力，目的是让成本优势持续时间长一些。

第二个方向，花更高的工资雇用更厉害的劳动力，用更多的资金买更先进的设备，开发新产品，生产附加价值更高的产品。这也是商业世界最重要的东西。

当年通用汽车的老总退下来去办商学院，在他当院长的时候，商学院就推荐这两个选择：要么成本领先，要么与众不同。用我的话来说，一个是持续的成本优势，一个是独到性，这是中国经济未来的发展趋势。

### 2. 创新突围

创新突围是什么？中国市场是个后发市场，我们作为后发国家，在国内环境和平下来之后搞经济建设，当时发达国家早走到前面去了。

毛主席在 20 世纪 50 年代就问过：我们能造什么？能造桌子椅子，能造茶碗茶壶，能种各种粮食，还能磨成面粉，还能造纸，但是一辆汽车、一架飞机、一辆坦克、一辆拖拉机都不能造。

作为后发国家,前面只要有人造出来,我们看到以后模仿制造就可以,这就是后发优势。很长一段时间里,整个中国庞大的经济基本上都是先看到后仿造,还经历了几个阶段。第一阶段,看到了也不会自己造。之前是靠苏联援助的 156 个项目,才给中国工业奠定了近代以来一直没有奠定的基础。第二个阶段,慢慢会自己造但是造不好。第三个阶段,自己造得不好但是成本低,价格有足够的吸引力。第四个阶段,提升制造品质。以上几个阶段,中国不同的产业线都在做,不同的公司、不同的地区重点也不同。

如今,全球竞争格局还要再向前走一步,那就是做原创,由"想到了"到"造出来"。

所有产品在早期都是先有想法,而想法又是在经验当中产生。中国在 20 世纪 60 年代爆破原子弹,美国在 1945 年就爆破了原子弹,关于原子弹的论文最早是在 1939 年发布,论文里把释放原子能量的原理解决了,大家就都能有功夫"追"。

发现了原理,我们再看能否利用原理将它变成技术,技术能不能整合成产品,产品能不能形成产业。中国未来具有很大的可能性,从顶尖到最基础领域,全球都在创造生成的过程中,别人"卡脖子"我们就想办法。我们的速度是惊人的,但是还不够。

### 3. 企业家精神

中国体量大、人口多,已经和平建设几十年,想要更有竞争力,就要真正地在原创上下功夫。作为经济学家,我原来认为发展中国家不一定要做这些事。但是,基于对中国经济这些年的观察,我应该提出这些问题。

看看全球有多少过剩产能,无论是政府还是民营企业投资的,为什么不能把资源往原创方向投一些?虽然不一定都会成功,甚至失败率非常高。可是,这么多公司在红海里打价格战,又有那么多项目"说停就停",需要"去产能、去库存",要花很大力气改变,我们是不是可以往那个方向走?

以色列是个小国家,国内和平环境远不如中国,但是访问以色列时我接触到了很多独到性的东西,以色列拥有很多大国都没有的东西。比如让信息量储备上升、热量不上升这个关键技术难题，以色列的产业界解决了。否则不会有移动互联网，不会有这么轻薄的手机和巨大的计算能力。台式电脑还有风扇，手机不可能有风扇。以色列类似的例子还有很多，这其中体现的其实就是企业家精神。从穷变富、把产品做好、承担社会责任，都是企业家精神的体现。

今天我们要定义新的企业家精神，就是要从大量模仿到原创，要在中国实际的经济基础之上，基础研究、应用研究、大学科研、国家研究所和产业企业市场打成一片。讲到底，有独到性竞争优势才有交换筹码。如果我们永远在后面，就会被人"卡脖子"。如果我们不能从"看到了造"到"想到了造"，全球竞争力就会有问题。

## 中国产业充满希望

我认为中国的产业是有希望的，举两个例子。

第一个例子是佛山一家小公司，生产的特种气体被全球最大的半导体设备制造商之一阿斯麦认可，拿到了阿斯麦的证书。使用这家公司生产的特种气体，再用光刻机，生产出来的产品质量就没有问题。这家佛山公司并不大，但是进了专业领域的名单里，产品已经做到比较尖端。可见，如今企业光做大、做强还不够，还要做尖、做硬一点。这样的好产品越多，中国民营企业在全球舞台上才会有更多筹码。

第二个例子是深圳一家生产柔性屏的公司，早期它制造柔性屏时，市面上还没有这个产品。当时创始人是将自己在斯坦福撰写的一篇论文的原理变成了技术，并且申请专利在深圳投入生产，年产量1 000亿个。其实，这个打法能不能成功，没有人保证。但是这个做法，值得我们支持。中国的企业家，特别是深圳的民营企业家，要在此基础上再提一个更高的要求：未来五年或是十年，我们都可以在"想到了造"的方向上，"造"出一些新成就。

这样在全世界，中国企业才会真正得到尊重。在商业竞争当中，我们才会有更多筹码，有更大的发言权。

## 结　语

　　民营企业过去叫"水大鱼大",现在是"改朝换代"。2020年公布的民营企业500强的门槛,与十年前相比有了大幅度提高。

　　当前的情况是,未来全球浪潮不光是"水大",还包括中国的民营企业如何通过改革和创新去突围。不要将"新"定义为"别人有,我们拿来创新",要在全人类范围、全球范围的"新"这个方向上下功夫。

　　功夫不会一天见效,但是持之以恒做下去,我相信这些功夫会在未来的全球竞争中成就一条新的发展路径。

# 全球新挑战与新变局下的中国经济[①]

姚 洋

最近,我们都能感受到外部环境不断恶化。我个人判断中美已经从合作为主转向竞争为主的新阶段,甚至不排除一些领域带有冷战的色彩。美国将中国列为战略竞争对手,竞争在各领域展开,其中技术领域的竞争相对更深入、更广泛。美国开始对中国进行技术封锁,针对中国的实体清单也越来越长。这对中国经济的影响非常大,中国的基础科学研究领域及高科技领域都会受到比较大的影响。但我们也应看到中美完全脱钩不太可能。

中国该如何抓住机会做好应对呢?

我想摆在中国面前的是很长的一段路。可能有人会说,拜登上台是不是会对中国好一些?拜登对中国的态度和特朗普不会有太大的差别,只不过他围攻中国的方式会有所改变,但这不意味着外部环境会改善。

过去几年发生的变化应该是长期性变化,在应对方面有三条原则:

第一,我们应该在关键性领域加快自主创新。

第二,要更加努力地去维护一个开放和共融的世界创新体系,不能把中国隔绝在世界之外。

第三,要继续努力和美国保持比较密切的经贸关系,尤其是不能主动中断中美经贸关系。

---

[①] 本文根据姚洋教授在2020年6月13日北京大学国家发展研究院EMBA论坛第35期暨总裁读书会特别课上的主题分享整理。

这三点说起来容易，但要做到就非常考验我们的智慧和意志。下面我从中美竞争、全球化调整以及中国应对三方面分享我的观察和理解。

## 中美关系的五个阶段

首先有必要回顾中美关系经历的五个阶段。

第一阶段是 20 世纪 70 年代，从美国时任总统尼克松 1972 年 2 月访问中国，到 1979 年中美正式建交，这属于接触阶段。中美在冷战高峰时走到一起是因为有共同的"敌人"——苏联。1969 年，珍宝岛事件发生后，苏联非常恼火，想给中国实施核打击。美国主动和苏联沟通，如果向中国投放原子弹，意味着第三次世界大战的开启。中国国内也很紧张，1969 年夏天也进行了人员疏散。后来苏联部长会议主席柯西金参加了越共领导人胡志明的葬礼之后，返苏途中在北京停留，周恩来总理到机场和他举行了会谈，很好地解决了冲突。中国也意识到美国的干预起到了很重要的作用，于是通过巴基斯坦的接触，最终实现了尼克松总统的访华。

第二阶段是 1979—1989 年，中美密切交往时期，达成了多方位合作。合作的原因，一方面是因为共同的敌人苏联还在，另一方面是中国开启了改革开放的新征程。在经济领域，里根总统给予了中国比较优厚的待遇。里根在竞选时曾表示，一旦当选，他首先要和中国台湾地区恢复邦交关系，但真正当选之后，他的第一个重要外交访问是在中国大陆。在军事领域，中美也有非常深入的合作。中美在文化交流等方面也有很多合作，国内兴起了留学热。

第三阶段是 1989—2010 年，属于双方的理性交往时期。1989 年之后，老布什总统派出国家安全顾问到中国来，向邓小平表示不会断绝和中国的关系，这是西方国家的第一个表态，意义重大，这才有了 20 世纪 90 年代中国进一步改革开放的国际环境。在这段时间，中国又加入了世界贸易组织。支撑美国对华理性深入拓展双方关系的信念是，如果把中国拉入美国所维护的体系，中国会越来越像美国。但是中国有自己的制度和文化，中国会拥抱全球化、拥抱世界多元价值观，但中国不会变成下一个美国。在这段时间里，中国发展对美国的冲击已经显示出来，在2004—2005年已经出现明显的贸易不平衡，所以美国逼着人民币升值。2005—2008年，人民币兑美元升值了30%，之后因为金融危机人民币停止了升值。

第四阶段是2010年之后，美国实施"重返亚太"计划，这项计划曾因"9·11"事件而有所推迟，而且，当时奥巴马总统特别想成为"世界的总统"，他在2009年获得了诺贝尔和平奖，希望中国能支持他在哥本哈根气候会议上达成协议。由于各种原因，这一计划落空。2010年，美国在外交政策上发生了重大变化，"重返亚太"之后又推出"跨太平洋伙伴关系协议"（Trans-Pacific Partnership Agreement, TPP），"重返亚太"是从战略上遏制中国，TPP则是从经济上遏制中国。该政策一直持续到特朗普上台。

第五阶段是特朗普上台至今，中美进入竞争的新阶段。特朗普上台之后，在2017年正式出台战略报告，把中国定义为战略竞争对手，次年开始在贸易领域制造摩擦，接着对中国实行了技术封锁。到了2020年又因为疫情开始打"口水战"。"口水战"是有实质性意义的，美国对华持负面态度的人口比例从特朗普上台时的40%多上升到目前2/3的水平。特朗普不断地拿中国说事，向中国"甩锅"，会直接影响到美国民意，甚至会影响到原本理性程度较高的知识界。美国知识界的对华态度已发生很大改变。特朗普彻底改变了美国的对华政策。

## 中美竞争和美苏冷战的不同

中美竞争，甚至部分领域出现冷战色彩，这与美苏当年的冷战有什么不同？《观察者网》曾经刊登过美国现实主义战略家约翰·米尔斯海默（John Mearsheimer）的采访。他认为，中美之间类似冷战的这种状态和美苏冷战没有太大的差别，别看中美之间有着广泛深入的经贸关系，但经贸关系在军事竞争、地缘政治竞争面前一文不值，至少远远不是决定性因素。回顾第一次世界大战的爆发，人们会明白经贸关系并不能影响两个国家的地缘政治。

我认为，中美目前的状态和美苏之前的冷战还是有所不同的。美苏冷战是用自己的意识形态战胜另一方的意识形态，是你死我活，而且竞争是全球、全方位的，美苏之间几乎一直都没有任何的经济和人员联系。但是，中美在意识形态方面是"一边倒"，是美国过于强烈地想推行自己的意识形态，中国并不是，双方在这一点上显然不是"你死我活"的竞争关系。中美的竞争也不是全方位的，主要还是集中在地缘政治和技术领域，而且地缘政治也不是全球，只是在西太平洋这一带。另外，中美之间的经济和人员联系非常深入。

中美和美苏的相同之处是有不同的意识形态和价值体系，军事竞争和技术竞争也都是全面的。

在意识形态方面，有所谓的"华盛顿共识"和"北京共识"。"华盛顿共识"最初并不是现在的含义，早年是针对20世纪80年代拉美债务危机，西方国家、世界银行，还有国际货币基金组织等债主形成了所谓的"华盛顿共识"。这一共识要求拉美国家进行经济结构调整，包括"三大点""十小点"。三大点中的第一点是稳健的货币和财政政策，不能搞赤字货币化、不能乱收税等；第二点是民营化；第三点是减少对经济的控制，推行经济自由化。从这个意义上来说，中国算是"华盛顿共识"的好学生。

"华盛顿共识"在2010年之后严重变味，变成了所谓的"民主政治+自由资本主义"。与之对应，又冒出来所谓的"北京共识"，解释为"威权政府+国家资本主义"。"北京共识"是西方人自己造的一个概念，就是为了给新的"华盛顿共识"进行对比，我们对此要高度警惕，这可能是西方某些人想诋毁中国经济成就的做法。意思是中国经济成就不值一提，是在威权体制下国家资本主义干预的结果，是以牺牲老百姓的福利为代价实现的增长，这种增长不应该被推广到其他国家。

我们必须清醒而自信地认识到，中国经济能发展到今天，绝不是因为所谓的国家资本主义，绝不是单纯由国家干预的结果，相反，主要是民营经济发展的结果。中国经济增长的大部分是民营经济创造的，我们从上到下对"五六七八九"的概念（民营经济贡献了中国50%以上的税收、60%以上的GDP、70%以上的技术创新成果、80%以上的城镇劳动就业、90%以上的企业数量）都有共识。国有企业之所以目前也能做好，是因为大多属于资源性的行业,有上游垄断地位,也能得到国家和银行相对便宜的资金支持。

我们要警惕的是,所谓威权政府和民主政府的两分法有很多问题,从所谓的个人独裁到民粹主义,中间像是一个连续的光谱,并且还有丰富的横向因素。中国在很多方面有很强的民主成分,是一种混合体制,简单的两分法是不科学的,但在西方就形成了一种所谓"华盛顿共识"对"北京共识"的分野。

在疫情期间,这样的分野又被进一步放大。一方面,中国抗疫取得阶段性成功,武汉封城之后,以比较短的痛苦赢得了相对长期的疫情缓解。另一方面,西方的心情比较复杂,开始时觉得疫情与他们无关,是只属于"落后的中国"的事情,甚至有些人说这是黄种人才会有的事情,有一种所谓的后殖民主义者高高在上的傲慢,同时还有内心的种族主义情绪。到了中期,他们不得不采取跟中国一样的措施封城,一开始是意大利,之后是美国、英国等。到了后期,他们已经变得比较懊恼,因为中国做得比较彻底,成为第一个基本走出疫情、开始恢复经济发展的国家,西方又开始指责中国隐瞒信息,这纯粹是无稽之谈。

在第73届世界卫生大会视频会议开幕式上,习近平主席发表了讲话,支持对疫情和抗疫进行总结。国务院新闻办公室发布了《抗击新冠肺炎疫情的中国行动》白皮书。需要注意的是,现在西方对中国模式更加警惕。

在地缘政治方面,美国"重返亚太"的举措就像人类的动物本能,即像动物一样守住自己的领地。中国也要反抗,美国自称是"山巅之城",但中国是世界上唯一一个文明延续几千年的大国,也有世界级的雄心。从海军和空军的飞速发展来看,两国军备差距在不断缩小,因此两国在南海和东海的对抗完全不可避免。

更重要的是,中国的"一带一路"倡议是1949年以来中国少有的、主动且宏大的国际性倡议,这也引起了西方的警惕,是不是中国要输出自己的模式?是不是中国想要拓展和拥有自己的国际空间?当然,中国也有发展中的很多问题,比如规模过大、"硬多软少"(所谓"硬多"指工程太多、发放贷款多;"软少"是指输出太少,比如思想、做法少)等,这些都要调整。

疫情期间,中国对欧洲进行人道主义援助,是有史以来第一次由一个发展中国家或所谓的落后国家对西方文明的核心区域进行的人道主义援助。美国担心,欧洲自己也担心,这都会引起地缘政治。

## 中美不太可能在技术上脱钩

20世纪最伟大的经济学家之一保罗·萨缪尔森(Paul Samuelson),在2004年发表了自己的最后一篇学术论文,其中讨论了中国技术对于美国的负面影响。当时中国的技术还不是那么先进,所以没有多少美国人注意到。2010年之后,美国开始采取行动,将其重返亚太战略和技术联系在一起。

我想说明的一点是,美国对中国政策的改变不是从特朗普开始的,实际从奥巴马就已经开始指责中国"偷窃"美国技术,从"三一重工事件""中兴事件",到"301调查报告""华为事件",对中国制裁的实体清单不断加长,最近又加进哈尔滨工业大学、北京航空航天大学等技术性的大学,严控科学、技术、工程以及数学方面的中国留学生。再加上打击和中国合作的美国大学教师,美国大学和中国的科研合作已经开始减少。

美国强硬霸道地对中国进行技术封锁,会不会形成两个平行体系?回答这个问题需要考虑两个因素:

第一,现代技术太复杂,没有任何一个国家可以全面掌握某一项技术。比如一部手机,至少有七八个国家参与制造,iPhone是全世界共同生产。再比如5G技术,美国想自己再建立所谓的俱乐部或者同盟,也有好多国家参与,但未必能搞成,因为华为已经在5G技术领域占据了很大份额。还有技术标准问题,我们应该注意到世界性的标准不是由国家制定,而是由大企业讨论决定。我们一开始用互联网的时候,由于标准问题,计算机用起来特别麻烦,现在标准已经慢慢统一起来。同样的,5G标准是很多国家的大企业参与制定的。华为达到了国际领先水平,就不会被忽视。因此,美国想要完全和中国在技术上脱钩不太现实。美国一开始曾经限制美国企业和华为一起讨论标准问题,但现在不得不放弃限制,改为美国企业也可以参加有华为在场的技术标准制定,因为华为不再可以被忽视。

第二,美国企业会发挥作用。很多人说中国大而不强,其实中国大就是强。巨大的市场就自然会形成市场权力，美国高通一半以上的芯片销量在中国，如果不卖给中国，高通就无法生存，因为芯片行业是高举高打的行业，台积电投资 5 纳米的技术，投资额高达 300 亿美元，在这种情况下，如果高通不投资，就会被台积电甩在后面。高通说 2020 年要在中国的 5G 芯片市场上占领 90%，高通显然不愿意丢掉中国市场。正因为这些美国企业意识到中国是个巨大的市场，所以他们会去游说美国政府，对华为的禁令也因此一再延期。这个所谓的禁令并不是说完全禁止，企业仍然可以申请对华为出口，获得许可证出口。当然有些企业申请了但没有获得批准，比如谷歌。除了美国企业，还要考虑其他地区的企业，比如中国台湾地区的富士康、台积电，采用的是两边下注策略。富士康在美国威斯康星州投资，台积电在亚利桑那州投资，我认为他们的投资有点质押的意思，如果美国坚决不允许他们跟华为等中国企业打交道，他们在美国的这些投资就可能会停掉。荷兰阿斯麦公司是世界上最先进的制造光刻机的企业，在中国苏州也有投资，这家公司也有两边下注之意。

总之，中美并不会形成两个平行的技术体系。

## 全球化只是调整，并非退潮

上一轮的全球化我总结有三大特征：第一，全球经济真正实现了一体化，冷战时期有社会主义阵营、资本主义阵营之分，1991 年之后才真正实现了全球经济的一体化。第二，中国崛起成为世界第二大经济体，改变了世界经济的格局。第三，美国经济的金融化程度不断加深。美国在 1999 年出台了《金融服务现代化法案》，允许银行混业经营，这使得美国金融迎来爆发式增长。事实上在我看来，美国最大的问题就是过度金融化，很多问题都可以归结到华尔街太强大。

在全球金融危机之后，中国在全世界的经济地位仍在上升。2009 年，中国的 GDP 总量只有美国的 34%，到 2019 年达到美国的 68%。这意味着中国经济的名义增长率要比美国每年高 7.2%。如果以美元来计价，平均增长率要超过 10%。《财富》500 强企业名单中，2008 年中国企业只有 37 家，2019

年达到119家,和美国只差两家。2008年中国讨论的问题是在世界五百强榜单上的企业太少,现在讨论的是中国企业为什么大而不强,因为中国排在前面的企业全是银行。其实大就是强,能有这么多的五百强企业说明中国有实力。中国的崛起对美国的冲击除了贸易不平衡,还有就业、技术方面的赶超。中国在人工智能、机器人、移动通信、数字金融等多个领域进入世界第一阵营,已经可以跟美国平起平坐,甚至个别领域超越了美国。

中国要意识到,美国的行为并非完全针对中国,其自身作为多年的全球领导者,面对不断变化的世界格局,也有切实需要调整的空间。多年来,美国为建立和维持世界贸易体系有不小的付出。比如,世界贸易组织的规则是美国创造的,这对世界经济一体化和经济增长有巨大意义,美国本身也成为中国产品的最终需求者和最大外需。在很长时间里,中国对美国的贸易盈余超过中国对全世界的贸易盈余,也就是中国对美国之外的所有国家相当于都是贸易赤字。如今,美国国内的经济和政治不断地极化,1%的最高收入群体财富比例不断上升,超过总财富额的30%,而50%的最贫穷人口的收入在过去50年里没有实质性增长,政府没有合理的二次分配调节制度或相关改革,造成美国的极化现象不断加重。

这在美国大选上也有所反映。1960年的大选是肯尼迪对尼克松,代表民主党的肯尼迪赢了,当时还没有规律可循。到1976年民主党的代表卡特赢得选举时,选票主要集中在南部各州。这主要是因为肯尼迪之后,民主党转向支持民权运动,在南方夺得了选票。1992年克林顿赢得选举,民主党赢得了西海岸、东海岸以及中部一些州,民主党势力已经向两个海岸延展。2008年大选,民主党的代表奥巴马赢下来西部和东部一些州。2016年的大选虽然是特朗普赢了,但如果把全国的选票加起来,仍然是希拉里赢了,她的落败纯粹是因为美国的选举制度。在美国的选举制度中,只要赢得一个州,就赢得了这个州所有的选举人票。希拉里赢的都是大州,人口比较多,输掉了中间那些州,这很明显地体现了美国在地理上出现的政治极化:东西海岸支持民主党,中间地区大多数支持共和党。

美国国内的极化,在一定程度上使美国没有足够的精力和财力再像过去一样为全球经济秩序付出，因此我们可以看到美国不断"退群"，但大家也不要简单地把美国"退群"理解为美国在主动让出世界领导地位，这是错误的。

美国仍然是世界上最强大的国家，而且依然十分想保持自己的强大和世界领导地位。同时，中国在短时间内也不可能取代美国成为真正意义上的世界旗手。美国的"退群"只是美国以退为进的战略调整，是为了美国更好地保持世界第一，美国只是从策略上不再想为世界提供那么多的免费服务——以后要想获得美国的服务，各国需要付费；谁不想付费，就要完全按照美国的规则来。美国其实是通过"退群"的方法，用自己的标准在重新构造新世界体系。我们千万不要误判，认为这是美国的衰退，千万不要误以为中国冒头的时机已到，去挑世界的大梁，我们还远远没到那个时候。

至于全球化退潮一说，这究竟是不是一个正确的判断还有待商榷。我认为有点言过其实。全球化要经历调整，这个调整是必然的。美国需要调整，中国也需要调整。中国体量太大，做的事情对世界的影响越来越大。2019年10月28日，我和哈佛大学肯尼迪政府学院国际政治经济学讲席教授丹尼·罗德里克（Dani Rodrik）、上海纽约大学常务副校长杰弗里·雷蒙（Jeffrey Lehman）作为联合倡议人，发布了一份37位学者签字的倡议，其中包括5位诺贝尔奖获得者和两个世界银行的首席经济学家，大家都认为全球化需要调整，应该将政策分成两部分：一部分是杜绝以邻为壑的贸易政策，包括对本国产品的出口进行限制，比如美国对中国的产品限制、低价倾销、竞争性贬值、补贴跨境并购等。以邻为壑、以牺牲别人来获取自己好处的政策都应该停止。另一部分是国内政策可以作为可谈判项目进行协商，美国要意识到中国的经济阶段还必须要有一定的政府介入，无论是政府补贴还是国有企业，必须再存在一段时间。中国反过来也要认识到，美国也需要一定的调整空间，中国的全面冲击对美国造成了巨大难题，美国需要在地理上、时间上进行调整。

## 中国需要关键技术的突破

我们应该认识到,地缘竞争是不可调和的,无论谁当美国总统都差不多,大国需要一定的战略空间,中国也一样。由于地缘竞争的缘故,技术竞争也变得不可调和。所谓的地缘竞争,最后还是经济和技术的竞争。同时,《瓦森纳协定》是一种对特定国家的武器禁运协定,因此美国和欧洲对中国的技术封锁恐怕都要持续下去,所以中国的技术进步要有新招。

我认为,中国技术竞争的目标有两方面:一方面要在关键领域实现技术的自主权,另一方面要在限制的环境下争取统一的技术标准,和美国进行和平竞争。也就是说,美国可以限制中国的技术,但不要使绊子。如果把竞争比作一场拳击赛,中美应该大大方方地到擂台上去打,而不是在大街上毫无规则地乱打一架。

哪些是中国应该努力突破的关键性技术?发动机技术是一个,芯片也是。

中国的发动机技术突破慢是因为材料技术限制,中国的材料技术落后的原因是发展时间短。材料当中的元素都知道,但还是做不出来,因为实验需要资金和时间。中国在很多工程领域的落后只有让时间去解决。

未来的世界肯定是芯片的世界,埃隆·马斯克(Elon Musk)将芯片植入大脑,芯片就要越做越小。台积电是5纳米,是当今世界上最先进的,其最终目标是要实现3纳米和2纳米。1纳米才100万分之一毫米,已经属于原子级。

在芯片领域,中国企业在设计方面已经达到了世界先进水平,比如华为、紫光、寒武纪,但是我们还不掌握辅助设计软件。芯片的电路图太复杂,没有辅助设计软件根本做不了,美国不让用就把中国卡住了。

中国晶圆材料是高度依赖进口的,好在主要是日本人在做,不对中国限制。但晶圆加工有一项"卡脖子"技术——光刻机,现在最顶尖的光刻机技术由荷兰阿斯麦公司掌握。该技术是台积电的一位鬼才用新想法突破了激光的80纳米极限,他发现光线通过水时,波长就会变短。利用这个原理,让激光经过液体缩短波长,激光刀就越来越小。阿斯麦原来是家小公司,现在打败了日本的企业。中国有四家光刻机企业,唯一有希望取得技术突破的是上海一家企业,现在可以实现22纳米的光刻机,但和跟阿斯麦还差10年的技术,人家现在是5纳米。

芯片加工方面,中芯国际是台积电的人马,使用大陆资金,它可以达到14纳米,因为买不到光刻机,7纳米暂时无法实现,台积电已经进入5纳米时代,相差两代。如果不解决光刻机技术,中国在芯片领域就很难突破。

在芯片封测领域,中国的差距相对小一点。

总体而言,中国芯片在辅助设计软件、光刻机技术这两个关键性环节受人控制,中国今后可能要用5—8年的时间在这两个工序里谋求实质性突破,摆脱对外部的依赖。

## 中国一定要致力于维护和推进开放、共融的全球创新体系

虽然全球化目前遇到较大的阻力,有回潮之势,但我们还是要积极地维护和推进一个开放、共融的全球创新体系。

国际上,中国要积极参与世界贸易组织改革,因为美国不干,世界贸易组织就持续不下去,中国应该主动帮助其重建新的规则。如果美国人关注补贴问题、发展中国家待遇问题、国有企业问题,这些问题中国应该都可以谈。发展中国家待遇问题,其实对中国已经不再是必不可少,也没有太多实质性的收益,更多只是名声问题,为什么不可以谈?

同时,在国内我们要切实减少政府干预,除了少数技术路线比较成熟的产业,比如芯片,应该有政府一定的资金进入和相关扶持之外,其他的一定要交给市场。市场才是创新主体。因为谁也不知道创新从哪里来,没人能在几十年前知道华为今天的发展。20多年前,当互联网兴起时,谁能预测马云、马化腾的成功?这些都是从市场中自己长出来的。

今天的世界已经很难容忍19世纪那样的重商主义或国家资本主义,中国一定要主动地警惕这一点。不要以为自己制定的只是中国的国内政策,很多政策都是有世界含义的。国际上只要看到中国政府还在干预产业和企

业，就会担心甚至害怕中国的不公平竞争，就会怀疑企业的背后有政府。华为背后没有政府，任正非这么多年非常小心地与政府保持距离，但还是没办法，人家依然认为华为跟政府有关系。我想这主要是因为政府对市场整体的干预太多，我们应该让中国企业自己去参与世界范围内的竞争，最后走向世界前列，参与国际标准的制定。

最后，我们要与美国保持经贸领域的深度融合，完全脱钩是不可能的。现在有一种论调，认为中国应该趁机放弃和美国第一阶段的贸易协定，跟美国说因为疫情，中国已经无法执行协定，我觉得这种观点并不明智。美国要中国买他们的东西，从某种意义上美国还想跟中国在一起，这是一个跟美国深度融合的绝佳机会，而且我们也需要能源、大豆、飞机。但是我们可以跟美国谈，可能因为疫情，按照原计划在两年内完成有难度，能不能延长为三到四年完成？前一段时间刘鹤副总理和美国贸易谈判代表通了电话，两个人放出来的信号都说谈得非常好，说明双方依然还保有默契。

我的建议是，我们不仅要履行第一阶段的贸易协定，而且要积极开展第二轮贸易谈判。因为美方透露出来的谈判议题就是美国要在世界贸易组织里进行的，刚好是中国参与国际规则制定的机会。我们总说美国是国际规则的制定者，我们也要参与国际规则制定。如果美国愿意先跟中国谈，谈了之后拿着谈判结果到世界贸易组织做模版、照着修改，那不就代表我们参与了国际规则的制定吗？

最后再强调一下：中国和美国作为大国，都要致力于形成一个既有竞争，同时又是你中有我、我中有你的合作关系，最大限度地避免滑向热战。一个纵然激烈但保持良性的竞合关系，即"竞争+合作"的关系，对中美和整个世界都有利。

# 中国经济如何在全球大变局下开新局[①]

## 余淼杰[②]

今天的交流,我主要分享三点思考:

第一,我们所面临的新挑战,到底哪些比较重要?哪些比较严峻?

第二,中国经济如何在大变局中开新局,继续走好自己的路?

第三,我对中美关系,特别是中美经贸关系的思考。

## 全球出现了什么样的大变局?

2020年7月30日,中共中央政治局召开年中工作会议,这次会议上传递的信息很重要。会议明确指出,我们现在面临百年未有的大变局和百年一遇的疫情。这两个因素带来什么样的新挑战?我觉得有三个方面:

一是新的全球化。

二是中美贸易摩擦的不确定性。中美贸易摩擦从2018年至今愈演愈烈,尽管2020年1月达成第一阶段协议,但是这半年来中美关系像自由落体一样下滑,未来中美经贸关系会好吗?

三是中国在全球价值链的地位能不能得以巩固?

---

① 本文根据余淼杰教授在2020年8月16日北京大学国家发展研究院EMBA论坛第43期上的演讲整理。

② 余淼杰,北京大学博雅特聘教授、北京大学国家发展研究院党委书记兼副院长、国家杰青基金获得者、北京市卓越青年科学家。

与此同时,国际货币基金组织对全球经济的最新预测显示,世界产出估计会比 2019 年下降 4.9%,疫情对发达经济体的负面影响更大,预计会下降 8%,新兴市场和发展中国家会下降 3%。这些数据基本上都是负的,唯有中国经济增速预测为 1% 左右。世界贸易量方面,包括货物和服务,预计发达国家会下降 13%,新兴工业国家会下降 9%,全球平均下降 12%。中国上半年贸易量只下降了 3.2%,下降速度相对于世界平均水平也是比较低的。

国际货币基金组织的这份预测,最初于 2020 年 1 月份发布,4 月份修订过一次,7 月份又修订了一次。之所以反复修订,说明全球经济难以预期,新冠疫情对全球经济的冲击越来越厉害。

中国 2020 年一季度 GDP 下降 6.8%,也是 40 年来前所未有的下滑,但是第二季度经济增速为 3.2%,经济呈现 V 型复苏特征已经非常明显。其他国家可能也希望今后能呈现 V 型发展,但是不见得有这样的机会,包括美国。

### 1. 经济全球化开倒车

在今天的全球经济背景下,为什么会出现全球化是否终结的疑惑?需要强调的是,我们重点讨论经济全球化,而不是政治全球化或者其他。经济全球化最为重要的一个表现就是贸易全球化,当然,贸易全球化之后会引出金融、投资等领域的全球化。

提出全球化已经终结的人有如下理由。

第一,国际上的逆全球化势力不断抬头,特别是特朗普上台之后,美国贸易单边主义、贸易霸凌主义盛行,不只是针对中国,也针对欧盟,甚至还针对其自身盟友,比如与加拿大的贸易摩擦。特朗普的美国优先政策表现得淋漓尽致。

第二,中美贸易摩擦准确地说从 2018 年 7 月份开始,到 2019 年 1 月份仍未结束,只是按了暂停键。

第三,全球多边经贸协调机制被严重被弱化,世界贸易组织几近停摆。此前,当两个成员国对某件贸易事项有争端时,世界贸易组织的争端解决委员会负责处理。该委员会承诺,除非特别复杂的情况,会在 18 个月之内对争端双方谁对谁错做出裁决,并明确指出,如果一方被判决为无理征收关税,或者反征收关税不符合世贸组织的规定,另外一方可以合理、合法地予以反征收关税。现在的问题是,这一机制受到了很大挑战,因为争端解决委员会对一项争端做出判决至少需要 3 名法官,任何一起贸易争端案件必须由 3 名上诉机构成员联合审理并做出裁决。在 2019 年 12 月 10 日之前,世贸组织的争端解决委员会仅剩 3 位成员,包括来自印度的 Bhatia、来自美国的 Graham,以及来自中国的赵宏,前两位的任期到 2019 年 12 月 11 日。这意味着争端解决委员会目前仅剩来自中国的赵宏,世界贸易组织从 2019 年 12 月 11 日起最重要的功能已经瘫痪。美国一直在阻碍新法官的任命,它同意新法官任命的前提,是世贸组织必须按照它的规定重新改革。世贸组织的作用也因此大不如前,这是一个客观事实。

第四,美国不断退群,包括退出世界贸易组织、世界卫生组织,这对美国的软实力其实是非常大的打击,但特朗普好像顾不了那么多。

第五,很多外资撤离中国,同时"产业转移论"盛行,由于中国的劳动成本不断上涨,很多产业逐渐移到东南亚各国。

这些都是经济全球化过程中碰到的挑战,但并不意味着全球化的终结。作为经济全球化中的两大贸易主体,中美关系的未来走向,既是全球化面临的第二大挑战,也将对全球化发展产生重要影响。

### 2. 中美贸易摩擦只是暂停

中国和美国是全球两大经济体,中美之间发生经贸摩擦,势必对经济全球化产生深刻影响。回顾中美经贸摩擦,一共经历了三轮五次加征关税。

第一轮是 2018 年 6 月 15 日通过、7 月 6 日实施的 500 亿美元清单,即对中国出口美国的 500 亿产品加征关税。中国对此采取的策略是同等力度、同等规模反制。同等力度是说美国加征 25%,我们同样加征 25%。同等规模是说我们同样分两次分别加征 340 亿美元和 160 亿美元产品的关税。

第二轮美国继续加码,在第一轮 500 亿美元商品以外,对中国出口到美国的商品新增 2 000 亿美元予以加征关税,并在 2018 年 9 月 24 日生效。中国基本上保持了同等力度、同等比例反制。同等比例的含义是,2 000 亿美元商品占中国5 000亿美元出口商品的40%,中国进口规模为1 500亿美元,其40%即为600亿美元,所以第二轮我们对进口自美国的600亿美元商品加征关税。

第三轮是在2019年9月1日,美国对进口自中国的剩下3 000亿美元产品征税并分两步走,先是9月1日对1 380亿美元商品加征15%的关税,然后准备在12月15日对剩下的1 620亿美元商品增加关税15%。由于在12月13日中美初步形成了第一阶段经贸协议,所以这一轮的第二次关税并没有增收。

随后,中美达成第一阶段贸易协议,在2020年1月15日签订,于2月14日生效,内容包括以下两方面。第一,中美两方都同意在12月15日之后不再增加关税,但只是12月15日美国对华1 620亿美元、中国对美750亿美元不征收关税,双方之前的高关税还在。第二,中方同意自协议签订后的两年之内扩大对美进口不低于2 000亿美元的产品,这2 000亿美元是在2017年的基础上扩大,因为2017年刚好是中美经贸进口和出口额达到高峰的时候。具体而言,2020年扩大进口777亿美元,2021年扩大进口1 223亿美元。

要注意的是,中方兑现承诺有三种免责情形:第一,如果中国想买,但是美国因为疫情、高附加值等因素,没有产品出口或者不愿意出口给中国,最终造成无法履行协议,则不怪中国。第二,如果美国产品竞争力不够,中国企业包括民营企业、国有企业不愿意进口,也不能怪中国,因为中国政府没有义务要求企业必须购买,中国企业有选择的自由。第三,如遇不可抗力,导致中国没有办法达成进口承诺,也不能怪中国。今年的疫情就是一个不可抗力。尽管如此,我们还要积极主动地推动各种市场主体扩大进口美国产品。

需要强调的是,扩大进口不等于减少顺差,因为中国扩大进口美国2 000亿美元产品,但如果美国从中国进口更多,比如扩大3 000亿美元,则顺差还增加1 000亿美元。所以我们只承诺扩大进口,不承诺减少贸易顺差。

扩大进口美国产品主要包括农产品、能源、制造品和服务四大类。这里主要讲讲服务方面。

服务方面,包括加强知识产权保护,涉及保护商业秘密、地理标识、商标和加强打击盗版。地理标识主要是指原产地方面的规定,比如从中国出口的某款产品必须注明原产地是中国,哪怕该产品是从香港地区出去,可能享受不同的关税待遇。服务方面还涉及技术转让、金融服务、货币和外汇、争端解决机制。金融服务是说中国应该扩大银行、保险、证券信息评级等市场准入,现实是4月1日开始,我们已经允许外资银行保险业的进入。货币和外汇则要求避免竞争性贬值,这一点对中国来讲并没有太大问题,因为人民币长期是一个升值而不是贬值的通道。争端解决机制的英语原文为agreement而不是mechanism,所以它本质是一个双方达成一致的安排,不是命令与服从的机制,强调双方磋商,而且争端双方有对等的义务。所以,中美第一阶段经贸协议从字面看好像中国承诺多一点,其实中国也可以找美国执法方面的问题。

现在中美双方的关税水平,是美国产品进入中国要交19.3%的关税,中国产品进入美国要交21.1%的关税。相比2018年之前,因为同属世贸组织,那时中国的产品出口到美国只需要交3.1%的关税,美国产品到中国需要交8%的关税。贸易摩擦之后,美国产品进入中国的市场关税相当于从8%提高到21%,上升13个百分点,中国进口产品的关税从3%上升到19%,上升16个百分点。

客观而言,美国相关研究机构对中国第一阶段经贸协议的落实情况表示认可,甚至包括之前非常鹰派的麦肯锡。即便遭遇疫情这样的不可抗力,中国可以不按照协议来执行,但中国还是认真地履行了协议,以示诚意。当然,现在两国经济不好,要达到之前的水平比较难。目前估算中国实现了承诺的45%,年底能完成60%就不错。

### 3. 全面打压中国不断加码

以前我们说经贸是经济的压舱石,现在经贸可能压不了舱,但是,经贸至少是中美关系中的一盏明灯,或者说是阻止中美关系进一步下滑的一个刹车器。

据不完全统计,从2018年至2020年,美国对中国的制裁或者打压已超过22项,并且还在更新。从最早的301调查、337知识产权调查,到232钢铁调查、双反一保的反倾销反补贴，以及各种加征关税、保护调查。美国还直接称中国是"汇率操纵国"，中国企业到美国投资会涉及国家安全调查，对美国高科技产品对华出口予以管制，不允许卖到中国并且施加经济制裁。

在高科技产业，特别是通信产业，美国在推动和中国的加速脱钩。撤销中国电信在美国的牌照，两三个月前还点名中概股风险，助长了中概股下跌。推动英国等盟友禁用华为。中国的抖音、微信等在美国遭封禁。

《美国反海外腐败法》不见得一定是针对中国，但里面有针对中国的内容。美国还以疫情暴发为由要求中国做出补偿。

这些都是中美关系不断恶化的表现。以上所有事实都指向一个问题：经济全球化是不是已经终结了？

基于观察，我不认为经济全球化已经终结。

首先，经济全球化的两大核心特征，一个是生产地区化，一个是贸易全球化，并没有变。这两大核心特征简单来讲，就是产品在全球不同地方生产、包装，变成最终品之后卖到全球不同国家和地区，比如 iPhone、波音 787，都是体现经济全球化核心特征的典型案例。

其次，世贸组织等多边贸易体制受到很大冲击是事实，但是出现了全球化合作的新形式，就是全球多边化让位于区域合作，地区经贸合作多边机制不断加强，并基本上形成"三足鼎立"态势，分别是以美国为代表的美加墨自贸区（原北美自贸区）、以德国为核心的欧盟地区和中日所在的东亚地区。

东亚地区有两个贸易协议比较重要，一个是日本主导的 CPTPP，另外一个是中国积极参与并主推的 RCEP。二者的区别主要有两点。第一是国家构成不同。CPTPP 除了东亚国家，加拿大和智利、阿根廷等南美国家都在里面，美国原来也在里面，后来特朗普退出。RCEP 主要是 15 个国家，包括东盟十国以及中、日、韩、澳大利亚、新西兰。RCEP 本来还包括印度，2019 年 12 月底 15 个国家都签署了阶段性协议，印度不愿意签，因为协议的一个核心内容是 RCEP 成员之间 90% 的产品都免征关税，印度担心外国的产品进来冲垮本国产业。

第二是 RCEP 对合作成员要求开放的程度低于 CPTPP。RECP 的主要规则包括：15 个国家可能时间上有早晚之分，但是最终都要实行 90% 的货物贸易零关税；实施统一的原产地规则，允许在 RCEP 范围内计算产品的附加值；放宽服务贸易跨国投资准入，包括旅游、医疗、留学都是服务贸易的大项。比如澳大利亚国立大学来中国建一个分校，以前是不允许的，现在也允许了；增加了电子商务便利化的新规则，电子商务肯定是国际贸易新的重点，RCEP 会继续往前推进。

在 RCEP 合作成员中，东盟十国对中国经济的重要性越来越大。东盟十国分三个梯队：第一梯队包括新加坡、文莱，属于富国；第二梯队是 4 个中等收入国家，分别是马来西亚、印度尼西亚、菲律宾、泰国；第三梯队是柬埔寨、越南、缅甸、老挝。早在 2010 年，东盟六国和中国就已经形成一个自贸区，关税降到 0，越南、柬埔寨、老挝、缅甸到 2015 年关税目标降为 0。我国现在最大的贸易伙伴并不是美国，也不是欧盟，而是东盟。在中美经贸摩擦加剧的情况下，东盟对我国的战略意义可能更大。

### 4. 全球价值链面临重组风险

有人认为，现在中美关系恶化，全球各国基本都在站队，欧盟等西方国家不敢得罪美国，自然站在美国那边，中国在全球价值链中的地位会不会因此被取代？

我个人的答案非常明确：不可能。

2000 年，中国尚未入世，全球贸易两大中心节点，一个是德国，一个是美国，如同全球贸易的"双子塔"。到 2015 年，全球贸易关系跟现在差不多，是非常清晰的"三足鼎立"态势。欧盟仍然以德国为中心。北美依然以美国为中心，但是盟友只剩下两个，而且基本与其他地方割裂开。中国成为另外一个中心，周围是南海地区国家。

我个人认为，"三足鼎立"态势在目前"去全球化"或者多边合作机制受到挑战的背景下会持续，最终会形成美国、德国、中国三个中心。从这个角度讲，中国在东亚地区的中心节点位置不但不会被取代，而且会加强。特别是我们现在跟东盟十国的联系会加强。

为什么说中国在全球价值链的中心节点地位会更巩固呢？

第一，中国已经深度融入全球价值链，贸易尤其是商品贸易、世界 500 强企业数量,以及资本、技术、人员、数据等经济指标,有很多在全球排名第一或第二。在目前的格局下,我们还有很大的提升空间。比如企业发展方面,尽管中国拥有110多家世界500强企业,数量上占1/5强,但是营业收入只占了18%。

第二,目前全产业链的比较优势客观上只有中国拥有。一般来说,一国能生产的产品品种越多,说明产业链越齐全。如果按照我国海关8位码的编码来计算,中国2019年有87 932种产品出口,如果按照美国更细的10位码编码来计算,中国出口的产品有14 000多种,这就是中国全产业链的一个体现。全产业链很重要,我经常举一个例子:中国人去非洲做生意,衣服、鞋、帽这类劳力密集型产品在非洲很好挣钱,因为这类产品进入消费环节后,并不需要原材料、复杂的中间品或者资本品。但是,像摩托车生意可能挣钱就不那么容易,因为摩托车产品如果零部件坏了,非洲本土生产不出来,还得从中国进口,零部件的成本于是就会增加。中国全产业链的优势就在于,基本上各种产品都能在中国市场上找到,成本优势很明显。

第三,中国还有一个生产特点就是产业集聚。中国并不是每个城市都生产所有产品,而是会进行分工,并通过专业化生产把该产品领域做大。比如东莞做电子,汕头做文具,河北廊坊做家具,河北邢台做羊绒,由此构成有专业分工的产业地图。产业集聚链有利于专业化分工,专业分工也非常重要。

第四,中国能位于全球价值链中心节点位置的另外一个核心因素是中国有巨大的市场规模,这是中国最大也最重要的竞争优势。中国现在14亿人口中有4亿中等收入群体,这个群体未来还会越来越大。

第五,我个人认为外资撤资不会成为一个潮流。当然,撤资要看具体产业,如果是研发产业,完全有可能撤回欧美,如果是劳动力密集产业,比如做衣服、鞋、雨伞,也有可能转移到东南亚去,但如果是资本密集型的产业,大规模撤到东南亚或者欧美就不可能,原因包括以下几点:首先,劳动成本因素。中国的劳动成本平均在750美元一个月,差不多是5 000人民币一个月,在美国这个数字是4 200美元,所以中国的劳动成本约是美国的1/5。其次,交易成本因素。产品生产出来要销售,如果产地接近市场,运输成本就会下降，交易成本也因此会下降。中国作为最大的市场，产品要卖到中国，肯定在中国生产更好。与此同时，中国的营商环境也在不断改善，地区贸易壁垒这几年也下降很快。

## 中国经济如何开新局？

我们从2020年上半年经济的表现出发来看下经济态势，然后理解"双循环"的问题。

### 1. 全年整体由差转好

2020年上半年，中国经济尽管第一季度经济增速下降6.8%，但第二季度很快恢复并增长3.2%，上半年同比下降1.6%，整体表现好于预期。对比国际货币基金组织的最新预测数据，中国上半年经济恢复也比其他国家好得多。

我在年中预计中国2020全年经济增速会在2%—2.5%，具体数字将主要取决于第三、四季度的经济增长。如果这两个季度平均增速为6%，意味全年平均增速将在2.2%左右。如果下半年平均增速略低于6%，全年平均增速也会在2%左右。我们应该看到以下一些事实和数据：

第一，工业恢复比较快、高端技术制造业上升也比较快。数据显示，企业年销售收入在2 000万元以上的规模工业，2020年1—2月下降13.5%，但第二季度上涨4.4%。

第二，一些产业逆势上涨，主要有高科技、装备制造、运输器械、集成电器，还有工业机器人，增速比较明显。此外还包括信息传输、软件业和金融业。

第三，2020年上半年制造业采购经理人指数连续5个月高于50%，7月份甚至达到51.1%，很难得。

第四，第三产业第一季度下降1.6%，第二季度附加值已上升1.9%。

与中国形成鲜明对比的是美国。2020年第二季度美国经济环比下降了30%，同比下降得更厉害，这也是美国1947年以来的最低水平。预计美国全年经济肯定下降超过 10%，甚至达到 15% 或者 20%。2019 年美国经济总量是 21 万亿美元，中国是 14 万亿美元，2020 年如果中国经济没有下降、美国下降 20%，中国经济总量将在两三年之内赶上美国。如果再加上人民币升值因素，速度会更快。

我们再从三驾马车的角度分析。在投资方面，中国固定资产投资分两部分，传统基建部分有所下降，但高科技投资在上升，主要是医用制造业和电子商务。在国际贸易方面，2020 年上半年其他国家都下降了 12%—13%，中国下降 3.2%。上半年中国进出口贸易规模共 14.2 万亿元，其中出口 7.7 万亿元，保持了 1.2 万亿元的较大顺差。2019 年，中国贸易顺差高达 2.9 万亿元，个人预计 2020 年也会有 2.5 万亿元左右。因为上半年已有 1.2 万亿元的贸易顺差，即便下半年一模一样，也有 2.4 万亿元，而我预计下半年情况更好。从出口主体看，民营企业会成为拉动出口主力。从出口产品看，最终消费品、集成电器、医疗器械出口会上升。从结构上来讲，东盟已经成为中国最大的贸易伙伴。另外，"一带一路"沿线的外贸比例增大到三成，慢慢还会增加占比到六成。

### 2. 国内大循环

2020 年 5 月 14 日，中共中央政治局常委会议第一次提出"双循环"这个词。原话是："充分发挥我国超大规模市场优势和内需潜力，构建国内国际双循环相互促进的新发展格局"。这说明中央第一次明确了我国超大规模市场优势，也是官方第一次认可这一提法。

7 月 12 日，习近平总书记主持企业家座谈会，再次提出"逐步形成以国内大循环为主体、国内国际双循环相互促进的新发展格局"。

7 月 30 日，政治局会议再次强调国内大循环并将"逐步"变成"加快"，说明基于国际情况尤其是对中美关系的判断，中央认为我们必须加快形成以国内大循环为主体的格局。

当然，以国内大循环为主体不等于闭门造车。当一个经济体越大，外贸越重要，内贸也越重要。大国经济发展的初级阶段，可以主要靠国际大循环，初级阶段之后国内市场就非常重要，但同时继续长期扩大进口、做好进口博览会也是一个重要任务。

加快国内大循环具体要怎么做？政策目标的核心包含两个词：一个是"六稳"，一个是"六保"，二者密切相关。

"六稳"是稳预期、稳就业、稳外贸、稳外资、稳投资、稳金融。通过稳预期达到稳就业的终极目标，稳预期又具体以稳外贸、稳外资、稳投资、稳金融四种方式来实现。"六稳"政策其实明确了内外循环之间的关系。

"六保"强调保居民就业、保基本民生、保市场主体、保粮食能源安全、保产业链供应链稳定、保基层运转。实现"六保"通过三个方式，即财政政策、货币政策、开放政策。当前以财政政策为主、货币政策为辅，因为通常而言，经济比较不景气时主要靠积极的财政政策来拉动经济，相反，如果经济过热就主要靠从紧的货币政策来冷却，即收紧银根。2020年3月份中央会议即提出"稳预期、扩总量、分类抓、重展期、创工具、抓落实"，大半年来我们都是实施稳健的货币政策，这在某种角度就是宽松的货币政策，但是其重点不在于宽松，而是总量控制和工具创新。

工具创新强调灵活适度释放贷款市场报价利率（LPR）的潜力。所谓贷款市场报价利率，简单来讲就是，由中国人民银行授权全国银行间同业拆借中心计算并公布的基础性贷款参考利率，各金融机构主要参考它来进行贷款定价。我们也知道银行有利率走廊或者利率通道调控，即通过变化存贷款利率进行调控，如果银行把贷款利率降低，企业借钱成本就下降了。此外，工具创新还包括做好各种专项再贷款工作，比如央行用3 000亿元来扶持中小微企业再贷款、再贴现，当然也包括减税、降费、缓交社保、减免租金等方式。

房地产政策基本上比较稳定，即"房住不炒"，住房不再是短期刺激经济的手段。相关经济数据显示，2020年上半年房地产开发投资上升，但是商品房价格还是下降的，这说明短期内商品房需求依然在下降，房价要升上去自然不太可能。房地产开发投资上升是因为城市化的需要，长期来讲，对商品房肯定还有刚需，比如一年700万大学生毕业，这批大学生要成家、要就业，特别是一线城市刚需非常明确。当然，非商品房的建设性投资也是有的。

总体上，2020年下半年经济政策首先在3月份"稳健的货币政策更加灵活适度"的基础上,增加"精准导向"的新要求。3月份强调工具创新,主要有再贷款、再贴现等方式,现在新工具已经用了快半年,要看成效,所以加入精准导向要求,看到底做得怎么样。

货币政策是保持货币供应量和社会融资规模合理增长,2020年下半年人民币不会像美元过度放水,已明确只是合理增长,并不会实施大规模宽松的货币政策。换言之,人民币利率会比美国高,人民币相对于美元会升值而不是贬值。此外,中国人民银行新增融资重点流向制造业、中小微企业,这也是目前为止一直强调的内容。只有保住作为市场主体的中小微企业和制造业,就业承诺才能比较好地兑现。

最后是财政政策。现行财政政策会更加主动积极,财政政策力度还会加大。财政政策说到底回答两个问题:第一,钱从哪里来?第二,钱用到什么地方去?

钱从哪里来?简单来讲有三个来源:一是预算内资金。2019年财政收入19.7万亿元,2020年估计变化不大。除了财政收入,2020年还安排了一些规模比较大的赤字财政,明显要占GDP的3.6%以上,绝对额会达到3.76万亿元以上。国际经济学的经验认为,如果财政赤字超过GDP的3%就不安全,3%以内比较稳健,但也不是超过3%就一定会出问题,美国2019年财政赤字是4.6%,同样作为发展中国家的印度2019年财政赤字是6.1%,相对而言,中国3.6%的财政赤字其实也不一定是问题。基于这些,2020年预算内资金有将近24万亿元。二是国内贷款,包括增加1万亿元特别国债。三是自筹资金,其中专项债从2019年的2.15万亿元提到3.75万亿。三项加起来就是2020年可用财政资金,共计28万亿—29万亿元。

钱用到什么地方去?也讲得很清楚。首先,新增的2万亿元全部转向地方县级基层,关键词在县级基层,目的是防止省级或市级"雁过拔毛"。这部分资金用于保就业、保民生、保企业、保市场主体,减税、降费、减租、降息涉及的钱也都从这里出。其次,地方政府专项债券主要用于扩大消费和投资,也即"两新一重",包括新基建、新型城镇化,还有交通、水利重大工程建设。通过"两新一重"来带动投资和消费的需求,推动城镇化和都市圈一体化发展。

### 3. "两新一重"与"三化融合"

如果从一个更加广阔的视角来看,"两新一重"跟"三化融合"紧密连在一起,"三化融合"就是所谓的城镇化、工业化、信息化。

城镇化体现在中国的五大城市群。以美国NASA的灯光图来看,灯光越亮代表地区的经济发展得越好。北边是京津冀城市群,京津冀协同发展,只有北三县(廊坊市的三河市、大厂回族自治县及香河县)还是没办法连成一条线;另外最亮的两个地方分别是长三角和粤港澳大湾区;最后剩下的两个地区还做得不太好,一个是成渝(成都、重庆),但中间有一片区域是特别零星的灯光,另一个是长江中游城市群,包括武汉、长沙、南昌。

中国的城镇化率在2019年是60.6%,美英国家的城镇化率都在75%以上,有的甚至在80%以上,所以我们还有一定距离,提高城镇化率也是未来工作的重点之一。

新基建是相对于传统基建而言。传统基建主要做存量,把路修起来是做一个存量,新基建主要是做流量,比如5G、AI、新能源汽车。也可以说,传统基建和新基建,一个是做规模,一个是做结构。传统基建跟新基建的特征也不一样,新基建的重点是数字经济,数据特别重要。传统基建则认为"要想富先修路,有路就能来人,产品也走得出去",这叫"供给决定需求"。新基建是在城市密集度高的地方建新的基础设施,准确来讲是"需求决定供给"。新基建和传统基建的市场主体也不一样,传统基建是政府主导,新基建当然政府也会参与,但更鼓励企业积极参与,更强调商业应用。

其他潜在的新基建产业首先是特高压。比如要发展京津冀到雄安这一块,还有武汉、成渝的城市群,特高压是一个发展重点。另外,充电桩绝对是一个好市场,现在除了新增2 000万辆纯电动汽车的国家计划,未来10年还要新增6 000万辆,而且要求1∶1,即一部汽车配一个充电桩。目前的比例是1∶3.4,10年之后电动车将达到8 000万辆,意味着充电桩缺口6 300万个。还有电力方面,主要是国家电网投资,是经济建设的潜在产业。

## 4. 双循环中的外循环

国内大循环要依靠财政政策和货币政策，外部循环则离不开对外开放政策。目前中国的对外开放政策主要包含两点，一个是海南自贸港，一个是RCEP。

目前，我们有18个自由贸易试验区，除了西部，还有吉林、山西、安徽、江西、湖南、贵州这6个省份没有成立自贸试验区，这意味着2020年下半年或者2021年，6省份中可能至少会有4个省份新增自由贸易试验区。北京比较特殊，河北自贸区包含大兴机场片区，大兴机场也有一部分在北京，但毕竟不够大。所以，北京也有可能发展一个自由贸易试验区。

海南自贸港2020年6月份出台《海南自由贸易港建设总体方案》，之前开放了几次都不是特别成功。最新方案提出5年之内实现早期收获，再过10年实现全面开放。短期内强调以下内容：第一，商品自由流动，即像其他自由贸易试验区一样"一线放开、二线管住"。所谓"一线放开"，指境外及区内的货物可以不受海关监管自由出入境，即自贸区（港）与境外实现货物、资金和人员等要素自由流动。"二线管住"是指从自贸区（港）出入国境内其他区域的货物，纳入全国海关通关一体化，实行常规监管，要征收相应的税收，并纳入贸易统计。第二，要素自由流动，涉及人、财、物、运输等方面，尤其值得强调的是，数据作为一种新的要素也被纳入其中。短期内还有贸易自由化、投资便利化，以及放宽市场准入。

长期来讲，涉及制度集成规则的创新、税收管理、社会治理、法制建设，还有风险管控。税收管理对标香港，因为现在内地的个人所得税，累进税率最高可达到45%。但是在海南最高也只有15%。海南还学美国的绿卡管理办法，在海南居住满183天或半年，就可享有15%的税收政策。这是海南自贸港的一个大手笔。

除了海南自贸港，稳外资和稳外贸方面还有很多具体内容，比如2020年8月5日国务院办公厅新出台的15条。简单概括，这15条外资外贸方面新的举措，一部分是有关出口信用的内容；一部分是加工贸易和劳动密集型产业转移的内容，像西部以及东北地区将加快、加大对劳动密集型产业的扶持;还有一部分是贸易新形态,如电子商务肯定是未来发展方向;最后是外商投资优惠新举措,比如投资额达1亿美元以上给予优惠,如果自己做研发更优惠。

## 中美关系新展望

我个人对中美关系比较新的基本判断如下。

第一,中美的摩擦随着时间推移,会变得越来越多。我个人认为,未来中美不只是经贸摩擦,其他方面摩擦应该越来越厉害,至少不以我们的意志为转移。我们当然希望双方合作共赢,但美方出于自身利益不见得如此选择。

第二,商业利益与国家战略的平衡和选择。特朗普及其幕僚代表了美国一些人的利益,但对美国工商界而言,友好的中美关系更有利。比如,如果苹果公司面临用户在微信和苹果产品之间二选一的话,肯定着急,因为中国用户可以不用苹果手机,但恐怕不能没有微信。所以,从商业利益的角度,美国工商界肯定希望美国跟中国关系更好。从国家战略来讲,无论是特朗普、拜登还是其他人上台,是不是一定让国家优先战略服从商业利益,还要打一个问号。如果美国国家优先战略比商业利益更为重要,当然情况不容乐观,但是中美经贸合作是阻止中美关系进一步恶化的中坚力量。

第三,中美关系未来会不会变成大规模热战?我认为应该不会。2020年7月30日的政治局会议也明确,和平和发展是这个时代的主题,此前会议都没有这么明确。虽然这不代表中美关系会变好,但是热战的可能性降得很低。

第四,未来中美摩擦会越来越厉害,中美关系最差的时候会是在中国经济总量超过美国经济总量之时。美国的心态可以理解,这是在和平年代的第一第二换位。

第五,中美关系越来越差,中国一味妥协退让其实是避免每件事都针锋相对,但应对还是很需要"有理、有利、有节"。如毛主席所言,"以斗争求和平则和平存,以妥协求和平则和平亡"。更如苏洵在《六国论》中写道:"六国破灭,非兵不利,战不善,弊在赂秦。赂秦而力亏,破灭之道也。"

总之,对中美关系的最终判断,可以用12个字准确地概括,即长期竞争、有限合作、力求共存。其中,长期竞争和有限合作是客观事实,力求共存是一个目标。

## 最后小结

首先,疫情重击之下,中国经济已经回暖,成为全球经济表现最好的国家。

其次,经济全球化的特征和态势虽然发生了变化,但是基本方向和趋势并没有本质改变。

再次,如果想要巩固中国在全球价值链的中心位置,一个核心方向是发展数字经济,即数字贸易导向。

最后,要保持战略定力应对中美关系,即和平与发展依然是时代主流,这是一个定心丸。在此前提下,任何摩擦都可以云淡风轻,包括可能的擦枪走火。

基于此,我们才能比较容易地布局。电影《至暗时刻》中丘吉尔说:"没有最终的成功,也没有致命的失败,最可贵的是继续前进的勇气。"中国经济发展现在面临的情况当然充满挑战,但继续前进的勇气非常重要。

# 新冠疫情下的经济增长与健康中国[①]

刘国恩[②]

全球新冠疫情目前出现缓解迹象,尤其是重症率和死亡率大幅下降。自 2020 年年底以来,新冠疫苗的问世对疫情防控发挥了关键作用。根据世卫组织最新统计数据,截至 2021 年 6 月 29 日,全球累计新冠肺炎确诊病例约为 1.82 亿例,占全球总人口的 2.3%;累计死亡病例约为 400 万例;累计新冠肺炎病死率为 2.2%,即在过去的一年半中,平均 100 名确诊病例中有两人因病过世,其中多数为多发基础性疾病患者和高龄老人。

为了更好地理解 2.2% 的病死率,我们可以将其与大家熟悉的三大全球流行病做个对比:SARS 的病死率为 9.6%,埃博拉病毒高达 39.5%,季节性流感约为 0.1%。需要补充一点,新冠肺炎 2.2% 的病死率是基于目前累计确诊的 1.82 亿人计算的,而这一确诊人数很可能被严重低估。首先,新冠感染有大量无症状的隐性病例,这些病例难以统计到确诊病例中;其次,在很多贫穷和发展中国家,检测手段落后且申报系统不完善等原因也导致轻症感染病例的漏报。

因此,考虑到新冠患者在全球的低估问题,真实世界的新冠肺炎病死率应该比 2.2% 低不少,很多专家学者判断病死率应该在 1% 之下。

---

[①] 本文根据刘国恩教授 2021 年 7 月在北京大学国家发展研究院 EMBA 论坛第 54 期上的演讲整理。

[②] 刘国恩,北京大学博雅特聘教授、北京大学国家发展研究院教授和学术委员会主任、北京大学全球健康发展研究院院长。

## 疫情防控效果的两大决定性因素

新冠疫情已经持续一年半多,其间我们看到世界各国对疫情的控制效果大不相同。总体而言,除了自然因素的影响,人类可控的决定性因素无非两大方面:一是各国政府的领导力和行动力,二是民众基于文化背景对防控措施的配合程度。

在中国,政府的严防措施与民众的风险理念具有更高的契合度,通过各级政府紧密的上下从属关系,政府应对重大危机的统一行动力具有显著的特色优势,其关键支撑条件是广大民众遵从政府的防控措施,高度配合行动。中国有句古话:"留得青山在,不怕没柴烧"。如此文化背景,反映了人们生命至高无上的群体价值取向。表现在应对威胁生命的公共危机面前,人们能够更多让渡个人空间,为政府有效实施快速、严格的防疫措施奠定了强大的群众基础。

在大多数西方国家,政府之间以及政府与民众之间的关系相对更为松散,更重要的是,民众生活的自我主导意识更强。西方文化里有这样一句话:"不自由,毋宁死",这反映了民众在自我决定与公共约束的权衡中明显偏好前者的价值观。在此文化背景下,政府推行快速、统一的严防措施不仅难以在政府内部达成共识,即使通过干预方案,也还面临来自公众的巨大阻力。

## 疫情防控中的最优选择:要钱还是要命?

有经济学家认为,无论在哪个国家、哪种文化背景下,任何防控措施都有机会成本。这和我们在日常生活中做选择一样,即所谓"天下没有免费的午餐"。各国抗疫也一样,政府采取的任何干预措施都对应着一定的机会成本。因此,在生命损失和收入损失之间存在取舍关系,即如果要减少生命损失,防控措施就要果断、严格,自然就得付出因为更强隔离所致的经济损失。

美国麻省理工学院的经济学家德隆·阿西莫格鲁（Daron Acemoglu）指出，生命损失和收入损失之间存在反向关系，即生命损失越小，收入损失越大，反之亦然。简言之，在抗疫措施的选择中，存在"要钱还是要命"（your money or your life）的取舍关系。在此基础上，他强调如果采取"一刀切"的措施，即不论对象的性别、种族、年龄、健康状况等个体差异，都执行"统一"干预，虽然简单易行，但生命损失和收入损失之间的反向关系就更强，对应的机会成本更高。

反之，如果通过科学手段识别具有不同风险的人群，从而采取因人而异的精准"靶向"防控措施，那么生命损失和收入损失的反向关系就会减弱，抗疫措施的机会成本就会降低。

不难理解，因人而异的措施肯定比"一刀切"的机会成本更低。不过，识别风险和推行"靶向"抗疫本身也会产生额外成本。总之，这一观点的核心思想是，在防控措施的选择上存在机会成本的约束，因此有必要思考抗疫方案的优化问题，尤其是面对长期抗疫时。

另一种观点则认为，在新冠抗疫措施的选择上，上述经济学的取舍关系可能难以成立。普林斯顿大学的诺贝尔经济学奖得主安格斯·迪顿（Angus Deaton）教授在2021年1月的文章中明确表示，在新冠防控方案中，我们面临的不是"要钱还是要命"的二选一的问题，而是能否做出"要钱也要命"（your money and your life）的决策。他认为，通过严格、快速的疫情管控，短期中不但保住了更多的生命，长期中也能获得更多的财富。反之，如果前期放松疫情管控，也许经济活动暂时影响较小，但会增加疫情风险，不仅影响短期的生命和健康损失，还会影响长期的经济复苏。因此，生命损失和经济损失之间更是同向关系，而非反向关系。

持上述两种观点的学者都是世界顶尖的经济学家。基于他们各自的视角，似乎都有一定道理，但也难说绝对意义上的谁对谁错。由此可见，这场世纪之疫问题的难度及其防控措施的复杂程度恐怕前所未有，警示人类应该增加对自然力量的敬畏，并且更加科学、理性、系统地探讨长期抗疫的防控优化问题。

## 富国穷国疫情比对：结果和直觉不太一样

在人均收入水平不同的国家，新冠病毒感染呈现了令人好奇的特别分布。全球地区层面上的感染数据显示，非洲地区感染率最低，其次是亚洲地区，中国属最低，发达国家感染率最高。这意味着，越富裕的国家感染程度越高，而越贫穷的国家则越低，这个结果和传统直觉不太一样。

也就是说，基于通常认知，发达国家在自然环境设施、公共卫生条件、医疗服务体系、民众健康素养、国家治理能力以及经济实力等众多方面都优越于贫穷国家，这些条件理应有利于疫情防控，从而应该带来更低的感染率。

因此，除了政府作为、文化背景、社会经济等人为因素，自然力量的影响也许能为解释上述分布提供更多信息。

首先，新冠病毒变异的毒株在世界各地不一样，比如在印度等地首先发现的德尔塔变异毒株目前就在欧美相当盛行。其次，不同种族的人群基因及其免疫系统差异对同种入侵病毒的反应也有可能不同。再次，地理条件也带来不同的影响，美国麻省理工学院的诺贝尔奖得主本特·霍姆斯特罗姆（Bengt Holmström）发现，新冠病毒在紫外线下特别脆弱，而南北半球的纬度差异和季节变化都会影响不同地域的紫外线分布。不难看出，上述自然条件的差异也有可能成为影响国家间感染程度差异的重要变量。

近期，我们开展了相关实证研究。其中一项分析考察了各国防控措施的严格程度对最终感染人数的影响。根据牛津大学发布的各国新冠防控严格指数（取值从最低为0到最高100），如果不考虑其他因素，各国构成的散点图趋势关系显示：防疫严格指数越高的国家，其每百万人的感染率就越低。同样基于牛津大学的数据及相关数据，我们还构建了防疫反应速度由慢到快的时间指数，简单的二元图示也显示，如果不计其他因素，政府采取防控措施的速度越快，最后感染的程度就越低。因此，从趋势关系看，疫情防控措施的严格程度和反应速度都直接影响到疫情防控的效果。

与此同时，两个不同视角的散点图分布也清楚表明，各国散点图坐标并非完全拟合在一条直线上。也就是说,在抗疫严格程度和反应时间相同的国家中,各国感染率仍然具有高度的异质性,这意味着非人为干预的自然因素确实影响了各国的实际感染程度。因此,在人类抗疫的征程中,敬畏自然,应是可取的科学态度。

## 新冠疫情的长期挑战:全局有效的资源配置

在新冠疫情带给人类的启示中,有两大方面值得关注:

第一,人类史无前例地在不到一年时间内研发出了新冠疫苗,说明人类的创新研发潜力不可低估。同时,除了疫苗接种外,不少非药物的防疫措施也发挥了重要作用,并应该继续保持,如常戴口罩、保持社交距离、洗手消毒等好的卫生习惯。其实,良好的卫生习惯不仅有利于长期的新冠防疫,也有助于降低其他公共传染性疾病的风险,包括季节性流感等。

第二,根据目前的情况看,新冠病毒跟人类长期共存可能是大概率事件。因此,从长计议医疗卫生资源的合理配置非常必要。道理很简单,长期而言,人类除了应对新冠、流感等大型传染性疾病,还要继续面对非传染性的若干重大慢性疾病,包括心脑血管疾病、肿瘤、糖尿病、慢阻肺等。事实上,非传染性慢病对人类健康和生命的威胁更为常见,代价更大。从 2020 年年初以来,截至 2021 年 6 月 29 日,全球新冠病毒累计死亡病例为 400 万,平均每天死亡人数高约 7 299 人。与此同时,全球流行病学数据显示,心血管疾病每天致死 4.8 万人以上,肿瘤为 2.6 万人,慢阻肺为 1.07 万人。

## 新冠疫情危机与传统经济危机的异同

新冠疫情对全球经济的影响与传统经济危机有诸多不同,理解其传导机制至关重要。

**新冠疫情对全球 GDP 的影响。**疫情发生后,各个国家 2020 年 GDP 的同比增长速度都出现了不同程度的大幅下滑,其中英国甚至超过了 10%,其余发达国家最少也下跌了 5% 左右。中国经济表现一枝独秀,实现了 2.3% 的增长,是全球 2020 年唯一保持正增长的主要经济体。2021 年,基本上所有经济体都会实现不同程度的正增长,在 2020 年大幅下行的基础上,各国经济反弹是大概率事情,尤其是中美经济增长表现强劲,这是新冠疫情对经济影响的特点之一。

**经济危机的原因和复苏周期**。无论是 20 世纪 30 年代的经济大萧条,还是 1998 年亚洲金融危机或 2008 年的全球金融危机,其根本原因都是经济体的市场供需结构出了严重的内生性失衡问题。大多数经济危机都始于总需求不足,首先表现在某些行业的市场疲软,并逐渐蔓延到其他行业,最终危及全行业。相应的,危机后的经济复苏也是一个相对缓慢的过程,其低谷往往跨越数年,呈现出所谓的"U"形复苏周期。

新冠疫情对经济的影响则不同,因为病毒的袭击是外生性冲击,突如其来,对社会和经济的影响不仅快速,而且是全方位的立体影响。同时,如果疫情得以控制,经济恢复的速度自然也更快。中国就是很好的例子,虽然武汉首当其冲,但因为政府主导的统一、快速、强大的抗疫措施,疫情在 2020 年第一季度末基本得到管控,经济活动从二季度开始逐步恢复。相对而言,虽然各国经济复苏的情况差异很大,但以年为单位,大多数经济体也都呈现出 2019—2021 年的"V"形经济复苏趋势。中国经济表现更佳,几乎实现了 2020 年中开始的季度性"V"形复苏。

**疫情对经济供给侧的影响**。传统经济危机往往源于总需求的减少,但供给侧通常会尽力开工、维持生产,直到不得不减产、停业为止。新冠疫情发生后,因为全社会抗疫的要求,不仅是市场的需求端突然巨降,供给侧的经济活动也几乎同步停摆,这是传统经济危机中不曾出现的情况。事实上,从美国的公开数据分析可知,疫情导致的供给侧衰退比需求侧更为严重,而且几乎所有行业都未能幸免。

**疫情对医疗行业的影响**。2003—2013 年,美国全行业就业指数几乎呈"顺周期"变化,在 2008 年金融危机发生前不断上升,2008 年之后就剧烈下降,直到金融危机后才又逐渐恢复。但在同一时期,美国医疗卫生行业的就业指数却完全没受金融危机影响,保持了一条直线上升的趋势。金融危机导致其他行业停产、停工,但医疗卫生行业照常运转,人们在没有工作的时候可能还有更多时间去看病。新冠疫情则不然,医疗卫生行业并未像在金融危机期间那样躲过"劫难"。数据显示,美国居民用于医疗卫生项目的开支在2020年3—6月同样遭受重创。

**市场需求结构性差异大**。美国哈佛大学的经济学家拉杰·切蒂(Raj Chetty)教授把市场需求分成三个组成部分进行对比分析。在2008年金融危机中,耐用消费品需求受的冲击最大,下跌幅度高达58.6%。相对而言,新冠疫情对耐用消费品的需求影响只有19.5%。类似的,2008年的非耐用消费品需求下跌了44.3%,而新冠疫情期间只下降了13.3%。然而,新冠疫情对服务类需求的影响则极其严重。服务类需求在2008年金融危机中基本上没受影响,而在新冠疫情中下跌幅度高达67.2%。究其原因,服务业大多离不开人与人之间的密切接触,这与疫情防控的社交距离要求直接冲突,从而导致市场需求减少的"重灾区"主要在服务业。

**疫情冲击国内消费需求**。市场总需求包括投资、消费和出口三部分。2015—2020年,消费在总需求里所占份额超过一半,其次是投资性需求。2020年第一、二季度,总需求下降很多,其中下跌幅度最大的也是消费部分(包括居民消费和政府消费),同时投资、出口性需求也都有所下降。

2020年第二季度,中国经济实现V形反弹,但总需求的回升主要始于短期快速增加的投资,消费需求并没有很快回升,直到第三季度后才转负为正。2020年夏,国家提出"双循环"增长模式,旨在继续促进对外出口的同时,加大促进国内市场循环的力度,从而更好应对越来越复杂的国际市场需求的变化。

加强国内市场的循环,自然离不开总需求的提升及其结构优化。就投资比重而言,目前其在总需求中的占比已高达40%以上,而全球平均水平一般在25%上下。长期而言,这意味着投资回报将会面临过低的问题。"增量资本产出率"常用于衡量投资回报水平,即生产单位GDP的投资增量成本。根据世界银行的研究数据,全球平均的增量资本产出率在3元左右,中国在2010年之前也基本保持在这个水平,但之后一路上升,近期已达6元以上。因此,继续依靠投资拉动经济,尽管当期GDP增长的效果显著,但长期的增长代价会越来越高。

再看消费数据，2019—2020 年七国集团（G7）最终消费占总需求的比重中，最低的德国超过了 50%，美国更是接近 70%。中国当下不到 40%。国家比较分析显示，中国目前的消费需求明显过低、投资过高。因此，扩大消费内需应该是促进中国经济增长的大方向，不仅有利于优化需求结构，降低增长的投资代价，同时也有助于提升居民的获得感和社会整体福利。

**医疗行业在 GDP 中占比持续上升。**有关居民消费需求的增长，可以从两大方面进行分析：第一是决定消费能力的居民收入源泉，第二是居民消费结构变化趋势。

如何提升居民消费能力？一方面是增加创收机会，这主要取决于经济增长；一方面是改善现行收入分配结构。就收入分配而言，改善潜力其实很大。根据统计数字，在发达的 OECD 经济体，每 100 元人均 GDP 中有 67 元是居民的可支配收入，美国更是高达 81 元。根据国家统计局公布的数据，2020 年中国人均 GDP 为 72 447 元人民币，当年居民可支配收入为 32 189 元，占比 44%。换言之，我们当前的每 100 元人均 GDP 中，居民可支配收入为 44 元钱。这意味着，相对于 OECD 国家的平均分配水平，即便短期内的经济增长减缓，我们也还可以通过进一步的国家收入分配制度改革，提高居民可支配收入 20 个百分点以上。

再看居民消费结构。我们从两组微观数据中观察到相同的情况，即随着居民收入的增加，人们在医疗保健项目上的支出越来越多。一组是国家统计局公布的 2015—2019 年全国居民消费数据，其中包括食品烟酒、居住、交通/通讯、教育文化、医疗保健、穿衣、生活用品及其他 8 项开支。基于这 8 项数据的分析，尽管每一项开支都随居民收入的增加而增加，但从相对比例来看，只有居住开支和医疗保健在持续上升，教育文化开支和穿衣开支呈下降趋势，其他 4 项开支基本保持不变。

需要指出的是，居住开支既有消费属性，也有投资属性。如果第一套房子一般是自住，第二套、第三套等应该更多用以投资。因此，除了住房开支，纯消费项里只有医疗保健开支比重在持续上升。

如果说以上数据时间较短的话，另一组数据跨度近 30 年，结论也很一致。根据北京大学经济学院 2021 年的一篇博士论文，中国居民的家庭消费结构于 1988—2018 年期间的消费结构变化显示，在 7 大类的消费中，医疗保健的比重是唯一在 30 年里持续上升的项目。

宏观数据分析也得出与上述微观数据一致的结论。1970 年，G7 国家医疗卫生行业产值占 GDP 的比重为 5% 左右；在随后的 45 年里，所有 G7 国家的这一比重都持续上升。这意味着 G7 国家医疗卫生行业产值的增长速度高过同期 GDP 的增长速度，其中美国医疗保健的 GDP 占比高达 18% 左右。

中国的增长趋势也差不多。1978 年，医疗卫生总费用占 GDP 的比重不到 3%。尽管我们起点很低，但此比重在之后的 40 年一直保持上升趋势，2020 年已经达到 7.12%，同样意味着医疗卫生开支高于同期的 GDP 增长速度。在经济学里，消费比重随收入增长而递增的物品称为"奢侈品"。因此，基于医疗服务的奢侈品属性，我们有理由推测，医疗卫生服务业将在未来宏观经济占比中持续走高。事实上，根据美国斯坦福大学的经济学家罗伯特·霍尔（Robert Hall）和查尔斯·约翰斯（Charles Johns）的计量模型预测，到 2050 年，美国医疗卫生产业占 GDP 的最优比重至少会上升到 30% 左右。应用同样的计算方法，北大国发院 2021 年的一篇研究生论文显示，到 2050 年，中国医疗卫生产业占 GDP 的比重将上升到 20% 左右。

**医疗产业创新与劳动生产率。**随着医疗卫生在宏观经济中的比重越来越大，该行业劳动密集型的特征及其劳动生产率是否影响未来的经济增速呢？

宏观经济的增长源泉，根本上取决于技术创新，新技术的特征之一是越来越高的生产自动化、数字化，不断实现对传统人工作业的替代。然而，医疗卫生服务业似乎缺乏如此的比较优势。尽管上游的医疗卫生技术的研发和生产可以不断自动化、规模化，比如药品、器械，甚至部分机器人的应用，但下游服务患者的临床端，仍然需要大量医护人员提供个性化的咨询、诊断、治疗、康复、关怀等人工服务。

就目前人类医学的认知，医疗临床必需的人工服务还难以实现高度的流水线作业替代。因此，随着医疗卫生服务在宏观经济的比重持续上升，劳动生产率以及经济增长是否受到影响成为人们思考的主题。从美国 20 世纪 90 年代以来的全要素生产率情况来看，医疗服务业的全要素生产率也确实显著低于全行业的平均生产率。而一旦全要素生产率下降,整体经济增长的速度也会相应下降。当然,这只是一个方面。

另一方面,也可能出现正面的积极变化。新冠疫情发生后,很多与医疗卫生技术相关的研发创新要比其他行业或者过去的速度都更快。比如疫苗研发,基于过去长期的经验,没人能够想象人类可以在几个月之内成功研发出来。然而,看上去的不可能居然成了可能,新冠疫苗在2020年成功问世。事实上,除了疫苗研发,还有远程诊疗、数字技术、人工智能等在医疗服务行业的研发应用,也因新冠疫情的危机成为积极的助推力量,使其呈现加速发展的步伐。如果正向力量足够强大,有可能显著降低甚至抵消医疗服务业受劳动密集型约束的负向影响,从而提高相关行业的全要素生产率。

简言之,医疗行业在宏观经济的比重增加,并非一定降低长期的经济增长速度。经历此次新冠疫情的洗礼,危机也激发了人类空前的创新力量,由此催生的积极因素,也可能提升全要素生产率,从而促进经济增长。

对于中国经济增长,其源泉也无非三大方面:一是物质资本投资,二是劳动与人力资本提升,三是全要素生产率的提高。根据大多数实证研究,2009以来,增长的主要动力是物质资本的积累,而非全要素生产率的增长。从生产率水平看,世界银行报告指出,无论哪个行业,包括信息和计算机行业,中国目前的劳动生产率也只有发达国家的40%,而全要素生产率更是不及发达国家的30%。因此,从增长潜力看,只要加强技术创新和降低资源错配,全要素生产率的上升空间仍然很大,这是中国未来经济增长的重要源泉。

**促进医疗资源优化配置**。综上所述,医疗卫生注定成为各国宏观经济的"朝阳产业",中国也不例外。因此,医疗卫生领域占据越来越多的资源也是不争的事实。那么,如何优化医疗卫生的资源配置,将是宏观与微观卫生决策的重大议题。

作为国家医改和"健康中国"的发展目标,中国在2019年实现了农村居民和城镇居民的两大医疗保险并轨,建立起了全民医疗保险制度,从国家制度上根本消除了城乡医保的二元结构,这是中国公共政策史上一座了不起的丰碑。

实现了城乡居民医疗保障并轨,全民医保为农村居民提供了城镇居民同等的医疗保障,同时也面临了更艰巨的支付重任。如何进一步完善医保支付手段,提高医保支付的效率和公平性,成为国家医保制度改革的中心议题。

有效配置医保资源,离不开合理的医疗服务支付方式,其中包括DRG(diagnosis related groups,疾病诊断相关分组)支付方式。DRG基于疾病诊断相关分组,为医疗服务机构支付事前设定的住院固定费用,改变了过去根据医院提供的单项服务进行支付的方式,约束医院向患者提供不必要的医疗服务。目前,全国有30多个城市正在进行DRG的先行试点,有望很快推广到全国。伴随DRG试点改革,一些新的现象也值得关注。部分地区的观察发现,一些实施DRG的医院,虽然减少了患者的住院费用,但却增加了患者的门诊费用。

有效公平的医疗服务支付方式,离不开对支付项目进行卫生经济学评价,通过成本效益的经济性原则,遴选出性价比高的医药产品和卫生服务进入国家医保支付目录。近几年来,国家医保局高度重视医药卫生技术的经济学评估,每年都邀请数十位全国药物经济学专家直接参与国家基本医疗保险目录的调整,我本人2020年也参加了这项工作。

总而言之,伴随各国经济的持续增长,人们收入水平不断提高,全民医保制度进一步完善,人均期望寿命持续上升,人类社会必将越来越加大在医学技术、公共卫生和健康促进等生命科学领域的投资,因此卫生技术评估的要求和应用将不断提升,成为国家优化资源配置的重要科学手段。

# 深化体制改革是经济强劲增长与追赶的关键[1]

## 卢 锋[2]

我今天演讲的主题是"中国经济追赶的机遇和挑战",主要讲三方面的问题:一是简要总结中国经济2020年的几个"没想到";二是就追赶的问题做一个较长期的前瞻,讨论开放宏观经济基本常识与逻辑变量之间的关系,并对我国追赶前景做一个简略的展望;三是通过历史和理论梳理,探寻决定中国经济增长前景的关键变量,包括体制的深化改革、鼓励创新、外部环境等。

## 疫情下中国经济走势的"没想到"

2019年年底,全球经济总体来讲有一些周期性的特征,但是没有人觉得会有非常大的短期急剧变化。我们都记得,2019年年底,国内正在讨论的是经济增长应该加大刺激"保六",还是应该在力推结构性调整的同时"守五"。那时谁也想不到百年不遇的疫情即将向我们袭来,并对世界经济运行造成第二次世界大战后最大的负面冲击。

疫情给我们研究宏观经济一个极其罕见的机会去理解一种全新的增长

---

[1] 2020年12月29日,中信读书会与北京大学国家发展研究院联合邀请卢锋教授就其新书《未来的增长:中国经济的前景与挑战》进行分享,本文根据演讲内容整理。
[2] 卢锋,北京大学国家发展研究院金光讲席教授。

态势,即疫情规律影响经济规律,发病率曲线决定经济运行曲线,疫情经济学支配宏观经济学。盘点我国在疫情以来的经济走势,与国际做比较,我们能发现有很多的"没想到"。

**没想到之一:疫情控制效果**

无论从时间序列还是从截面数据,都看得非常清楚,我国疫情防控效果远好于预期,领先于美国等主要经济体。这是我国经济相对表现较好的基本决定因素。

**没想到之二:供给较早复苏**

我国的供给生产能力恢复全球领先,这与我国疫情控制较好有关。流行病曲线领先了经济曲线。无论是从制造业 PMI 还是工业生产增速来看,中国都是止跌回升最早、恢复增速趋势水平最早的国家。

**没想到之三:对外贸易增长**

第三个没想到,也是最突出的一点,是我国的贸易表现。2020 年 3 月中下旬疫情全球大流行加剧,我在一季度末的分析是,下一步全球疫情恶化,需求萎缩,我国出口会面临更大的困难。这个分析的逻辑应该没有太大问题,但没想到下半年外贸特别是出口强劲反弹。我国出口增速在 11 月达到 14.1%,这是非常热的经济环境下的速度。

这一点"没想到"虽然是意料之外,但细想也是情理之中。其中的逻辑很简单:第一,我国防疫收效早,经济供给能力率先复苏;第二,国外疫情持续肆虐,但由于国外的收入分配转移再支付的力度比较大,再加上相对宽松的防疫策略,所以国外的消费指标相对好一点,需求降幅小于供给减少,因此国外仍然大量需要进口,正好中国恢复得比较快,所以就打了一个配合;第三,中国经济复苏比较好,所以进口需求特别是投资恢复也比较好,进出口增长都比较快。这是事先没想到的一个格局。

**没想到之四:FDI 持续增长**

第四个没想到是外商直接投资(FDI)的流入很快地恢复到趋势水平。2020 年 1—10 月,全国实际使用外资 8 006.8 亿元人民币,同比增长 6.4%。

### 没想到之五：证券投资过山车

随着疫情较早得到控制，二季度证券投资快速回升。人民币资产的吸引力和趋势变化在短期进一步显示出来。

### 没想到之六：汇率显著升值

2020年从5月到12月初，人民币有9个百分点的名义升值。虽然处于美元指数走低的大背景下，但是这仍然反映了国际收支变化带来人民币汇率的变化。我认为，汇率的变化虽可以说是短期变化，但是进一步分析会发现，人民币实际汇率的趋势性升值会随着中国经济的持续追赶表现出来，会有一些阶段性的波动叠加其上。这一点值得从不同角度去仔细关注和研究。

### 没想到之七：增长贡献凸显

中国对全球经济的增量贡献趋势性提高。在危机冲击导致全球性衰退的背景下，中国是全球唯一实现正增长的主要经济体。

### 没想到之八：经济追赶提速

第八个"没想到"是上述所有变化最终凝聚成的一个整体图像：中国经济增长减速，但中国相对美国等发达经济体的追赶却大大提速。国际货币基金组织估计我国2020年增速是1.9%或达到2.3%、2.5%。这是过去40年来，甚至是从1958年以来的最低增速。从这个意义上看，我国现在的增速远远偏离了潜在增速。但是由于美国等主要经济体的表现更糟，实际上我国的追赶反而提速。

我对追赶的概念定义了一个指标：用市场汇率折算美元衡量我国GDP总量占美国比例的变化。根据国际货币基金组织对2020年中美两国经济总量的估计，2019年我国汇率折算美元GDP约相当美国的67%，该指标2020年年底会达到71.4%，所以2020年中国对美国的追赶速度为4.4%左右。这是在过去将近七八年中最高的追赶速度，是2013—2019年该指标均值的2.2倍。

## 经济追赶的前景与关键变量

根据国际主流机构的预测以及我们对一些关键宏观经济内外形势的判

断,2021年,无论是发达国家还是新兴国家,经济都可能会有不同程度的复苏。这也意味着,像2020年这样的衰退式追赶情景估计不会再现。但是根据对中国和一些世界发达国家(包括美国)以及全球经济的中长期增长及驱动因素分析,我国在未来一个时期持续展开比较快的追赶,仍然是一种具有比较大现实可能性的前景。

根据开放宏观经济学的基本常识,经济追赶速度取决于四个因素。

第一,实际经济增速。其他条件给定,一个国家实际增速比另外一个标杆国相对增长更快,经济追赶速度自然就更快。

第二,GDP平减指数相对变化。其他条件给定,追赶国的GDP平减指数相对于标杆国较快提升,用本币衡量的名义GDP较快增长,经济追赶速度较快。(当然,GDP平减指数作为通胀指标之一,本身不宜过快提升,否则意味着宏观经济增长失衡。)

第三,市场汇率变动。追赶是用市场汇率衡量的美元GDP的占比变化,所以与市场汇率相对升值、贬值还是稳定有关。本币名义GDP与市场汇率结合在一起构成美元GDP。其他条件给定,追赶经济体的货币汇率较快升值,意味着经济追赶速度较快。另外,市场汇率与平减指数结合在一起构成了本币实际汇率,因而也可以说,其他条件给定,实际汇率较快升值,意味着经济追赶较快展开。

第四,如果考虑人均经济指标追赶,自然还要加上人口相对增速变量。

给定上述理解,要对未来追赶做展望,可以借助国际货币基金组织在2020年10月份《世界经济展望》秋季报告对未来5年(截止到2025年)中国、美国、欧洲等经济体的名义美元GDP的预测。按照这个预测,到2025年,中国美元GDP相当于当年美国名义GDP的89.3%。根据我们对2019年以及2020年数据的了解,国际货币基金组织预测在2021—2025年间,我国对美国的年均追赶速度约为3.6%,是2013年到2019年间年均追赶速度2%的1.8倍。也就是说,我国与美国年均美元GDP的相对增速大约是4.5%,因为国际货币基金组织对中国和美国年均美元名义GDP指标的预测暗含了一个参数,即人民币实际汇率平均每年可能要升值1.5%左右。

更长期地讨论一下中国经济追赶的前景。2020年,党的十九届五中全会对未来15年的长期前景做了展望,其中提到中国到2035年人均GDP和经济总量有条件实现翻番目标。这意味着未来15年大概需要保持年均4.74%的经济增速。在影响潜在增长的因素没有历史性特殊较大变动的假设下,这个增速可能呈阶梯式变化,一开始高一些,随后年份梯次回落。

依据这个判断,再假定两个简单参数:一是人民币的实际汇率年均升值2%左右,二是美国经济未来能够维持每年3.5%的名义增速。这种情况下,我国在2035年经济总量应该能达到美国的1.15—1.2倍,人均GDP达到美国的30%左右。

如果未来15年年均增长4.74%通过阶梯式下降实现,那么到2035年我国经济增速可能回落到3时代,即降到百分之三点几,这样后续追赶速度可能会进一步回落。再追赶15年,到2050年,作为一个大国经济发展进程,这种趋势性追赶可能会逐步接近尾声,并在第二个"一百年"前后基本完成。基于上述推测,届时中国的美元GDP总量可能是美国的1.5—1.7倍,人均GDP可能会达到美国的40%或者一半上下。

根据上述估测,中国到第二个"一百年"的时候,经济总量规模应该是世界上最大的。总量背后是结构,中国的综合实力也会空前提升,人均富裕程度会明显提高,这就为建设现代化强国提供了必要经济支撑。不过,依据这一预测,届时从人均GDP的角度看,我们跟最发达国家比较可能还有比较明显的差距。

上面的预测显然是"极简推测",很多方面存在出现误差的可能性。例如,美国能长期保持3.5%年均名义增速显然是一个极为简化的假设,从历史经验和现实形势观察很可能是对美国经济长期增长前景偏于乐观的假设。又如,长期增长趋势即便存在,也不会以简单线性方式推展延伸,而是会叠加周期的波动和短期的起落,其具体展开轨迹也难以预料。

另外就我国经济追赶结果能够达到的高度而言,其实也存在低估与高估可能。哪些因素会影响到预测误差的方向和程度?我们需要解决哪几个方面的关键问题才能够有效助推经济的追赶?每个人对这些问题的看法和角度都不完全一样。从历史经验和现实情况来看,我认为有三方面因素对于中国经济长期追赶的前景可能有特别重要的意义。首先是中国未来体制改革完善的状态。我们能不能真正地按照高层制定的方针成功地创建和完善高水平的社会主义市场经济体制。这是非常重要的一个问题。其次是我们能否持续地培育创新的机制动力，创新的动能能否一直保持在持续活跃的状态。最后是对外关系中如何制定和实施正确的对外政策方针，动态地应对和管理外部环境的变化，为中国经济持续和平发展创造一个有利的外部环境和条件。这三方面因素都是非常复杂的，都可以用很多时间展开讨论，这里仅就第一和第三点因素简略分享个人一些粗浅的看法。

## 体制改革突破是经济强劲增长的关键

首先看改革的状态。

从历史的经验来看，我国长期的经济增速在相当程度上取决于改革开放体制转型的具体进程。《未来的增长：中国经济的前景与挑战》收录了我写的相关文章，其中提了一个概念叫"改革状态依存的潜在增速"。这个概念强调，从中国改革开放的历史来看，体制转型和改革开放的突破性进展往往能够很快，或者经过一定的滞后期，释放出促进经济增长的强大动力。几次比较大的改革开放突破对推动我国经济发展几次上台阶都至关重要。

我国早已通过改革开放初步建立了社会主义市场经济体制，进入21世纪以来坚持改革开放不断取得进展与成就，然而一些关键领域的改革开放仍需要花大力气推进突破，从而激活潜在增长水平与提升长期增长能力。这一点对于我前面提到的追赶推测能否如期实现，或者能否实现得更好，仍然有可能产生显著影响。

改革开放最初30年，在几次五年规划或十年长期规划中，有关部门预测的增速都远远低于实际增速，并且预测误差程度还相当大。导致误差的原因很多，包括中国决策层在对未来增长做预测的时候往往采取了比较审慎的、科学的、留有余地的方法，不过我个人思考认为，这么大的年均增速的误差（50%—100%的误差）还有一个非常重要的原因，就是我们在预测未来长期增长的时候，很难对改革开放的突破性进展做准确的、前瞻性的预测，而且对于已经实施的改革开放的举措，也很难事先对其激活增长的效果有准确的、前瞻性的预判。这样的原因就导致了预测增速和实际增速的持续偏差。这个现象从另一个角度揭示了，改革开放的重大突破有可能对激活经济增长有巨大的潜能效果。

第一个例子是 20 世纪 80 年代前半期，即"六五"规划期间，当时对五年经济增速提出了著名的四个字"保四争五"，也就是要保证实现年均 4% 的增长，争取达到 5% 的增长。"保四争五"可以理解成是当时高层研究部门和决策层对未来五年潜在增速的判断。不过实际情况是，那五年当中最低的一年经济增速是 5.1%，最高增速达到 15.2%，是"争五"的 3 倍，均值是 10.7%，比预测增速"保四争五"要高出一倍多。

为什么会有成倍的预测误差？最主要的原因显然是，没有人能预测到体制改革破冰的一系列举措大幅度地提升了中国经济的潜在增速。某种意义上讲，是良性的供给冲击导致了非常罕见的预测误差。具体又有哪些改革开放的积极变化推动了中国的潜在增长呢？

第一，家庭联产承包责任制改革的突破和推广极大提升了农业的潜在产出。联产承包责任制一开始很受争议，但由于当时中央的决策层和地方务实官员及学界思想解放群体的共同努力，最后使得中国农民有了调整体制安排的权利。回头看这个改革举措就是在生产管理领域把生产控制权、生产组织权交给农民家庭。这样一个今天看来似乎并不特别复杂的改革举措对农产品增长起到了非常意想不到的促进作用。我多年前研究中国粮食周期和粮食市场相对过剩问题，粮食市场第一次出现供大于求就是在 20 世纪 80 年代初，即"六五"期间的 1981—1985 年。这样的格局和效果推动中国决策层大胆、果断地改革了统购统销体制，使得中国农业基本体制朝市场化方向转型迈出了一大步。

第二，特区的开放。通过吸引外资，搞加工贸易，使得境外资本的管理、技术以及国际市场等方面的要素与条件，与中国的劳动力、土地、水等不可贸易的生产要素实现结合，形成了新的工业生产能力。开放环境下的、开放体制下的、开放部门的生产能力，不仅显著推动了当时的中国经济增长，使得当时实现的经济增速大幅高于预测增速，而且开放政策实施很快释放的增长效果还给后来经济体制朝开放型体制方面转变带来了巨大的推动作用。

第三,知青回城直接推动了中国个体经济的活跃发展。个体经济发展按照自身的逻辑引发了后来私营经济的出现。尽管这种发展特别是个体经济向私营经济的转变曾引起巨大的争论,然而显著扩大的中国城市经济活动的规模,促进了中国潜在的增长。

上述每一个变化都是对一些传统主流理论和意识形态的重大突破与挑战。改革开放初期,我国决策层、学术界以及社会各界联手推动形成解放思想、实事求是、以实践作为检验真理的唯一标准的共识,对改革开放具体实践探索并激活经济潜能发挥了巨大作用。简言之,就是以出乎大家意料的方式提升了经济潜在增速。

第二个例子是20世纪90年代的十年规划提出要达到6%的增长,最后实际增长最低是7.6%,最高是14.3%,均值10.5%,也远高于预测。回头看,误差大的主要原因是在预测时无法预知邓小平的南方谈话推动了后续一系列的改革开放突破,确立了社会主义市场经济体制,大幅度提升了潜在增长速度。简单看几方面的变化。

一是1992年年初邓小平以八旬高龄到南方视察,提出破除"姓资、姓社"的意识形态藩篱,推进二次思想解放,确立了社会主义市场经济的改革目标,这使得中国市场化的体制转型出现了系统性突破。

二是市场经济的初步创建和大规模城市化浪潮的展开,推动了中国的技术产业和企业结构转型升级,开放经济的发展迈上了一个新台阶。

三是伴随宏观经济出现1991—1995年高景气的增长,国民低水平的温饱普遍得以解决,沿海发达地区和大城市的居民开始向小康生活水平转型提升。这也说明,体制改革超预期的突破对于经济增长潜能的释放和提升产生了作用。

第三个例子是在21世纪的最初十年,当时的预测认为"十五"期间和"十一五"期间的增速分别是7%和7.5%。这个预测增速在历史预测中已经很高。1997年世界银行对于中国21世纪前十年(2001—2010年)提出了年均经济增速6.9%的预测。但实际上,那十年经济增长最低8.3%,最高14.2%,年均增速10.6%。两个五年计划预测的增速与实际增速相比有46%的低估,世界银行的低估程度甚至超过 50%。

大幅度低估的原因和前两个例子类似。世纪之交,中国经济面临巨大的通货紧缩和不景气的困难,但是决策层仍然以非常大的决心和勇气推动实现了国有企业改革、金融改革、住房改革等关键领域的改革突破。一些部门改革确实付出了很大代价,虽然政府当时也紧急采取了多方面力所能及的补救政策,然而由于当时社保体制不够健全,一些改革突破还是带来了剧烈阵痛,造成很大的利益损害。然而,改革确实对体制效率提升与竞争力提升发挥了显著作用。同时,"三个代表"理论取得了解放思想和意识形态完善的又一次突破。对外开放方面,成功地实施入世战略,在全面开放上取得重大突破。这几次大的突破为 21 世纪初中国经济的开放和景气创造了条件。然而当时在制定规划的时候,经济运行一定程度上仍处在结构改革带来的冲击调整和宏观经济紧缩期,难以对改革后续产生的激活经济增长的效果做到准确的前瞻性认识和评估。

三次预测的偏差说明,改革开放的突破、体制完善和转型方面的巨大进步,具有推动经济大幅增长的效果。目前的情况与历史时期已经有了重要的阶段性变化。我国社会主义市场经济体制架构早已建立,我们在改革开放方面已经走了很长的路,合理潜在增速也已从早先的两位数显著回落。不过从现实形势看,在一些领域仍然有可能通过改革突破来释放出增长潜力。

例如,户口、土地、地方财政三方面需要实施联动配套改革。我国的户口体制改革已经取得很多进展,然而一些地区特别是超大城市户籍身份与经济资源配置仍然有联系,甚至个别场合这类联系不减反增。另外,农地体制改革推进相对滞后,由地价形成机制与住房价格持续过度飙升导致的泡沫化风险,与户口体制负面影响结合在一起,成为进一步推进和提升城市化进程的重要结构性原因。这两方面的改革还要求地方财政从卖地获得的价格扭曲的财政收入,转变为通过商品房、住房征税来获得可持续地方收入,形成三方面改革联动配套提振经济增长的效果。

## 如何应对外部环境的变化也至关重要

作为后发现代化大国,如何认识和应对外部环境具有特殊重要意义。改革开放逐步融入全球化成就彰显,最初的破冰之举包含对时代特征与国际环境的重新认识校准,后续进程离不开对内外关系演变异动的务实应对与动态管控。如何应对目前外部环境的新挑战,将对我国未来经济追赶路径展开产生显著影响。

在经济体制上,我国一些很重要的结构特征跟外部环境是有联系的。1949年,我们创建了计划体制,并且选择了相对封闭的发展模式,这也跟当时的时代环境和发展方式认知以及冷战的国际环境有关。

1978年之后,中国通过改革开放,逐步地融入了全球化,取得了举世瞩目的成就,最初的破冰之举就包含了学界和决策层对于当时世界时代特征以及国际环境的重新认知和参照系调整,这是国际环境认识角度上的重大校准。中国经济后续的发展进程和体制转型也都没有离开对于外部环境演变做出的务实调整和动态管控。

改革开放初期的20世纪80年代前半期,中国决策层、学界、研究部门根据国内外形势的变化,逐步放弃了早先我们对于世界形势所做的"战争"与"革命"的传统判断,转而接受了"和平"与"发展"的全新命题。正如1985年邓小平指出的:现在世界上真正大的问题,带全球性的战略问题,一个是和平问题,一个是经济问题或者说发展问题。这为我国逐步接受国际惯例融入全球经济,利用全球化环境加快发展,提供了一个强有力的认识支持。

面对外部环境变化,我们要坚守国家利益的根本原则,务实处理和管控对外关系出现的一些矛盾、争议和困难。

20世纪80年代末期,我们一度面临严峻的外部环境压力;90年代后期海峡两岸关系出现一些异动,面临使馆遭遇轰炸、南海撞机事件等。决策层在应对这些事件时,一方面坚持了国家的根本利益,另一方面通过有理有力有节的博弈和灵活务实的外交策略,使得我们和平发展的外部环境得以保持和维护,并为后续形势的积极发展创造了有利条件。

21世纪初,根据国际形势的变化,特别是在美国把战略转移到反恐的大变化背景下,我们提出了"战略机遇期"的概念,这对于推动国内经济深入参与经济全球化起了重要的作用。在过去的十余年里,中国应对全球经济格局的变化和国际治理架构功能的变化,在维护、引领外部环境朝有利于我国长期和平发展方面都做出了很多努力。

现在,我们再次面临外部环境,特别是中美关系的巨大变化。我认为这涉及两方面情况:一方面,要应对这样的变化,首先我们要持续地追赶。中美关系中一些结构性问题的解决可能还是要通过我们自身持续的发展来解决,保持发展才能慢慢形成一种新的格局。另一方面,中国也有必要依据国内长期发展的需要,结合外部环境的变化,对一些体制问题加快改革,尤其是对于那些既能促进中国国内的现代化,又有助于缓解外部环境紧张的改革议题,要有一个更加系统与全面的评估,并采取强有力措施推进必要的改革。

15国RCEP和中欧投资协定,都有助于我国参与国际规则并创造某些突破点,同时对我国下一步积极考虑加入CPTPP,甚至更为积极有效地参与世界贸易组织改革都非常有意义。长远来看,这对于我国形成新一轮改革开放互动,构建高水平的社会主义市场经济体制,营造有利于中国长期和平发展的国际环境,都具有重要意义。

总体来讲,2020年经济追赶增速虽然是一个短期特殊现象,然而中国经济持续追赶与收敛趋势展具有客观规律意义。中国经济追赶目标最终能够达到什么历史高度,一定程度上取决于我们能否成功创建高水平的社会主义市场经济体制,能否建立持久鼓励创新的制度和社会条件,以及能否妥善地管控和引导外部环境的变化。

# 从理论、战略到政策①

傅 军②

世界看似越乱,越要关注理论。对中国而言,如果只专注单一领域政策层面的议题如贸易摩擦,而不系统地研判美国国际关系理论范式转移及其相关战略的再定位、再布局,仅政策层面的考量和谈判就会显得零散和被动。

## 理论范式的转移

无论承认与否,理论指导着实践。国际关系体系,包括中美关系,正处于十字路口。或许自由主义学派不愿意看到,但是越来越多的迹象表明,眼下美国朝野两党学界正在经历国际关系理论范式转移(或叫重新设置),即从自由主义学派转向了现实主义学派,回归的方向是第二次世界大战以后霸主稳定理论的升级版,即进攻性现实主义,该理论的典型代表人物是约翰·米尔斯海姆。

与政治学相比,美国经济学没有现实主义与自由主义之分,经济学人似乎皆信奉自由主义,都是所谓"双赢"或"非零和"游戏的吹鼓手;然而政治学(特别是国际关系)却有现实主义与自由主义之分。原因是,政治学在公设

---

① 原文刊于《社会科学报》第1641期第3版。
② 傅军,北京大学国家发展研究院教授、北京大学南南合作与发展学院学术院长。

层面始终把安全困境作为理论建设的出发点,需要系统的解释,这方面早期论述可追溯到修昔底德,系统的基于公设的理论论述可追溯到托马斯·霍布斯(Thomas Hobbes)。与之相对照,经济学却常常把安全看作不必讨论的给定。例如,与国际贸易相关的比较优势理论即把安全看成是给定,不再深入讨论。和平时期,经济学这种理论公设层面深处的漏洞一般不被人察觉,换言之,这或许也是绝大多数人思维中的盲区。

一般人认为美国大众偏爱实用。但是透过表象的迷雾,美国治国精英却分外崇尚思想和理论体系,这可以从美国一流大学的研究生教育(尤其是哲学博士项目)中窥见,他们很注重所谓"理论导向的实证研究",即科学哲学家托马斯·库恩(Thomas Kuhn)所说的科学范式。美国历史学家白修德(Theodore White)在其纪念美国建国210周年的文章中曾总结:"美国是一个由思想产生的国家;不是这个地方,而是思想,缔造了美国。"

的确,即便不是系统地追溯更长的历史,只看过去几十年,其实在美国思想理论界,自由主义与现实主义之间的辩驳和叫板一直没有停止过,戏剧性的例子是福山的"历史终结论"和亨廷顿的"文明冲突论",这些在公众媒体也有反响。但总体而言,在过去30多年间,自由主义学派,特别是新自由主义国际关系理论,明显地占据了上风,尤其是在苏联解体后的泛美太平时期。该学派大量地引入了经济学的思维和方法论,特别是博弈论和经济人理性这个微观基础。该理论学派的典型代表人物是罗伯特·基欧汉尼(Robert Keohane)和约瑟夫·奈(Joseph Nye)。顺便一提,无论是政治学还是经济学,强调理性微观基础的新自由主义,是美国对华"接触政策"的理论基础。该理论学派的逻辑衍生是国际关系实践者现在常说的"相互依存"或"复杂的相互依存"。

严格地说,纯理论是逻辑严密的演绎而不是归纳系统,如欧几里得几何;但是就科学理论而言,其逻辑严密地从假设推出的假说,还需要有经验证据的支撑。事到如今,世界格局变数剧增。随着中国加入世界贸易组织后的迅速崛起,包括近来南海问题的凸显,再加上"一带一路""中国模式",美国政策部门越来越多的人认为,进攻性现实主义理论无论是在逻辑严谨性还是证据充分性上都超越了源于欧洲的防御性现实主义的势力平衡理论和旧版霸主稳定理论。2010年，中国经济总量超过日本，成为世界上第二大经济体。相应地，美国先后提出了"重返亚太""亚太再平衡"的战略，并试图通过建立跨太平洋战略经济伙伴关系来应对中国。

近年来，进攻性现实主义这款新版霸主稳定理论的勃兴，同时也反映了新自由主义因为收敛证据不足或证据正好相反而被迅速边缘化或抛弃。同样的结果似乎也适用建构主义理论，因为思想趋同证据不足。美国商界原本是美国对华接触政策的辩护者，也开始沉默了。根据《美国国家安全战略报告》，对手试图"替代"第二次世界大战后美国主导的全球自由主义的政治经济体系。因此，美国的战略方向必须"回归'有原则的'现实主义"。这个表面上含糊不清的表述大致可解释为："有原则的"是在经济上捍卫经济自由主义（市场+法治）；"现实主义"是在政治或安全上（地缘政治）的现实主义。

可见，在美国思想界，这个理论范式的转移，借用黑格尔的哲学语言表述，经历了一个"论、反论、综合、螺旋上升"的过程。

## 战略再定位、再布局

如果上述关于理论范式转移的判断是正确的，那么进攻性现实主义理论将超越美国民主、共和两党的纷争，指导美国战略再定位和再布局。美国已明确指出国与国间的战略竞争，而不是反恐，将是现阶段美国国家安全方面的首要关系，并明确自己的战略竞争对手。这个大战略方向估计不是短期政策可以撼动的。对中国而言，为了避免只见树木不见森林，必须高度关注，同时做出思想和战略高度的抉择和长期准备。

在进攻性现实主义理论范式的信奉者看来，"双赢"这个假说只是学界茶余饭后的谈资，但无论在理论上还是在经验上，都是错误的，它并不是国际关系的常态，而常态是某种形式的零和博弈，一国的得就是另一国的失，守成大国与新兴大国之间存在修昔底德陷阱。在无政府状态下以民族国家为基础的国际体系中，出于自保的大国皆有称霸的倾向。但主要是因为海洋等地理原因，真正的全球范围霸主是不现实的，即便对于第二次世界大战刚结束时的美国（当时美国财富是全球的 45%，今天大约是 24%）。由此，美国的战略布局是先确立其区域性霸主地位，如在西半球，并在此基础上在其他地区与"心心相印"的国家结盟（如北大西洋公约组织），目的是遏制新霸主的出现和形成，这在学术上被称为"海外平衡"。有迹象表明，美国两党和学界已不再把中国看成第二次世界大战后国际体系的融入者，而是挑战者，需要高度警觉。

根据进攻性现实主义，预计美国的战略调整将首先重新确立区域霸主地位（如重写美—墨—加贸易协定），并在此基础上重组海外平衡（如所谓"四边安全对话"——美国、澳大利亚、日本、印度），以遏制他们认为的修正主义新霸主的出现。这个新的全球政治经济的战略布局过程将从美国的战略独立和单边主义出发来再确立公设层面的原则，如"对等"，涉及的对象不仅是中国还包括其盟友；再经过诸边主义来夯实基础（墨西哥、加拿大、澳大利亚、新西兰、英国、日本……）；如果前期工作成功，并达到临界质量，然后再回到多边主义。在战略实施的过程中，届时美国将会恩威并举强迫骑墙国家选边站队。按此战略路线顺序，美国将实施退群和再建群，战略重新布局的目的是另起炉灶，最终排除"国家竞争对手"。

美国的治国精英相信，终极的竞争是思想竞争，再是现代国家和市场的理论体系，以及现代国际关系秩序的竞争。在美国这是超越两党的共识。各种迹象似乎显示，美国全球战略的再定位已完成，战略再布局的大幕似乎已经拉开。

## 政策选项和组合

最后是政策选项和组合。一旦美国确定了新的国际关系理论范式和基于该理论所制定的战略大方向，下一步将是启动所谓动态的贝叶斯博弈并辅助以一系列政策选项和组合，包括政治、外交、军事、科技、网络、经济、贸易、投资、生产、金融、货币、教育、移民、人文交流等。

如果硬要在这些政策选项中对其先后缓急排个序，估计最核心的变量是科技而不是贸易，因为科技最直接地支撑军事优势和国家安全，此种所谓技术武器化是新版霸主稳定理论的物质基础。由此,如果说实施新冷战或遏制,估计美国也会从科技领域首先开始,并联合盟友国家先与对手脱钩,然后再进行遏制和封锁,包括在可行的情况下进行跨国企业价值链的转移和重组,虽然这需要时间。对中国而言,如果只专注单一领域政策层面的议题如贸易摩擦,而不系统地研判美国国际关系理论范式转移及其相关战略的再定位、再布局,仅政策层面的考量和谈判会显得零散和被动。只有统计没有理论得不出因果关系,积累的经验也会显得苍白无力。

世界看似越乱,越要关注理论。爱因斯坦曾说,是理论决定人们能观察到什么。缤纷的世界在他看来,就是一个简洁的公式 $E=mc^2$。他还说,政治是短暂的,一个公式才是永恒的。动荡时代,他的忠告尤其值得重视。看美国要看特朗普和他的团队,没错,但显得浅薄,更要看那些肉眼看不见的超越特朗普的东西。

知己知彼,百战不殆。

# 企业要抱持增长的信念

陈春花

## 增长不受环境影响

能否增长,在一些保持增长的企业看来是一个常识性的话题,因为它们认为,增长是首要选择。但对另外一些企业来说,增长却是一个困难的话题,因为它们经常认为有太多的不可控因素影响增长,它们会把问题归咎于几乎所有的事情:宏观经济,金融危机,原材料变化,甚至行业调整,以及竞争者的变化等。也有一部分企业把问题归咎于它们处在一个传统的行业、成熟的行业甚至夕阳、萧条行业,已经没有增长的空间。

如果我们没有深入了解环境和市场,固守我们狭隘的认识,固守我们已有的份额和对市场的理解,固守我们认为的核心竞争力和竞争优势,固守我们的成功和经验,我们就一定会错失良机,无法获得增长。

事实上,增长不受环境影响,已经有太多的企业用实际业绩证明了这一点。我曾经专门以"增长到底受不受环境影响"这个话题做了研究,之后我也在一些特殊时期运用这个研究,包括 2008 年全球金融危机时期。

2008 年金融危机对中国的很多企业,尤其是外向型企业的影响很大。

---

① 本文原载于 2020 年 5 月 6 日"春暖花开"微信公众号。
② 陈春花,北京大学王宽诚讲席教授,北京大学国家发展研究院 BiMBA 商学院院长,入选《财富》2019 年中国商界领袖 50 人。

这个影响一直延续到 2009 年。2009 年电器企业美的出口额占总销售额的 40%,受 2008 年金融危机影响,美的所有的出口订单都被取消。但美的的原则是经营预算在年初制定以后轻易不调整,这意味着如果完不成预算目标,整个事业部就可能被拆分。

这时候你就会发现很残酷,这个事业部的生产线、工人、研发人员、销售人员都会有人聘,但是有一组人肯定没人聘,那就是管理团队。在这种情况下,如果 2009 年美的完不成那 40% 的销售额,整个部门的管理团队就不得不离开,大量的事业部也会被拆掉,这对美的长期形成的组织习惯和管理习惯都会带来巨大的冲击。

我就和他们讨论,鉴于海外市场丢失,如何去找到那 40% 的销售额?答案只有一个:回到国内市场。

当我们定位回到国内市场以后,发现有一个市场能在短时间内贡献 40% 的销售额,那就是农村市场。因为当时的城市竞争已经白热化,美的与任何一家家电企业在城市用一年的时间抢出 40% 的份额都不现实,于是我们启动了一个工程,叫"1250 工程"——用 3 个月时间铺开全国 1 250 个县的市场。

美的在推动"1250 工程"的初期,各个县实际上并不能在短时间内接受美的的产品。用什么方式能让这些县快速接受呢?调查发现,每个县都有一些深受当地村民信任与拥戴的乡贤。于是美的就在这 1 250 个县里快速找到这些人,然后快速和他们一起建销售公司。

就这么一个动作,使美的 2009 年如期完成当年预算,其中农村市场贡献的销售额占整个销售额的 40%,正好填补了海外市场的缺口。

我想用这个案例告诉大家,确实会有各种各样的因素影响增长,但如果增长是从内心激发出来的,它就不太受危机影响、不太受环境制约。

## 理解增长的意义

我们为什么说增长可以不受环境影响?我为什么特别坚持企业一定要抱有增长的信念?原因就在于如果环境低迷,对企业产生负向影响,那么企业的队伍很可能会受伤,除非组织自身的竞争力和创新力足够,所以我们一直要求企业要抱持增长的信念和磨炼增长的能力。

增长有两个意义,一个是为了企业的可持续性。随着对很多中国企业持续成长的研究,我们发现最重要的不在于企业的规模大小,而是这个企业的可持续性强弱,持续增长才能帮助企业持续活下去。

增长的另一个意义容易被很多企业忽略,就是增长可以让企业的团队或组织具有活力与成长性。也就是说,企业一定追求增长的另一个原因是为了打造队伍。一支好的队伍就需要打胜仗,不打胜仗建不出好队伍。在压力下,屡战屡败并不能建出好队伍,好队伍必须通过一些胜仗来证明自己。

所以你会发现,保持增长的企业更容易得到优秀的人,队伍成长的速度会更快。就像美的为什么要求无论在任何情况下都要增长,就是要保证人才的培养能够层出不穷。

很多中小型企业一直受困于人才,果真如此,说明你有两件事情没做好。

第一,你没有让员工打胜仗。胜仗一定是员工去打,不是领导去打。领导打胜仗并不能培养人,当员工打胜仗的时候,队伍才会培养出来。所以我认为即便市场低迷,企业依然要追求增长,这并非完全为了战略和经营,还有培养团队的作用。只有员工真正打出胜仗,团队才会不断成长。

第二,你没有让企业里的岗位流动起来。美的一直要拆事业部的原因就是它要让岗位流动起来,因为它不像腾讯可以不断投资,从而做更多的事业。作为一家制造企业,会很慎重地扩张自己的业务单元,因为往往投资都很大。在业绩增长、事业部不能轻易扩张的情况下,企业容易出现平台性不够的问题,这时候的解决方法是什么?就是用高增长的绩效目标拉动团队,然后淘汰落后的团队。美的就是一直用高增长来拉动和淘汰不同的团队,通过这种方式培养出了大量的人才。很多企业有一个局限,就是岗位机会不够多,企业的人才培养不出来。你可能永远都是有那几个重要的岗位,一直都是这几个人,你自己也不敢让它放开,担心业务马上下滑。但在这种情况下,你培养不出真正的人才。大家记住,人才不能靠空降,85%左右的人才要靠自己培养,只有15%左右靠空降。空降有两个好处,第一个好处是"掺沙子",就是空降兵可以带来不同的理念或方法。第二个好处是带来一些新能力,因为有些能力确实是企业内部长不出来的。但空降不能比例过大。

## 经营者需要坚定的增长信心

为什么我说增长可以不受外部环境的影响,因为每一次全球的大危机,都会诞生一些非常优秀的公司。往往越大的危机,越有一些真正优秀的企业脱颖而出。

第二次世界大战前,世界经济危机重创北美整个汽车行业,大批中小厂家纷纷倒闭,但正是在这段危机时期,通用、福特、克莱斯勒推出一批以V8发动机为主的创新产品,受到市场欢迎,这三家企业于是升级成为底特律"三巨头",称霸世界汽车市场长达半个世纪。

1978年年底,第二次石油危机爆发,由于时间长且波及范围广,引发汽车业萧条,福特汽车和克莱斯勒公司轮番创造亏损纪录。在高油价的危机下,以生产小型、低油耗为主的日系汽车品牌开始受到消费者追捧,于1980年首次击败美国汽车成为全球第一。

1997年亚洲金融危机,冲击了包括泰国、新加坡、韩国、日本在内的很多国家和地区,无数亚洲企业纷纷倒闭,三星就在这一轮危机中涅槃,一跃成为世界级的电子品牌。

我们做经营的人有一个很重要的训练,就是经营的意志力。经营者一定要有非常强的信心,不管在任何情况下都一定要追求增长。这是做经营的最高负责人永远要保持的状态。

美国前总统约翰·肯尼迪曾经说过,"危机"在中文中由两个字构成,一个是"危险",一个是"机会",也就是说,越有危险的时候就越有机会。危机往往是突如其来的,是意外的,很难去预判和提前准备。当危机来临时,重要的是我们如何正确地认知危机,如何让处理危机根植于企业的价值体系,根植于我们的基本价值判断,对冲危机带来的危险,捕捉危机带来的机会。

我始终认为,增长的机遇并不稀缺。事实上,在几乎任何条件下、在任何行业中、在任何地区以及商业周期的任何阶段,增长的机遇都有可能存在,只要领导者能够抱持增长的信念,并有效激发团队增长的信念,上下一心,不断通过打胜仗锻炼队伍,增长就会成为必然,特别是度过危机之后的企业,增长更迅速。

在华为2018年年底遇到巨大冲击的时候,包括管理者、企业、供应链、政策环境等一系列的冲击,任正非和华为人在不利的环境中并没有放弃对增长的追求。华为在2019年第一、第二季度依然取得了非常好的增长。这就是我们说的经营,作为管理层一定要坚定增长的信心。

# 第二章
## 转型的挑战

# "起飞"后的增长[1]

## 周其仁

2019年1月,海闻老师在中国经济大讲堂有一个讲座,主题就是中国经济起飞。这次很荣幸到本次年会发言,我特地选"起飞"为题,也是想借这个机会,对海闻老师多年来花心血建设我们这个学术共同体,表示敬意和感谢。

### 何谓"起飞理论"?

题目中的"起飞",有很高的辨识度。在研究增长或发展的经济学领域中,只要提到这个概念,人们就会想到华尔特·罗斯托(Walt Rostow)。罗斯托是一个充满争议、影响巨大的经济学家。他是俄罗斯犹太人后裔,移民到美国后,先是耶鲁高材生,后去牛津读硕士,最后又回耶鲁拿的博士。毕业后他在美国和英国几所知名大学任教。第二次世界大战期间,罗斯托受聘于美国战略情报局,跟着另外一位经济学家用专业知识为盟国反法西斯战争服务,具体工作就是分析研究怎么轰炸德国才能尽快赢得反法西斯战争的胜利。他们当时用的方法来自经济学的基本训练。

战争结束后罗斯托在麻省理工学院任教十年,研究经济史和经济思想。

---

[1] 本文根据周其仁教授在2020年12月5日第二十届中国经济学年会开幕式上的主旨演讲整理。

他发现,如果发达经济体向发展中国家提供经济援助,不但能帮助后者更快达到临界点,进入现代经济增长,而且最后也让发达经济一起受益。在冷战背景里,罗斯托受到肯尼迪和约翰逊两位美国总统的赏识,成为白宫决策智囊人物。后来引起最大争议的,是他主张美国对越南大规模增兵并轰炸北越南部,以遏制苏联势力扩张。随着反战潮流席卷全美和白宫易主,罗斯托重回学术界,但差不多所有重要的学术机构都不愿聘请他。1969年,他在位于约翰逊老家的得克萨斯大学奥斯汀分校获得教职,从此埋头学术直到2003年去世。1990年,他出版了《经济增长理论史:从大卫·休谟至今》,这是一本英文1000页的巨著。

罗斯托关于经济起飞的思想,最早是1952年"不经意地"写入关于经济增长进程的著述。1958年他受邀在剑桥作有关工业化的讲座,整理后的讲稿于1960年公开出版,书名就叫《经济增长的阶段》。

罗斯托的这套想法,比较可取的就是把经济增长看作一个持续的过程,不可以用一个无涉时间变量的函数加以描述和刻画。他认为这里最值得研究的,是在整个增长过程中,如何从传统经济跃向现代经济增长。

现代经济增长的基础是人类主动并大规模应用科学技术,重新定义经济资源,改变要素投入的产出效果,由此保证经济增长水平大幅度地超过人口增长,实现人均收入显著并持续提高。在这个大转变里,罗斯托抓住一个关键节点,那就是从极其缓慢的传统经济走向现代经济增长,非要有一个加倍的努力,非要有一个加速度不可。他借飞机起飞来类比经济增长。飞机从停止不动到飞上天空,不但先要加速运动,而且要达到极强的瞬间加速度,才能让飞机升力超过地球对飞机的引力,实现起飞。因此,罗斯托的增长理论也被简称为"起飞理论"。

罗斯托概括了实现起飞的三个临界条件:第一,投资要占到国民所得的5%到10%,如果达不到,经济增长赶不上人口增长,那就飞不起来。第二,要形成主导部门,即本身增长更快,且对其他部门有带动作用的经济引擎。第三,罗斯托把很多其他研究增长的经济学家所处理不了的科学技术、创新、冒险和企业家精神,纳入起飞条件。他认为,要形成一个生气勃勃的企业家群体,前仆后继从事冒险与创新,才能实现现代经济增长。达到三条,经济就能实现起飞。罗斯托认为起飞阶段通常要二三十年,然后趋向成熟,趋向大众高消费,趋向他后来定义的第六阶段即高品质生活。

## 中国经济的"起飞"

海闻在他的讲座里借用"起飞"来概述中国经济的发展变化。他说中国这个飞机非常大,所以起飞的时间可能会长;起飞以后,需要持续的时间也要更长,才能走向高度的成熟。我想在海闻讲座的基础上,再做一些讨论。

首先是中国经济何时开始起飞的?在罗斯托原著里,他写到中国和印度的经济起飞始于1952年。那时结束了战乱、有了统一的国家主权,开始大规模推进国家工业化,并在国民经济中形成强有力的工业部门,投资率也超过10%。这与安格斯·麦迪森关于中国长期增长的研究结论一致,那就是从1952年开始,近代中国积弱积贫的走势才在人均所得的水平上掉头向上,开启直追西欧的新历程。

那么按照罗斯托的观点,如果1952年开始起飞,过了二三十年,到七十年代末、八十年代初,中国起飞就完成了吗?这个结论恐怕得不出。虽然当时投资率平均是高于10%,也扩展出一个门类比较齐全的国家工业体系,但整个结构还带有传统经济的顽强痕迹。总人口的80%在农村,农民极度贫穷,缺乏消化工业产品的内需能力;文化教育科研基础薄弱,尚不能大规模承接并扩展现代科技成果,特别是受体制限制,还不可能出现企业家群体。我的同事张维迎老师,1959年出生在陕北榆林吴堡县一个山村,他有一篇精彩传神的网文《我所经历的三次工业革命》,生动地记录了直到他1978年高考上大学之前他家乡的状况以及后来发生的巨大变化。即使到了八十年代中,只要认真观察过中国农村和农民状况的,应该都不会说中国经济已实现了起飞。

再过30年,中国经济是不是实现起飞了呢?我想,回答这个问题的分歧就会比较小。因为到2008年时,中国经济已持续几十年平均10%的高速增长,也持续了几十年的超高投资。高增长主导部门一个接一个出现,把现代科学技术扩展到国民经济更大范围。更重要的是开启了中国经济全面对外开放,也打开了城乡之间的大门。改革开放带来国民所得的高速增长。2008年9月,当科斯邀请几十位中国企业家、地方官员和学者到芝加哥大学专题研讨中国改革开放经验时,世人总应该可以说中国经济实现了起飞。2009年中国经济成为全球第二大,再过几年光景,中国分别成为世界出口第一大国、贸易第一大国以及工业产能第一大国。

不过,也正因为中国实现了起飞,并在2008年之后遇到新情况、面临新挑战,让我们看到起飞理论的一个薄弱之处,那就是对起飞后的增长缺乏仔细研究。这或许是因为罗斯托当年的注意力过于聚焦发展中经济怎样实现起飞,怎样完成从传统向现代经济增长最为关键的一跃,但是对实现起飞后的经济多少就掉以轻心,似乎那就比较一帆风顺,一定合乎逻辑地走向成熟,走向大众高消费,然后走向高品质经济增长。

罗斯托以飞机起飞类比经济增长,但他或许没有理解飞机起飞的困难所在。人们都说莱特兄弟发明了飞机,实际上莱特兄弟是受到更早飞天筑梦者失败消息的刺激,才走上研制飞机之路的。据记载,1896年8月在德国里诺山,奥托·李林塔尔(Otto Lilienthal)为创造一个具有独立装置的飞行器,试飞过一架新滑翔机。一阵风把已经飞起来的飞机吹翻,李林塔尔不幸坠地身亡。远在美国俄亥俄州的莱特兄弟听此噩耗,才注意到有人在造飞行器。这兄弟俩不懂飞行,但对自行车以及他们童年时代痴迷过的风筝有着过人的领悟。他们认定,飞机的难点不是能不能飞起来,而是飞起来之后,在遭遇空中"猛烈颠簸"时还能不能保持平衡。按此思路,莱特兄弟研发数年,终于在1903年驾驶着由他们制造的一架带螺旋桨和引擎的飞机一飞冲天,又平稳落地。

莱特兄弟之后,经过一代又一代科学家、工程师和机械师的不断努力,当代客机早已成为世界级高科技的一个绝妙集合,以至于今天搭乘飞机的乘客,仅需"系紧安全带、坐稳扶好",就总能冲过对流层里的任何猛烈颠簸,飞入平流层,抵达目的地。罗斯托把起飞后的增长看得容易,源自现代飞行器总能由静转动,把跑道滑行、加速起飞、拉升、平飞、降落的分阶段前行,演绎得几近绝对完美。

## "起飞"后的三大挑战

中国的实际经验提醒我们注意,起飞后的经济增长将面临更为严峻的挑战。简要地说,大体有三个方面。

第一,在全球化进程里,如何妥当处理穷国与富国之间的经济关系。这个问题古典政治经济学家就曾提出来研究。休谟和斯密都是苏格兰人,而苏格兰相对落后,英格兰比较发达。18世纪初苏格兰和英格兰签署法案成为联合王国后,内生的地区间差距和紧张一直存在。再看整个欧洲,先是地中海时代意大利文明最为辉煌,后来西班牙搞大航海发达起来,荷兰奋起直追,英国既与荷兰争先,又与法国较劲。因此最早一代政治经济学家研究问题,从来就以国际竞争格局及其变化为背景。其中一条线索,就是分析原来落后国家与先进国家的经济关系,因为这里充满张力——落后经济体的劳动成本很低,一旦打通贸易,不可避免地要对高劳动成本的发达经济构成某种冲击,正如发达经济的先进产品很容易占领后发经济的市场。经济学的"一价定理"将如何表现呢?反正劳动及其他资源的收入在开放条件下终究要趋向同一,那么挑战来了:到底是发达地方的高收入掉下来,还是低收入地方的收入快速涨上去?这里存在不可避免的摩擦和冲突。

休谟当年还敏锐地发现,制造业是会跑来跑去的,会从工资高的地方跑到工资低的地方。产业转移愈演愈烈之际,资本移出的富国取什么态度?获得资本流入的穷国又取什么态度?他们彼此怎么相处?当代如萨缪尔森分析过的,后进国家和先进国家都会发生技术进步,问题是进步的变化率可能很不一致,如果一方的变动率持续快于另一方,会不会在经济逻辑上发生"一方永久损害另一方"的情况?这对起飞后的中国经济影响巨大,因为中国经济能够起飞离不开对外开放,特别是能大量吸纳中国组装和制造产品的发达经济市场,而且中国还持续从发达经济体那里获得关键技术和基础科研成果,并逐步培育自己的原创研发能力。如果全球化受阻,国际经济关系乃至国家之间关系持续紧张,时不时出现颠簸,中国经济持续增长就不能不受压。

第二,中国经济体量超大,且极不平衡。飞起来的中国经济内部收入分配差距过大,包括居民、城乡、区域、不同产业和产权主体之间的收入差距过大,这已引起广泛注意。但在收入差别的背后,是知识、观念和体制运行成本的极大差别。从改革开放、创新、法治和现代社会治理等任何一个视角观察,中国经济社会都不乏先行者,都已经创造并继续创造着解决问题的经验。但在超大且极不平衡的约束下,新事物、新生产力和新观念的扩展还相当费力。人们常喊同样的口号,但实际行为却可能南辕北辙。对于实现起飞的中国经济,把身为超级庞然大物的自己整体带到飞得更稳更高的平流层,应该不会是短期就容易完成的任务。

第三,起飞后的增长要维系平衡,但绝不能失去动力。地面运动只要减速放缓,通常就能恢复平稳。但飞起来的中国经济与地面运动不同,还非保持一定动力不可,在有的情况下,甚至还需要加大动力,才能从容应付多种猛烈的颠簸。现在的情势很清楚,如果先富起来的人群、行业和地区,减弱而不是继续增强他们继续致富的动力,那么究竟从哪里可以筹措到帮助后富群体、困难行业和地区的财力呢?毕竟从长期看,高额财政赤字和债务不但不是平稳经济的积极力量,而且是导致起飞后经济发生系统性风险的祸根。这里需要清晰地划分不同性质的"抽肥补瘦",租金性收入可以也应该多抽,但劳动创造、生产性投资的收益要少抽,因为抽多了会减弱经济增长动力。

最后,我们亲历了人类历史上难得一见的中国经济起飞,这是时代赋予一代经济学人的机会与荣耀。中国经济实现了起飞,我们就应该更多研究起飞后的经济增长,直面起飞后的各种挑战,研究其间的新经验并做出合适的概括。

# 中国未来发展需要应对的三大挑战[①]

刘世锦[②]

改革开放的前四十年和后三十年,是中华民族几千年来走向现代化过程中最激荡人心的一段历史。

## 前四十年的成功要素

前四十年的经济高速发展有什么样的特点与规律非常值得讨论,如对外开放、市场化改革、低成本优势、高储蓄率、高投资等,都是人们讨论的热点。我认为还有三个问题需要着重讨论。

### 1. 超大规模统一市场的优势

中国有一个超大规模的统一市场,这里有两个关键词:"超大规模"和"统一市场"。

从世界范围看,进入高收入状态的经济体有两类:一类是具有大的统一市场的经济体,譬如美国。欧洲虽也实现了大的统一市场,但出现反复。另一类是高度开放的小经济体,通过融入世界进入大市场。

---

[①] 本文根据刘世锦在 2019 年 12 月 15 日北京大学国家发展研究院"第四届国家发展论坛"上的主题演讲整理。

[②] 刘世锦,政协第十三届全国委员会经济委员会副主任、国务院发展研究中心原副主任。

中国是一个有14亿人口的统一市场,这个体量在全世界首屈一指。

统一大市场有什么好处?首先是大幅降低了经济活动的交易成本。生活在其中的居民,不用拿护照就可以跨地区找工作。企业无须顾及国家间的贸易协定,随处可以投资。其次是经济学强调的规模经济和竞争的包容性,有些企业规模很大,如果没有规模足够大的市场,可能做不起来;有些行业,小经济体的容量有限,只能容纳一个大型企业,但中国可以容纳两三个,并保持竞争。中国市场足够大的另一个佐证是,在国内市场竞争过关的企业,到国际市场上就会很有竞争力。

超大规模的统一市场还有一个非常重要的优点,就是能够对冲国内区域经济发展的起伏。中国经济这些年的发展也是起起伏伏,比如近几年经济转型,东北有的省份一段时间大举借债推动经济高速增长,之后明显减速。假如是一个独立经济体,其货币会严重贬值,还不了外债,出现危机。国际上有的国家落入中等收入陷阱就是出现了这种情况。好在我们是拥有14亿人口的统一大市场,东北经济下行,但东南经济上行,东北人可以南下。从整个国家看,发展好的地区与差的地区可以形成对冲。因此,这几年中国在转型中经济减速,但总体平稳。如果是小经济体,波动就会大一些。

### 2. 宏观稳定,微观放活

宏观稳定,可以包括宏观经济政策稳定和政治社会稳定。在基本政策稳定的前提之下,中国积极调动地方政府、企业、个人的积极性,微观上放活。

对于中国经济的大发展,地方政府之间、企业之间的竞争发挥了很大作用,竞争过程中出现很多计划外、预期外的结果。以民营经济发展为例,改革开放之初,民营企业只是为计划经济、国有企业拾遗补阙,但其凭借强大的活力和竞争力,在国民经济中的占比越来越大,目前已经形成了"五六七八九"的格局。再比如地方政府以土地推动城市发展,虽然有争议,但作用不可否认。还有浙江的小商品市场和块状经济,开始的时候就是农民自发摆摊,逐步形成市场,再往后前店后厂,一个村子一个村子的专业化生产,经济学家打了个标签叫产业集群。这些都是事先没有计划的,是放开搞活后自动演化的结果。

改革开放这么多年,最有效机制的是什么?主要是在宏观基本稳定的情况下,微观上开放搞活。

邓小平在十一届三中全会上有一个著名的讲话《解放思想,实事求是,团结一致向前看》,他特别强调要给基层放权,允许试错。"试"的思想非常符合创新的逻辑,因为什么是经济发展"对"的模式,开始的时候并不是那么清楚,充其量是知道一个大的方向,知道我们要从河的这边到那边,但河中间有几块石头,在什么位置,怎么踩着比较合适,并不清楚,所以要摸着石头过河。举例来说,过一条河,中间可能需要找到五块石头。开始的时候,面对的是一片茫茫水面,你并不知道石头在哪儿,可以划一百个方格,试一百次。如果只能由政府一家去试,一年试一个,得一百年,即便是一天试一个,也得一百天;然而,如果激发基层活力,一百个人同时去试,一天就可以过去了。

值得特别强调的是,即便改革开放四十年了,我们还要坚持"摸着石头过河",这是因为四十年前遇到的问题和今天遇到的问题不一样。进入高质量发展阶段还得"摸着石头过河",这是我们新时期特别应该重视的改革基本方法论。

### 3. 对发展的共识

改革开放前四十年的那条河我们已经趟了过去,现在我们要摸着石头过后面三十年的河,即解决高质量发展、跨越中等收入陷阱、进入高收入社会等新的难题。

邓小平讲"发展是硬道理",国内绝大多数人认同,大家都认为应该服从和服务于这个共同目标。在中国这样一个14亿人口的大国,这个共识非常重要。很多国家内部有各种诉求,相应的有各种矛盾和冲突。在一个人口最多的国家达成发展的共识很难得。

中国这么多年的发展经历告诉我们,发展的共识非常重要。大家对发展目标有相同想法,就会少很多摩擦和纠纷,社会总体交易成本就低。

## 未来三十年的三大挑战

后三十年我们面临新的问题,如低成本优势减弱、人口老龄化以及对外开放国际环境的不确定性等。此外还有三个问题需要重视并加以解决。

### 1. 扩大中等收入群体

我国收入差距较大已经不是新的问题,前些年收入差距有所收缩,但近期收缩的速度有所放缓。针对这种局面,最近我提出一个观点,在我们全面建成小康社会以后,再用十年左右的时间实现另一个目标——中等收入群体扩大一倍,由目前的4亿人扩大到8亿—9亿人。

提出这个目标基于两方面的理由。第一个理由是要确保经济增长的稳定性。需求是增长的关键,老龄化和收入差距过大等会造成需求收缩,甚至出现低收入阶层的需求断层,直接冲击增长的稳定性。我在国务院发展研究中心组织团队一直在做"中国经济十年增长"的研究,我们有一套预测汽车市场的模型,连续多年预测都很准,误差只有零点几,但最近两年这个模型不大准了。中国目前每千人汽车保有量大概是180辆,美国是800辆,欧洲、日本是600辆左右。中国相比欧、美、日还有很大距离,按理说中国汽车业至少还可以保持中等或中低增速,但这两年下滑严重,为什么?最近我们注意到一组数据,2019年1—6月份,占到汽车市场份额近30%的县级及以下城镇汽车市场,负增长20%;而占市场份额近40%的10万元以下汽车销量,负增长23%。与此同时,豪华品牌逆势增长,有的增速达到10%以上。由此我们产生一个推论,买10万元以下车的人,主要是县级及以下城镇群体,他们到了该买车的时候,却没有钱,无法支撑本应出现的汽车消费需求。这个推论还需要证实,但收入分配差距过大对增长的制约,应该引起足够关注。

第二个理由是社会稳定。过去我们强调收入差距太大,发展中国家会很难跨越所谓中等收入陷阱,成为高收入国家。但是看美国等地方的情况,即便进入高收入社会,如果收入差距过大,同样会出现严重的社会冲突。对中国下一步的发展来说,收入差距不可避免,但需要保持在一个能够使经济需求稳定、社会也比较稳定的范围内,否则发展的可持续性就难以保障。

### 2. 培育创新的机制和文化土壤

产业层面的创新,往往体现在高技术含量、高附加价值产业的增长。从全球范围来看,能够发展这种"双高"产业的国家只有少数。国发院黄益平教授的数据显示,100多个中等收入的国家,只有少数国家实现进阶,成为发达经济体。其实一个国家能否进阶,和它们的产业结构高度化水平直接相关。中国现在的势头不错,已经出现一些高技术含量、高附加价值的产业,但素质和比例还有很大距离。

高技术、高附加值的产业需要好的创新机制。从全国范围来看,真正能形成具有创新动能的产业,能对国民经济发展起到支撑作用的高端产业,可能只是少数地区,但具体是哪些地区,事先是说不清楚的,应该鼓励地区之间的竞争,形成若干个创新型城市或者区域创新中心。这些地方的优势就是能够聚集创新资源,有更具竞争力的创新环境。

中国创新一个大的短板是高水平大学教育和基础研究滞后。现在的创新基本靠吸收外来技术,源头创新的东西不多。这些年进步很大,但诺奖级的原创性成果要想成批、稳定地出现,需要真实而严格的科学传统,需要鼓励自由探索的文化土壤。

前些年,国务院发展研究中心与世界银行合作的《2030年的中国》研究报告中曾经提出,中国的 R&D 占 GDP 的比重会上升,甚至达到发达国家的水平,但更大的挑战是创新的效率,钱花出去后,能有多少过硬的成果。创新特别要强调效率,尤其是在前沿科学和技术领域。如果不能在这些领域有大的突破,就很难真正成为一个创新型大国,创新可持续性和稳定性就会成为很大的问题,出现后劲不足。

### 3. 产业升级与体制升级

到了高质量发展阶段,高技术含量、高附加价值的产业要形成,创新要有成果,就对我们的体制提出以往未曾有过的新要求。产业升级需要体制升级相配套。

经过多年改革，我们的市场经济体制进步很大，但短板也还不少。因此我们需要建设高标准市场体系，这是四中全会特别提出的。

近几年大家讨论比较多的国内结构性改革，在中美贸易谈判第一阶段协议也有涉及，比如打破行政性垄断、公平竞争、保护产权特别是知识产权、国资国企改革、产业政策转型、改革补贴制度、转变政府职能、维护劳动者权益、保护生态环境和绿色发展等。这方面的改革，并不是外部强加的，是我们自身发展所需要的，也是我们已经明确提出和推进的。十八届三中、四中、五中全会，十九大、十九届四中全会，都提出了这方面的改革目标任务，问题是如何真正落到实处。

最近全国政协组织的调研发现，需要关注的一个问题是国家信用支撑不对称引起的金融服务不公平、资源配置不合理。近年来推动结构性去杠杆，杠杆率高的地方政府和国企受到的压力反而没有杠杆率低的民企大。一个国企出了问题，上面就会安排另一个国企去救，在一个地区，国企之间实际上形成了互保体系。有的地方反映，一个地区的国企实际上是一家企业。有研究提出，国企和民企的隐形违约率差不多，但民企的"爆雷"大幅高于国企。过去认为社会上有偏见，但有国际上大评级公司，给国企的信用评级就是高于民企，尽管两者经营状态差不多，或者民企强于国企。因为他们认为国企的风险转嫁能力强于民企。背后依然是国企预算软约束这个老问题。这种状况造成了国家信用的滥用、金融服务形式上平等实际上不平等，加剧了资源的扭曲配置。

至于产业政策，我一直怀疑这是不是一个真命题。中国改革开放四十年，有哪一个行业或地区是通过产业政策取得的成功，是否有真正说服力的案例，好像尚未见到。下一步我们面临的不确定性比过去更多更高，大数据、人工智能、区块链等新技术层出不穷，未来十年、十五年究竟能发展什么产业，靠规划能说清楚吗？如果靠规划能说清楚，当初我们搞计划经济可以了，不必用那么大气力去搞市场经济。

如何应对更多的不确定性，还是要靠市场化的办法和机制。市场经济最擅长解决的就是不确定性，就是让更多人主动试错，通过试错找到对的、符合实际的有效办法。

还有一个很重要的问题,我们要加强对长期增长问题研究,尤其是对相关理论框架的研究。西方经济学的趋同理论、收敛理论等,更多地是描述现象,并不能解释增长过程中的结构和机制,这是中国经济学家的机会。在这方面我们过去做得不够,这个短板也需要补上。

# 我国国际发展环境的变局与挑战应对[①]

查道炯[②]

中国面临的国际发展环境向来都很复杂。过去七十多年,特别是改革开放四十年,有三大描述中国外部环境的说法:一是呼吁建立国际经济新秩序,这在改革开放前讲得比较多;二是强调与国际接轨,特别是在中国加入世界贸易组织前后,这是引导我们看外部世界的基本思路;三是拥抱全球化,即便是2008年的金融危机,也没有导致我们对世界格局走向的认知发生变化。当然,近些年出现过"引领全球化"的说法,这次中美关系复杂化之后,"引领"这两个字说得比较少了,现在的中国应如何认知外部世界,我们有些迷茫。

新冠病毒疫情的严重性和广泛性超出了所有人的预料。目前,世界经济萎缩,旅游、贸易、投资等都受到疫情防控的以医学要求为起因的制约。疫情后,这些限制的解除难免会因种种国际政治因素叠加而受到一些非市场因素的影响。解决问题终究还要靠政府之间的双边互动。联合国、G20以及其他多边协调机制在未来发挥作用的空间不大。这很可能也是大家感到迷茫的一个因素。

---

[①] 2020年8月13日,北京大学国家发展研究院联合北京大学出版社举办【朗润·格政】第146期暨北大博雅讲坛313期在线论坛,主题为"疫情与新冷战叠加下的中国经济展望"。本文根据查道炯教授在论坛上的主题演讲整理。

[②] 查道炯,北京大学国际关系学院和南南合作与发展学院双聘教授。

## 安全可控不能只是简单的口号

如果从地缘政治、地缘经济的视角看中国面临的国际环境,不能简单说是有利还是不利、顺畅还是不顺畅,因为国际环境其实是国与国之间互动的过程,既有外国对我们的一面,也有我们怎么对外的一面,双方在相互观察、相互判断、相互反应。动态是国际环境的本质。

从地缘经济视角看,主要经济体在疫情前的"底子",尤其是产业能力这类"硬件",并没有变化,疫情只是暂时把生产节奏放慢。国际经济交往的一些"软件",如债务、贸易结算货币、贸易许可、技术标准、海关规则等条约和操作惯例,也都没有变化。但是,疫情不管什么时间结束,都放大了一个国家追求产品链并保证产业链"安全、可控"的紧迫性。疫情让所有国家都在追求安全、可控,别的国家不一定和中国用相同的词汇,但其逻辑是一样的。

在双边关系中,不管有没有疫情,也不论哪个国家、是否对中国发起贸易战,双方在能源、粮食或者更广泛的涉外经济领域,都存在顾虑。这种顾虑的一个表征就是"依存度",即担心"受制于人"。从依存度来分析,不能只看国家间的贸易总量,或单个产品对某国或外部的依存程度。我认为可以分五个步骤来看。

第一看依存的性质,是市场自然性因素形成的成分多一些,还是对方蓄意创造了某种依存状态?比如稀土矿产品,包括美国在内的一些国家认为中方为了控制全球稀土供应而补贴生产或者承担环境的代价。我们往往不去分析这种理解到底有没有事实基础支撑,甚至有些学者跟着讲"稀土是中国的一张牌",实质上这就印证了对方的猜疑,把对方的误解或者恐惧"坐实"了,对我们自己不利。

第二看关键性工业和生活消费品的跨国贸易态势。比如石油和粮食贸易,市场总在变化。这种变化是由于对方蓄意地改变,还是有天灾、技术失误或者金融链条一时不匹配的因素?有很多人为控制不了的因素在起作用,需要专业跟踪、反复比对,才有可能避免慌乱。

第三看能不能找到替代。在全球范围内,资源类产品往往不存在绝对意义上的短缺。通过组织融资、生产还有贸易渠道,实现物品的替代、供应来源地的替代,都是可能的。针对某款物品,如果一方找到了有效替代,另一方就会失去利用它进行外交谈判的筹码,哪怕是隐含性质的筹码。谋求替代的过程中,技术也是一个工具,比如采用不友好一方没有掌握的技术。

第四看能不能牵制住对方。这涉及种种国际规则,而且双方在规则形成过程中所做的贡献和规则更新中的参与程度会影响到弱势一方是否有机会利用集体力量对强势一方形成牵制。在这个过程中,国际舆论也是形成牵制的一部分,比如食品的量和营养程度,药品和医疗产品的质和量,再如航空飞行的安全保障是所有国家的人都应得到的,那么,以国家和国家斗争为名义的贸易限制,就违反了基本道德,世界上有可利用的力量对它形成反限制。

第五要聚焦国内政策的调整。这是最重要的,也是地缘经济、地缘政治分析的落脚点。观察国际环境不应停留在评判某一方对你友好还是不友好,也不是等待一国选举之前和之后的政策变化,或者哪个党派、某个候选人会如何不同地行事。我们是需要跟踪和着眼国际形势,但是落脚点必须是自己的变化,比如能源、粮食方面,不论外部世界如何变化,都要不断提高利用率。

总之,只有基于科学地自评、战略性地自变,才能求得更多的主动权。

## 美方"脱钩"论并非从天而降

中美经济关系依然是热门话题,相关观察和观点也已经非常多。我想提醒大家的是:"脱钩"这一主张和类似的词汇一点都不新,它在美国的智库、政界、商界早就存在。

美国有必要与中国"脱钩"这一思维,在两国关系正常化之前,是美国的国家政策。即便在中美建交后,它也一直存在,到现在至少四十年了。在我国改革开放的整个过程,"脱钩"一直都是中国所处外部环境的一部分,只是近年才变得高调,或者说才得到了我们的普遍性重视。

其实美国在经贸政策上一直和中国保持着距离。比如军民两用技术、高科技产品出口,美方对中国从来就是高度控制。

两国间日常的经贸和人员往来,根据各自的法律时常会出现一些不合法或者违法的案例,不论涉及公司或者个人,如果在事实认定、定罪的法理和处理程序上有合作的规则和积累,就不至于上升为结构性问题。但是,中美之间的司法合作程度一直都非常低,日积月累的结果是个案与全局的界限变得越来越模糊,本来只是一些个案,结果演绎成了双方整体上的"缺乏互信",进一步又成为"脱钩"说的一种支撑。

另外,中美之间也没有"双边投资保护协定"或者"自由贸易协定"这类安排。虽然这些安排不是万能的,其细节也可能跟不上各自社会和经济行为变化,但是,这些安排的基本面是为个案纠纷的解决提供路线图。

目前,国内对"脱钩"这个词的解读,有时带有恐慌情绪,这一情绪既不太符合中美经贸关系的历史过程,也不符合当前现实。在一些美方精英认定的敏感性技术和产品领域,确实存在"脱钩",而且一直处于"脱钩"状态。但是随着时间的推移,中方的战略也在调整,特别是我们提出坚持不让"中方有意损害美国社会正常运营"的指责找到口实,这有利于使中美关系的前景变得不那么注定暗淡。有媒体报道,中美管理机构在联合调查疑似从中国邮寄到美国的不明植物种子,就是中美关系正面发展的一个例子。

同时,目前美国对华政策确实有推动两国在多方面"脱钩"的成分,未来会出现什么后果?包括国际市场的变化在内,影响因素特别多。我们也必须看到,即便未来美国不再言必称"脱钩",他们这几年所强调的"对等"也会有持久的生命力,除非中国的发展势头明显向下而且回升无望。

关于"对等",美方的原话是"reciprocity",历史上曾把它翻译成"互利双赢",实际上这个词汇所传达的意思,跟中文"来而不往非礼也"差不多,也就是说不能只是单方面让步或承受损失。尽管究竟谁造成了谁的损失,双方一直且永远会有争议,但对于这一原则的认知和坚持,双方并没有区别。

与此同时,不论哪个国家的企业都有垄断的本能,都想游说政府采取对自己走向垄断有利的政策。作为政府,也都有追求在复杂的世界里处于自主状态的本能,在自己认定的领域不想被控制,或者不想过度依赖单个来源或者单个国家。

对任何国家来说,"能合作就合作"仍将是明智的选择。相反,一方想"脱钩",另一方就顺势而为,仍将是不明智的选择。

## 当心美方不断加大对中国的经济制裁

美国对中国经济制裁的广度在扩大、深度在加深,是我国所处外部环境的一个重要的新变化。

这里有几个基本的概念需要厘清:"经济制裁"跟"贸易制裁"及"出口管制"不同,贸易制裁是多边贸易规则所允许的,有世界贸易组织等机制处理纠纷。中方也有自己的出口管制,相关的立法正在更新。经济制裁则完全是单方面、政治性的,没有国际规则,而且没有底线。它分直接制裁和间接制裁,发起之后就成了国内法的一部分,除非发起方修改或取消,否则就永久执行。颇具美国特色的次级制裁是"一石二鸟"的安排,既针对直接被制裁方,也针对第三方。比如针对华为公司而发起的制裁,第三方国家的相应实体也必须遵守,打击面极大,这就导致产生"寒蝉效应"。

历史上,多数国家都把美国的经济制裁当作一条红线来回避,至今找不到一个足够的力量去阻止它。这是一个全球性的麻烦。

在美国内部,关于经济制裁到底有没有起到作用,一直有争论。经济学家偏向于认为没用,政治学家则偏向于认为有用,争论的最后往往是加码制裁力度、延长制裁时限的一方胜出。美国对伊朗、朝鲜、俄罗斯、委内瑞拉的制裁,基本上都是这个路数。

关于美国的经济制裁,除了政府,还涉及企业行为。众多跨国企业把"企业社会责任"(corporate social responsibility,CSR)扩展到"环境、社会、治理"(environment, society, governance,ESG)责任,并作为企业经营道德来推动。环境责任和社会责任都比较好讲清楚,分别是企业对环境保护和社会稳定负有责任,不可以无限制地获取财务利润。但是,"governance"不太好准确地翻译成中文,直译即治理责任,具体含义可以举个例子来解释:香港出现黑衣抗议者,这些人以要求民主为名实施打砸抢,美国篮球协会(NBA)的社交媒体里出现支持抗议者的帖子,甚至有少数球员穿上抗议者的黑衣服，NBA管理层的解释就是他们在履行"governance"这一职责，即企业认为它也有代行政府、政治功能的一面。这是我们面临的新情况，虽然是企业行为，但也是一股制裁的力量和制裁的形式，不可轻视。

## 理清技术重要性是应对"脱钩"的必要功课

总的来说，应对中美"脱钩"不能只看来自美国官方的行动，还要注意更广泛的或者潜在的"脱钩"方。那么，应对"脱钩"，我们能做什么？

首先，中国要坚持技术和标准全球性的互联互通、继续深化改革开放。更具体地说，产品标准应该更加细化，包括法定标准、行业标准、事实标准等，企业经营还有会计规则、质量管理等日常性业务标准，要按标准组织生产和营销。改革开放这么多年，我国在产品贸易方面的成就，与标准的全球互联互通分不开。

美国确实是全球技术创新的领头羊，同时，也要更全面地看中国的技术差距，既不是美国强大就什么都行，也不是有华为或北斗我们就什么都行。一般而言，技术大概可以分成五类：一是地位性技术，它跟国家地位相关，是独占的、排他性的技术，比如太空探索、核武器开发和维护技术。二是战略性技术，像5G通信、生物制药等领域的领先技术。它需要培育市场，商业应用的前景广阔，政府要去支持。三是公共品技术，也就是民生所需的技术，比如医药卫生领域的技术，不能让资本无限盈利，因为这些技术具有公共品性质。四是一般性的通用技术，即民用产品技术，要通过允许企业获利来刺激创新、竞争。五是落后的技术，比如基于环保、公共卫生等因素需要被淘汰的技术。简而言之，看"技术"也要注意避免犯"一叶障目，不见泰山"的错误。

其次，中方还应该长期做的一件事是，不管美国及其盟友怎么对待中国的具体技术和企业，我们都要优化产品加工和集成能力，并且提高跨国物流的组织能力。一定要提高我们产品的跨国和多国兼容程度，千万不要因为经济总量全球第二、消费人口比任何单个国家都大（中国消费能力比另一个人口大国印度要强），就以为我们可以"独善其身"，一定要跨国兼容。

最后，中方应该牵头增强国际产品通关政策的协调。现在全球通用的"国际海关协议"于1952年签订，之后虽有过更新，但改进不大，依然落后于当代物流发展的现实需求。中国牵头将国际海关规则现代化就是为全球贸易提供公共品服务。

## 如何经营中国发展的国际环境

我在《中国2049：走向世界经济强国》这本书里提出过几点看法，是借用了印度学者观察印度在第二次世界大战后经济、外交发展历程的框架。

当然，只写一篇文章不可能讲全中国七十年的经济、外交过程，书中的章节其实是跟读者交流一个看法：以发展中国家与发达国家外交的区别为视角来分析中国的经济外交轨迹，是没有道理的。

就像印度等很多经济体一样，我们也是从被殖民或半殖民、半封建的国家过渡而来，大多在第二次世界大战之后才实现独立，才有机会自主地与世界经济打交道。这些国家的经济外交大致可以分为四个阶段：

第一阶段是从推介本国产品开始做经济外交。不同于原来的殖民地国家，中国早期的产品在国外没有得到消费者认可，需要通过外交和经济援助的途径去缩小与别国消费者之间的距离。把中国劳工送到国外也是这种努力的一部分，它为中国企业国际化，尤其是在人员培训方面做了有益的贡献。

第二阶段是建设贸易、投资等平台网络。比如举办中国进出口商品交易会（简称"广交会"）、各种产业论坛，都属于这个阶段的工作。

第三阶段是宣传国家形象，比如入境旅游、文化推介等方式，目的是推进出口、吸引外资流入，让外国消费者对"那个国家，那个文化"有"触摸感"。

第四阶段是从熟悉国际规则转向参与制定或者修订双边、多边的规则。这经历了一个过程，中国如今设置国际议题的主动程度不断提高，不再像以前那么被动。

这四个阶段差不多是所有第二次世界大战后新独立国家都经历了的过程。外国有批评称"中国要推翻国际秩序"，其实是割裂我们历史发展过程的看法。当然,中文"引领国际秩序"这类说法翻译成外文,容易给人咄咄逼人的印象。如果我们的认知不科学,带来的不良影响会很现实。

过去十多年,中国的经济外交也确实有发达国家的特征,比如我们设置了普遍优惠制,我们将对外发展援助多边化、制度化,中非合作论坛就是受东京非洲发展国际会议的启发。同时,亚洲基础设施投资银行或者我们自己主动推动的双边投资保护协定和自由贸易协定中,中国主动行事的成分都有明显提高。

回顾中国七十年经济外交的历史,既有发展中国家的轨迹,也有发达国家的特色,这很正常。展望未来三十年,基于国际环境的形成是双边和多边多轮互动的结果的认知,中方应该从如下五个方面加大努力。

第一,管理好与其他市场之间的经济距离。看产品贸易不能只是看价格,或者只看传统经济学理论里讲的"比较优势",那远远不够。全球化使产品从设计到运输的距离不再有天壤之别,制造方法上的差距问题都变得可以解决,但是道义经济、消费文化、消费者个人偏好等方面,我们还要不断努力,需要逐个产品、逐个市场去经营。

第二,加强合规制度的建设。这其中包括建立和优化中国自己的法规,尤其是将中国接受的国际法规融入国内法,对在中国管辖地内的所有实体同等有效。有了制度,中国和外国的企业就有了行动指南。

第三,为外国人来华就业、定居、入籍设置更清晰的路径。中国与其他国家和社会之间的人口流动,不能是单向的。这方面,2017年国家设置移民局是一个好的开始。调动全球人力资源参与中国国内经济的发展,跟前面提到的道义经济相关联。未来在经济外交方面的发展方向,是要不分国籍、不分民族为来华求学、就业、定居、入籍提供制度化的路径。这是我们编织经贸网络的有效途径,也是对冲所谓地缘政治、意识形态因素导致与中国"脱钩"等不利影响的必要途径。在维持经贸网络的稳定,对冲地缘政治冲击的过程中,要把个人的力量激发出来,将来这些人自己的体验、亲身经历才是应对宣传偏颇和误导的生力军。

第四,在国际制度层面应最大程度地发挥合作精神。中国没有必要咬死牙关认定自己还是发展中国家。这就如同国内"贫困县"的拒绝脱帽,这些县在国内政治环境中被嘲笑,同时国内也有办法让其坚持不下去。类似"发展中国家"这样的定位,我们一定要灵活处理。

第五,应以避免落入"中等收入陷阱"为外交的首要目标。经济外交有很多目的,有时是地缘政治因素,有时与安全相关,但是核心目标必须是避免落入中等收入陷阱,因为发展才是硬道理。

# 接下来,挑难的事做[1]

周其仁

今天讲讲中国的经济。20世纪80年代,邓小平提出"台阶"的说法——中国的经济起点很低,只能一个台阶一个台阶地走,有时候要停一停、看一看,反思一下。

现在,有一个新台阶要迈了。怎么理解这个新台阶?首先我们需要回顾一下已经走过哪些台阶。

## 中国经济这四十年走过的台阶

1978年,我从"上山下乡"的黑龙江考到北京学习经济学。当时,中国正在制订第六个五年计划(1981—1985年),定下的发展目标是"保四争五"——争取5%,确保4%。这个目标回头看还是蛮低的,现在虽说进入新常态了还有6.2%。

为什么定这么低?这是当时的条件决定的,还有很多问题没有解决。

第一个就是吃饭问题。1980年前后,中国的基本国情是10亿人口中有8亿农民。虽然80%的人口在农村,但粮食问题没有解决。当时既没有那么多外汇,也不可能完全靠进口来解决10亿人的吃饭问题。粮食问题不解决,工业、商业、科技、教育都谈不到。后来解决这个问题是靠中国自己摸索出

---

[1] 本文根据周其仁在"远航大视野"的讲课内容整理,转自"腾云"微信公众号。

来的家庭联产承包制,即包产到户:农民与集体签约,粮食交够国家和集体的,剩下的是自己的。激励机制改变以后,在同样的技术条件和自然情况下温饱问题解决了。

第二个问题是剩余劳动力。改革之后,农业劳动生产率提升,农村劳动力溢出,问题就大了。当时中国企业全是国营体制,而国营体制招不了那么多工人。这个问题也是在改革中解决的。当时就提出了新的要求,"几个轮子一起转",除了国家办、地方办、乡镇办,非常重要的是允许民办企业。第二个问题也破解了。

第三个问题是,几亿人都来办公司、搞企业,资本从哪里来?完全靠自己积累不是不可以,但是非常慢。所以,邓小平的办法就是开放。首先允许香港和台湾地区的资本到内地来,然后是华侨,然后包括日本、欧美资本都可以进来,这就解决了第三个难题。

第四个问题是,劳动力释放出来了,多种资本也启动了,生产的产品往哪放?国内市场还比较薄。所以,20世纪80年代末就提出沿海率先开放,当时的口号叫"大进大出",就是我们缺的原料、能源海外进口,生产的产品向国际市场上销售,让沿海的2亿人率先融入国际市场。效果不错,再逐步扩大到全国、全领域、全方位开放。这就带来中国外向发展驱动,由出口带动国内的就业和税收增长、GDP高速增长。

过去这几个台阶就是这么爬过来的,共同的特点是遇到问题、解决问题。最重要的其实是观念的问题。用经济学的术语讲,在原来的体制下,人很便宜,但制度很贵,因为制度是在僵化的观念下制定的,这不能做,那不能做,自缚手脚。十一届三中全会以来,改革开放走过40年,最重要的是解放思想。通过改革开放大幅度降低体制运行成本,让中国经济跟全球市场接通,这是中国高速增长的根本原因,GDP增速从4%、5%发展到7%、8%、9%、10%,甚至出现超过10%的高速发展。

## 开放经济、高增长里的负效应

先简单讲一下开放经济。G7——七个已经完成工业化的高度发达国家,人口不到 12 亿,人均所得非常高,他们之间的贸易和经济基本是打通的,是一种互相开放的经济分工,技术增长、积累都处在高水平上。

第二次世界大战后还有一批新独立的国家,包括中国在内,它们对国家主权看得很重,并且把维护主权和开放对立起来,为了维护主权关闭国门,用高税收来阻止进口替代,以发展民族工业来支持国家的独立。

20 世纪五六十年代发展经济的这套理论,影响了很多国家的经济战略,包括中国。结果国家主权明确了,但经济增长慢。1980 年,邓小平提出 2000 年 GDP 翻两番的目标,当时中国人均 GDP 只有 200 美元,美国是 1.3 万美元,差 60 多倍。中国因为落后、贫穷,储蓄率很高,很多钱集中在国家手里搞基础工作,搞"两弹一星",搞国防,所以工人、农民、知识分子真正落袋的收入还要低。如果以落袋收入比,大概中国和美国差距要扩大到 100 倍。

两个经济体,一个"海平面"很高,一个"海平面"很低。只要一打通,这个结构就开始变化了。我们搞开放,发达国家的技术和资本会往低海平面来——这是经济规律。发展水平低的地方因为穷,所有成本都低,尤其是人力成本。工资在利润里占的比例越低,产品就越有价格竞争力、成本竞争力,所以开放以后我们大量的东西可以出口。

原来封闭的时候我们搞什么都不够,国门一打开,由于价格刺激,同样的东西卖到发达国家,拿国内的标准比很赚钱。这就形成了对流,资本、技术进来,我们劳动密集型产品出去,奠定了中国高速增长的经济基础。

因为出口有很大比较优势,中国获得顺差。先从玩具、自行车、一般的服装等劳动密集型产品开始出口,一些组装工业、机床工业也逐渐转移到中国生产,进而赚来很多外汇——这是一个变量进来了。

中国不断改善投资环境,吸引外资,所以外资拿真金白银往中国放。出口赚来的是美元,外商投资也是美元,这些钱到了中国首先要和商业银行换成人民币。商业银行因此积累了大量美元头寸,必须再跟央行换人民币。央行拿什么和商业银行换外汇储备?基础货币。

央行手里有两个"武器",第一是发行货币,人民银行是唯一有权印钞票的机构;第二是法定准备金,它有法定借钱的权利。央行开会,通过一个决定,商业银行吸收的 100 元储蓄里,有多少必须放到人民银行来,这就是法定准备金。央行手里的武器可以无限供给,所以商业银行不管吸收进来多少美元,央行都可以用基础货币把它买成国家外汇储备。

央行的基础货币给了商业银行,商业银行就可以放贷,这个放贷还有一个放大过程,1亿元的借贷可以周转好几次。基础货币如果放得多,商业银行就有力量往市场多放信贷,广义货币的量就开始增加。这个量如果与国内市场供应的商品和服务匹配,那物价是平稳的;如果国内的很多商品供应量低于货币供应量,国内的商品价格就会上涨。

中国是外向驱动型经济,高速增长的外汇顺差推动经济不断增长,很多产品出去了,钱回来了,所以国内形成了不平衡。最高的时候中国一年的GDP中有11.7%的净出口,换句话说,100元创造的收入,里面要减掉11.7元,才是国内市场供应的商品,货币额会高于商品供应量13.25%。这个力量如果一年又一年地积累,国内就会出现所谓"不差钱"的宏观环境。

钱很多,钱往哪里流呢?这就是问题了。钱如果平均分配到国民经济的方方面面,也没有问题。但是,市场里的钱流到哪个部门、流到哪个方向受很多因素的影响与制约。通常供给没有瓶颈的,钱流过去就有供应,你再买他再供应,价格涨不起来。但是,如果有些领域钱流过去产品供不上来,物价就开始上涨,连续上涨以后人们就会预期它还会涨。预期起来以后,人的行为就开始变化,因为你猜"这瓶水"还会涨,所以很多人会去买,结果"这瓶水"就真的涨了。这种自我强化的预期变成国民经济运行中越来越大的力量,资产价格就这么起来了。

所以,国民经济的麻烦在这里。什么叫资产价格?只要持续涨,任何东西都可能变成资产,跟它的物理特性没有关系,它可以是土地,可以是房子,可以是邮票,可以是一盆花,也可以是一头羊。在自我强化的预期之下,有的必需品价格会涨得很厉害,货币量大到一定程度,必需品供不上来时,就形成通货膨胀。

于是,中国经济形成了这样的循环:高速增长本来是好事情,完全突破了当年"保四争五",但增长是不平衡的,这就是十九大报告里说的不平衡、不充分的发展。在这一架构下高速发展起来,外汇储备从当年朱镕基管经济时只有180亿美元,涨到4万亿美元。中国手里从来没有这么多外汇,

4万亿外汇,约等于28万亿人民币,如果平均周转5次,就是100多万亿,这是广义货币。这也构成了我们现在经济运行的基础,不断出险情,不断要调控。

## 理解"锈带",理解特朗普冲击

上面说的是国内,再看全球。由于打通了两个"海平面",全球经济结构也发生巨大变化。原来是富经济与穷经济,一个高海平面,一个低海平面。如果中间有壁垒,不开放,那就各过各的日子。发达国家资本多,生产力高,收入高,就是蓝领工人也可以过得好。穷国因为资本很少,生产力很低,收入很低,积累很少。

现在把壁垒打通,开放,引进外资,劳动力虽然不能自由地到发达国家,但劳动力生产的产品可以通过贸易出口到发达国家市场。这在某种程度上相当于穷经济里的劳动力跟美国工人开始竞争了。然后大家看会发生什么?这种全球化,这种开放,谁得到好处更多一点?谁的麻烦更多一点?

所以理解特朗普冲击,基本面就是图1。首先,富国的资本获得了极大的好处,因为资本面向全球服务,以华尔街为代表的发达国家的资本在全球化当中高歌猛进。全球的公司都要到华尔街去融资。其次,发达国家的科技公司走向全球。打通以后,微软在中国布局,苹果在中国热销,每年中国进口几千亿美元的芯片……如果中国不开放哪有这个市场?

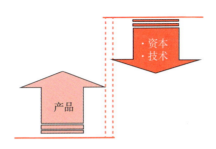

图1 资本、技术与产品的全球化

但是发达国家也有金字塔的问题,除了金融、科技,还有很多普通劳动者,还有其他传统产业部门,这些部门在全球化以后日子没那么好过了。为什么？假设过去300个工人关起门来竞争，现在门打开3 300人一起来竞争，一些穷国里劳工的工资是你的1%，只要这些发展中国家会做你做的东西，你还要怎么竞争？

发展中国家还有一条厉害的，那就是他的学习曲线在帮忙。后发展的国家看哪个东西好，就买回来拆，再组装。所以，为什么发达国家对知识产权问题越来越寸步不让？他没法让。他开发出来的东西你拆开来看一眼，做出来的东西比他便宜。所以这个问题大了，发达国家的失业率奇高，工人实质收入没有增长，特别是年轻人失业率很高。发达国家国内收入分化，华尔街、硅谷好上加好，而传统地区的老百姓、普通的传统工人，他们从事的只要是像中国这样的发展中国家会干的事情，过日子的压力就越来越大。

中国总的来说缺资本、缺技术，有劳动力，在开放当中是受益的，但是这个收益也不平均，越靠近资本，越靠近技术，收入越高。中国开放伊始，只要懂外文收入就高一点，因为可以成为"桥梁"。改革开放发展出人数可观的中产阶层，同时也出现了超高收入层。中国也发生了收入分化。当然大部分劳动者——以中国的农民工为代表，在开放当中，自己跟自己比收入增长也是非常快的。这就是全球化以后的复杂格局。

《21世纪资本论》里有一张图，用基尼系数衡量一个国家收入分配的情况，即头20%的人口多少收入，后20%人口多少收入。第二次世界大战结束到1950年，这个基尼系数已经收敛得很低，也就是收入非常平均。从1950年开始到1970年都比较好。到1990年，这个基尼系数又开始向第二次世界大战前的水平靠拢。所以发达国家国内面临分化，出现了"占领华尔街"这样的行动，舆论对华尔街资本主义的贪婪发起声讨。诺贝尔经济学奖得主保罗·克鲁格曼（Paul Krugman）为这本书写了推荐语，称它是21世纪最重要的一本书。这本书证明富人大部分的收入并非源于他们的工作，而是来自他们已经拥有的财产。这跟普通劳动者辛苦流汗挣钱的逻辑不一样。这是特朗普成为美国总统的经济基础。

中国人原来埋头干自己的事，穷了多少年，开放以后，资本来了，技术来了，可以办企业了，我们埋头干自己的事，不大顾及美国相应发生的变化。

我2006年到耶鲁大学做访问学者,研究土地问题,路过底特律去看福特博物馆。讲解员是一位退休工人,70岁,从高中毕业就在福特,一辈子在福特工作,受人尊敬,收入也很好,活得很开心。我问他现在年轻人还进福特吗?他说现在进不了,因为福特都去中国投资了。他的孩子现在在亚洲教英文。

当时我受到很大的触动。这个退休工人的话让我开始思考我们国家发生了很大变化。美国呢?美国开始出现了一个新的经济地理词汇"锈带"。在宾夕法尼亚,当年美国第一个航空母舰甲板的钢板是由这里供货的,现在没有生产了——这个巨无霸就"锈"在那了。为什么?日本钢铁工业、韩国钢铁工业、中国钢铁工业起来了,那个成本怎么比?是不是要关门?关门了,工人和工人的后代呢?

美国东北部区域大城市在1954年的工作岗位数量变化,可以形象地说明美国工业"锈带"的产生。在图2中,颜色越深就"锈"得越厉害,全是美国早期工业化的地带——东北部。美国是选票政治,这个地带有人的,活生生的人。我们埋头干活,出口一船又一船,却不知道对那头带来何种影响。

图2 美国"锈带"分布

## 被高速增长围住的中国改革如何突围

所以,从整体看,中国的开放带来了高速增长,这种模式很成功。但成功当中也产生了内部的矛盾,发展不平衡,有些阶层、有些地区更成功一些。另外就是我们把贸易对手"逼到了墙角",当然他还有自己的独到性。

但苹果手机的例子告诉了美国人,他发明再新的东西,制造环节也会转移到中国。智能手机是苹果对人类的贡献,但是制造环节在富士康,就业也不在美国。主要的利润落在了美国公司,可是国家不能完全用资本来支撑,有很多活生生的人要生活,所以发达国家对中国的开放态度开始逆转。起初嫌我们开放不够,龙永图参加入世谈判的时候,每次要答应一个发达国家的开放条件就感受到来自国内的压力——是不是让得太多,把市场出卖给洋人了?后来不知不觉中,发达国家认为我们的开放损害他们利益了。等到他回头开始"咬"了,我们还能有什么选项?继续赶超?对打贸易战?把我们积累起来的力量转向"一带一路"新兴市场?国内进一步加快技术升级?或者重回封闭老路?

这就是今天摆在中国面前的问题,这些问题怎么解决现在还不知道。发生这些问题的背景与前30年的成功是有关系的。中国的成功并不完全是中国人自己努力就获得的,我们确实改变了全球的结构。多年封闭的结果是贫穷,一开放发现穷就是成本低,穷就是竞争力。这个成本低很厉害,发达国家的工厂怎么跟你竞争?这次贸易摩擦,数据公布出来我们才发现,中国出口有2/3是跨国公司在中国的企业出口的,里面很多是组装,关键零部件是人家的,组装以后出口。

但是,从就业层面看发达国家,就要到"锈带"去看看,你才会知道为什么美国的政治发生了逆转,从同情中国人、嫌中国人不够开放,到现在对你的开放害怕了。中国这么开放,不会的可以学、可以模仿,而且中国对知识产权的观念与发达国家还有距离。然后,中国的成本还是低。开放40年,我们的工资涨了一些,但相对美国还有很大优势。事情就麻烦了。

经济学讲成本的曲线一般先降,然后再升。回到国内经济的分析,麻烦在哪里？中国用低成本把发达国家打醒，他们现在站起来要找我们麻烦了。此时中国自己的成本曲线正好是降下来以后又上去。任何一个事情开始阶段都是很开心的，为什么？成本有向下走的机会，提高设计能力、加大生产规模等都可能带来成本下降。但到了最优点以后，所有成本都会上去，为什么？上新的生产线，管理要扩大，难度会增加。而成本达到最优点、利润达到最高点时，竞争对手会来，一赚钱就有人跟，互相挖人，成本一定上去。这是成本的诅咒。

国民经济运转过程中体制的成本更值得关心。解放思想，包产到户，发展民营企业，开放市场，全是体制成本下降。但是，体制成本降了以后也会上升，为什么会升？经济发展了，所以政府、市场等所有的相互关系都在变化。从1995年到2012年中国最高速成长阶段的基本数据看，不调整通货膨胀指数的GDP在这期间涨了8.6倍。大家都说工资涨得很快，其实工资总额涨了8.8倍，略高一点点。涨得快的是什么？税收16.7倍，非税收入18.8倍，法定的社会保障金28倍，最厉害的是政府的土地出让金涨了64倍。

中国在全球靠低成本发展出竞争优势，这口饭吃了几十年。但是，现在全球的经济格局变化了，我管它叫"三明治"。发达国家成本比你高，人工比你贵，但是人家手里有独特性的东西，资本、技术的优势还在发达国家这边。另外，印度开放了，越南也开放了，很多新兴市场国家看到中国的经验也开始搞改革开放，中国的这套经验没有专利。后开放国家比我们更穷，工资更低，所以很多产业往越南、印度转移。美国很多大商场的衣服现在是越南生产的了。中国被夹在中间，成本优势已经不明显了，独特性优势还没有完全建立起来。

"上不着天，下不着地，夹在中间"。所以为什么讲"突围"呢？被什么围住了？中国被自己的成功围住了，被多少年凭低成本优势杀进全球的高速增长围住了。怎么解决这个问题？成本是一定会上去的，唯一能做的事情是，能不能比竞争对手成本管得好一点，降的时候快一点，升的时候慢一点。企业跟企业，地方和地方，国家和国家，成本管理永远是一个基本战略。但光靠成本管理，这个诅咒还会追上你，因为成本曲线的规律没有例外。

所以，为什么讲创新？必须得移动这条成本线。不能说工资高了，土地贵了，税收增加了，我还生产原来的东西，还用原来的方式去生产。你得改进它。所以，这里就分化出两个题目：一个是改革突围，一个是创新突围。

什么叫改革突围？这是一个决定性的变量。如果再不做进一步的体制深化，我们将眼看着40年的改革成果一点点被消融掉，这个社会的福利被按住了，又找不出新的解放生产力、发展生产力的方向。我们是发展起来了，但是未富先奢、未富先腐。看起来是小事，到处讲排场，这里要点钱，那里要点钱，加到一起都是国民经济的负担，最后都落到产业的头上，都是整体的成本。

这些成本不解决，经济就会下去，多少发展中国家的经济有点上升苗头以后就走下坡路都是这么来的。所以要全面深化改革，但是现在难度非常大。20世纪70年代末的改革是在无路可走的情况下发生的，饿肚子了，你改不改？现在没有这些情况了。过去叫开放促改革。现在发达国家带头保守往回走，要增加贸易税，封锁市场。开放促改革有很大难度。

所以，中国下一步改革越来越要依靠内生的力量。国务院常务会议在讨论进一步减税降费。现在中国的法定社保缴得比发达国家还高，企业怎么受得了？但社保不缴那么多，将来工人退休怎么办？这是一个矛盾。可能的解决办法是把国有企业划到社保基金去，用国有企业的利润充社保，把企业缴纳社保的费用降下来。中国许多企业的做法是不管政府规定多少，我不缴，但不缴有风险，一查就是问题。中国企业一上市得补多少年的税？

还要破垄断。中国的电费比发达国家还贵，有道理吗？中国制造业现在有到美国去布厂的，土地比国内便宜，电价也非常便宜，算起来1度电不到0.1元人民币，中国在哪里也没这个价。为什么？这个领域有很强的垄断。电话费、油价，都是国民经济运行的成本。这些领域的问题，很大程度是政府行为。但是，中国不进一步在这些领域把体制成本降下来，就很难有国民经济的未来。

## 创新突围：从市场出发和从原理出发

对在企业工作的人来讲，非常重要的是创新突围。为什么要创新？因为成本曲线不可逆转地要上升，没有创新就对付不了成本的诅咒。约瑟夫·熊彼特当年讲五种创新的途径,要么是引入新的产品或者改变已有产品的质量,要么用新方法来生产,要么开辟新市场,要么夺取原料和半成品新的来源,还有商业模式的变化。在中国,创新的口号一直是响彻云霄的,但在今天,我们必须认识到创新重要,而且创新也不一定会发生。下一步我们来讨论一下创新所面临的问题。

我 2016 年去腾讯交流时就讲过图 3。创新要有原理,原理要有应用技术、关键技术、辅助技术,再生成产品,这个产品打出一片市场来,这都叫创新。创新有两种路径:第一种是上行的创新路线,从市场出发,看到有消费者潜在需要的东西,就去开发产品,产品开发不出来找技术,技术攻不下来找科学院、找院士,看通过什么原理解决。这是一条路径,也是我们到目前为止主打的路线。第二条路线,我认为对未来的创新更重要,是从原理出发,从摸索自然规律出发,看看这个原理有没有新的技术支撑,技术能不能整合成产品,产品能不能跟消费者的需求结合。

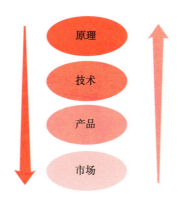

图 3　创新的原理

吉列刮胡刀的发明过程非常有意思。欧洲的产品有一个特点,讲究品质,但是只服务于少数人,这是欧洲的传统。早年的刮胡刀是一体型的,用很好的钢材制作,非常贵,还不能自己刮,得有一个仆人。

美国企业家怎么做?怎么通过创新把产品变成美国的主流产品?领军人物就是吉列先生。他本来是做食品行业的,他把食品行业里的一次性概念引入了刮胡刀的设计,把这把刀分离成两部分:一个刀把,一个刀片。通过分离,刀片变成一次性的,既然是一次性的,它就不用像整体性的刮胡刀一样需要那么好的钢,所以制造成本大幅下降。这对工薪阶层很实用。工薪阶层每星期都有收入,每次拿几分钱买刀片就可以满足刮脸的需求。这是从美国新兴工业化的消费者特点出发产生的创新。

美国这个新兴市场国家,通过创新开发了很大的市场,这里还有定价中的商业模式创新。刀把是零利润,刀片单价很低但经常更换,细水长流,利润很高,这是吉列的盈利模式。后来,丰田车打进美国市场也是这样的策略,整车便宜,零部件很贵,厂家从零部件交易中获取利润。这个策略被广泛应用于商业世界。吉列的创新是从市场特征出发,然后对欧洲的产品进行某种改变,结果大规模扩大了市场。福特也是如此。让工人都买得起车,这是福特的愿景,福特参观屠宰场受到启发,发明了流水线,从此整车可以拆解为零部件组装。把工业消费品从欧洲少数人的享受变成大批量生产,从市场出发,从需求出发,让产品去满足需求,这是福特的贡献。

下一个创新我们也很熟悉,苹果,这是对现代工业有重大影响的一个创新。东西越来越多,最后多就成了负担,人怎么需要这么多东西呢?把很多功能结合到一起,简化。据说这是乔布斯在印度得到的美学冲击。对中国企业家来说这是非常重要的观念。因为中国的房价越来越贵了,空间成本非常高,东西放哪去?这都是从市场角度出发想问题。

麦当劳是商业模式革命,发明了统一的制作方式。这些例子都是从市场出发,节约制造成本,节约交易费用,扩大市场前景,扩大市场应用,把欧洲少数人享用的东西变成大众消费品。无论汽车还是手机,都是美国企业家对人类的贡献。

但是,美国在工业化过程当中同时尝试从原理出发创新。比如,原子弹不是从市场里来的,完全是科学家研究自然界得出的结论。问题是这个能量怎么开发出来?最早是科学家的猜测,论文写出来后,才有人说能不能做实验去检验。第一个原子反应堆是墨索里尼在意大利建的,希特勒也上手做原子反应堆。逃亡美国的犹太科学家,以爱因斯坦为首,游说罗斯福做原子弹。因为爱因斯坦名声大,罗斯福就拨了一点钱,珍珠港事件之后才正式立项"曼哈顿计划"。

从原理出发,变成产品,最后改变人类历史,这是另一条创新的路线,直到今天中国仍然缺少这样的创新。而这条创新路线不光让美国国力强大，也让美国的科学能力就此整体超越德国。

美国的创新能力是围绕大学发展的，不是工业区，更不是那些"锈带"的工厂。美国今天最厉害的生产力是围着"头脑"、围着研究原理的单位、实验室、科学家、大学。它的形态非常有意思，无论是硅谷、麻省理工学院，还有美国二十八九个地区级的研发中心，大学周围都有很多新兴公司、投资机构、律师事务所、军队的采购单位、军队的研发机构，打成一片，浓缩在一个不大的地方。它主要解决的问题不是从市场去研究将来需要开发什么，不是从问卷里问你还有什么东西没有被满足，而是科学家研究自然界的原理，让原理能落地，最后变成产品，产品再打进市场。

我们现在还是在跟随。3D 打印热，我们每个县都有 3D 打印，实际解决什么问题不大清楚。现在全中国，无论是中央政府、地方政府，还是各种公司都搞 AI。AI 其实最早源自 1950 年美国科学家之间的讨论，图灵邀请了六个跨学科的人讨论机器人会不会思考。这个问题根本看不到有什么前景。但是根据原理的猜测做实验，"动脑又动手"。斯坦福大学的校训是"让自由之风劲吹"，往一切方向去探索。这个口号听起来很简单，实际不然。"动脑又动手"，现在越理解越深，动手动到一定程度会动不下去，不动手光动脑子也动不下去。从原理里面去找到未来创新的方向，对于我们是一个新课题。

再来看德国工业。真正的冲击不在所谓的"工业 4.0"，而是德国曾经站在科学的最顶峰。从德国人对莱布尼茨的尊重你才知道什么叫国家重视科学、尊重人才。这个天才活到 70 岁，从早到晚就是各种各样的想法。三百多年前，莱布尼茨研发了计算器，可以用机械的办法做加减乘除。为什么莱布尼茨花两年时间研究这个问题？他说人类不应该从事这些简单、重复、乏味的工作，应该让机器去做。这是科学活动本源性的人文基础。人从事创造性的活动，这些活动永远不会有边界。德国对生产的贡献不是工匠精神，是科学原理性的发现怎么对创新、对降低成本曲线有帮助。

以色列，这个在《圣经》里流淌着奶和蜜的地方，在沙漠里开发出了非常好的农业，全部是人造的。以色列大概一半国土都是沙漠，面积比北京还小，其中 1/3 的面积年降雨量 50 毫米，根本不适合人类居住。以色列就是靠知识，用滴灌改良土壤，把海水淡化。中国有五千年农业文明，但现在要购买以色列的农业技术，滴灌、土壤改造技术、种子技术、大棚技术等都是从以色列买的。原理是最高生产力。在以色列特拉维夫这么狭长的地方，创新高度密集，有七八千家创业企业。

以色列解决了很多关键的技术难题，比如芯片的存储量翻倍，热量也在翻倍，而手机里没有风扇如何散热？这个问题是英特尔以色列研发中心攻关解决的。我们做大数据检索，一个词没打出来就知道你最大的可能性要查什么，这个技术是谷歌的特拉维夫研发中心解决的。以色列1948年成立，800万人，7000多家公司，人均GDP3.5万美元；中国1949年成立，现在人均GDP是9000美元。当然，我们历史长久、包袱重，但以色列给了我们很大的启发——不是靠资源，是靠想法，然后从原理出发找到关键技术，开发出全新的产品。

为什么以色列这么厉害？答案是重视教育。以色列人的重视跟我们不一样。首先学习方式不一样，孩子从5岁开始就两三个人一组讨论式地学习——争吵、提问题、应对挑战。老师、家长、拉比、圣经、上帝，都可以问，这是以色列人最厉害的地方，我们对探索未知没有那么重视。诺贝尔化学奖得主阿龙·切哈诺沃（Aaron Ciechanover）演讲时谈到妈妈教给了他一辈子的思想方法、人生和学问的态度。妈妈说，走进一条河流，你可以顺着走，也可以逆着走，你要永远逆水走，挑难走的路走。

中国曾经讨论全国产能过剩，产能过剩的思想根源就是"抄"。这是我们国内很大的问题。容易的事情大家都要做，反而难做成；相反，难的事情做的人少，也许容易做成。

成本优势逐步丧失以后，下一步怎么发展？《被误读的创新》的作者凯文·阿什顿（Kevin Ashton）说，不要认为神才可以做创新工作，所有人动脑子都有机会。为什么把公司放在大学周围？学者们有无数想法，可能最后会变成新产品，对冲那条最后总要升上来的成本曲线。

所以，从市场往上打，从原理往下打，哪条路线都可以。中国总体来看是从市场、从应用打的占绝大多数。但是，发展到这一步，逐步开始有一些地方，要从原理往下打，因为那样才能有原创。

## 未来要迈的四个台阶

我们在这个问题上再往前走,有一个很重的历史包袱要解决,即"李约瑟之谜"。中国很多领域都曾经领先,为什么到了科学革命的门口最后一脚不踢?进去了就是科学革命,就是文艺复兴。他最后有一个猜测,中国搞科举,所有聪明头脑都在猜皇帝会出什么题目,标准答案是什么,写一篇讨巧的文章去做官,对自然界有意思的东西就没有倾注这么大的注意。这是我们的历史包袱。

另一个包袱是赶超思维。欧洲文艺复兴、科学革命,最厉害的是解放头脑,解放对整个自然界的认知能力。我们在这时落后了,落后就挨打,然后就赶超。赶超思维带来的后果是要盯住一个看得见、摸得着的东西。

"两弹一星"大家都引以为豪,但这不是原创,是"曼哈顿计划"的结果,已经在广岛炸过了。到今天为止,我们所有的创新很大程度都有这个特征。国人以高铁为自豪,但高铁原创的想法是谁的?我们叫组合式创新,这里拿一点,那里拿一点,捏到一起,虽然也比没有强,但是不够。

我们是很重视教育,但我们的教育为什么叫应试教育?应试教育就是有标准答案,看谁离答案近。这样能发现新东西吗?掌握已知,我们没有问题;探索未知,兴趣不足,能力更不足。这要有一个氛围。这就是为什么美国的湾区要有这么多厉害的人凑到一起,要高密度地互动。你要么成本领先,要么与众不同。中国的成本已经不领先了。我们可以努力控制成本,但只要经济发展,人均所得总要提高,成本就得提高。经济发展越往中高收入走,越要靠与众不同。

美国有一个通向天空的小镇,在沙漠边上。有一批工程师、管理人员在那里待了很多年了,要做一个可以发往火星的发动机。能不能做成不知道,但是这股劲儿让人佩服。什么氛围可以让一批人在这个半沙漠地带很多年就干一个前景不知如何的事情?某种程度这是美国综合国力的组成部分。中国下一步发展,心思要放在创新突围上,要把创新放到更加突出的位置上来。

再说什么叫新台阶。第一个台阶是品质台阶,中国今天的速度增长没问题,总量没问题,我们有几百种产品占世界第一位。但是品质有问题,第一步还不是新,是怎么把东西做好。因为出口导向,国内起步很穷,国内买不起,要求也不高,好东西先出口。日本企业的好东西是先给国内,中国多少年来出口,留下尾货卖给国人,叫"外贸尾单"。这样就导致国内的产品品质总的来说很差。

小米做的市场分析说,现在国内不是没有好东西,是非常贵,比欧美还贵,而便宜的东西非常差,是"非贵即差"。雷军为什么要把性价比放在一起?"非贵即差"对应的就是要做性价比。你做的东西要对得起买家。我很认可他整个团队的这股劲。小米有一款产品是电插板,没什么科技含量,但是市场极其庞大。过去中国的电插板质量很差,有人曾因为电插板漏电被电死。日本、德国的电插板里面都是一块整铜,有工艺美术设计,很合理。小米带头一搅,现在主流的电插板企业全开始反应。

什么因素妨碍了把品质做好?这是一个很大的市场难题。中国主流市场是认价格便宜的。价格怎么便宜?杀价杀到最后就是偷工减料,找替代品,看上去是一个东西,一用就出问题。对低收入人群更不公道。在这种市场结构下,以低价取胜,消费者、经销商也普遍对价格敏感,这种情况下你要做好产品,品质竞争怎么跟价格竞争打?这是我们最近研究的一个问题,现在还没有结论。

第二个台阶是人们的时间越来越贵,时间的机会成本越来越高。人们现在有点工夫就要去购物,便利便利再便利。这个领域是制造和服务结合的大题目。比如佛山有一家企业,生产煤气灶、锅、油烟机,都是过剩产能。有一家东方麦田工业设计公司对这个产品下了功夫,连续5年横跨10个省的30个城市,发了1万份问卷,入户访谈2 000户,200户每户拍半小时的视频,拍家庭主妇炒菜,研究痛点在哪里。调查完研究改进对策,一个蓝牙技术的改进增加了十几亿的销售。

第三个台阶是中国的市场正在发生变化,消费升级是真的,因为收入增加,所有参数都在变化。这个变化当中提出很多新的要求。所以,在中国千万别认为过剩产能没市场做了,有的是市场,取决于你怎么看。在我近两年考察过的企业和产品中,西贝莜面村、海天酱油、"刘强东的跑步鸡"、李嘉诚投资的人造肉,都是在传统的市场里寻找新的消费升级之路。在奥斯汀,汉堡王已经有一款用人造肉做的汉堡,非常好吃。

第四个台阶是供给变革。比如,中山大学的一个教授研发了可降解的塑料,放到水里就没了。南海一家生产塑料模具公司正在跟教授合伙组织公司。当然还有刘自鸿的柔性显示材料,先有论文,再有关键技术,再有产品,再打开市场。深圳好几家公司都有这个特征,这是中国下一步创新非常重要的方向。

由此带来一个新的趋势——结盟。美国怎么解决"锈带"?它把"锈带"变成"脑带",就是跟宾夕法尼亚当地的大学、实验室、研究机构结盟,开发出新的产业、新的产品,形态与硅谷、麻省理工学院类似。美国各地都开始冒出这样的产业带。围绕着奥斯汀校区有几千家公司,他们管自己叫"硅山"。

## 抉择和行为决定未来

关于创新突围,我有几点感悟。创新不是喊口号喊出来的,创新的分布极不平衡,也不一定是人口的函数。人口多不一定点子多,它到底落在哪里是一个极其复杂的、多元素凑齐的过程。从形形色色的想法、点子、猜测,然后到发现原理、发明技术、制造成产品,形成产业,要一连串条件凑齐才能成事。原创的想法、支撑的技术、知识产权保护、融资、科学家、发明家、工匠、企业家、各类投资人、商人等,一个都不能少。

最优的创新载体既不是超大公司,也不是单个人,而是群,就是想法相同、理念相同,自发性、凝聚性极高的群,可大可小,重要的是高频互动。想法不是天才在冥冥当中冒出来的,从希腊开始就是厉害的头脑互相对话出来的,所以一个关键是密度,另一个关键是浓度,离开这两个条件很难。

我们研究了上述所谓创新的集聚点,非常重要的就是要有一个"万向节",为什么斯坦福在这件事情上走到前面了?什么是节点呢?当年斯坦福大学工程学院的院长弗里德里克·特曼(Frederick Terman)能同时跟很多人打交道,同时让很多人信任他,他跟很多不同的人有共同语言,尤其能跟军方对话。旧金山当年是太平洋舰队的基地,太平洋舰队对通信有非常高的需求,这是硅谷兴起非常重要的力量。他与很多有艺术感的创新人员能够沟通,跟银行沟通,跟投资人沟通,跟律师沟通,这些是形成创新的集合、凑成创新基地最重要的条件。要经历一场组织创新,然后才可以把原理、人类对自然界好奇驱动的认知变成经济活动源源不断的源泉。

在已有的里面组合永远有机会,问题是"追兵"总是多,从原理出发才有原创性的东西产生。我们要对运用新原理产生的创新引起高度的重视。中国有几千家大学,有很多国家研究所,发表的论文,培养的博士、工程人员,数量上在全球都排在前列,问题是下一步的发力。

大湾区是非常有希望的地方。"全球创新指数"发布,这个指数显示,全球创新密度最高的是东京、大阪,其次是深圳、香港,再其次是硅谷。这个统计里没有计算专利的级别,仅从专利数量上看,深圳、香港这一带,就是现在讲的大湾区很有希望。问题是我们要从创新上突围,把突围的水平再提高,从底下往上打还要继续,但应该有一些公司、有一些领域从原理出发、从上往下打。

总结起来,中国的经济走势脉络总体是很清楚的,我们从贫穷的现状出发,最成功的就是利用了全球化,利用了开放,引进资本、引进技术,结合我们又能干、收入又低的人口,完成了一场中国经济的革命。现在新的问题是成本曲线调头向上,国内有国内的问题,体制成本重新上升,市场成本急剧上升。特朗普这么一闹,中国将来的进出口成本也会上升。下一步的出路就是两件事:改革突围、创新突围。

具体要迈的台阶有四个。第一个是品质。我们的品质路线要不反省,不光对不起消费者,关键还对不起环境,我们的工业垃圾太多了,这是不可持续的。我们的高速增长是成就,但是里面隐含问题,东西坏得快。品质好一点,我们的增速就不需要那么高,实际上人民的福利程度也不会低。第二个时间变贵了,要让事情变得更便利,苹果征服人类很大程度就是便利。第三个是消费升级,审时度势跟着走。第四个是整个供给系统面临变革。

至于大家关心的将来会怎么样,将来的走势不确定,将来不取决于经济学家讲了什么,取决于你乐观还是悲观。将来不是"观"出来的,将来是"做"出来的,抉择和行为决定未来。

# 宏观调控谋稳定 改革突破上台阶[①]

卢　锋

　　改革开放时期我国经济成长取得举世瞩目的成就,然而过往四十年接近两位数的年均增速并非以线性平稳方式得到,而是通过景气繁荣与减速衰退的周期涨落实现。按照某种周期划分方法,四十年间我国宏观经济运行经历了四次下行调整与三次景气扩张,大体构成三个半完整周期。目前经济运行保持稳中有进态势,然而从大的周期转换背景看,处于最近一轮较长下行调整期的底部。

　　回顾四十年发展历程,两方面相互配合的力量和机制,对中国经济成长奇迹的实现,发挥了基本性的保障和促成作用。

## 宏观调控谋稳定

　　一是"宏观调控谋稳定",就是决策层因应特定时点和短期阶段的经济形势特点相机抉择进行调控:在宏观经济出现过热通胀时紧缩调控,在经济面临疲软衰退压力时提振、扩大需求。伴随相关实践的深化和经验的积累,决策层提出宏观调控理论性命题,并逐步建构和加强宏观调控政策架构。从过去几十年转型期具体情况看,这种逆周期宏观政策对过热通胀的治理

---

[①] 本文根据卢锋 2018 年 12 月 15 日在北京大学国家发展研究院"第三届国家发展论坛"上的演讲整理。

调控尤其突出。

例如,粉碎"四人帮"后国民经济出现快速增长形势,然而政策扩张过度导致国民经济宏观失衡。1979年,决策层转而接受国民经济"调整、改革、巩固、提高"方针,实施明显带有宏观紧缩含义的调控政策。随着八字方针实施,1981年经济增速下滑到5.2%,以此为代价宏观失衡因素得到阶段性化解。

到20世纪80年代中期,学界和决策层有关宏观经济和政策取向意见出现分歧。当时,有关货币、金融、宏观数据的统计和分析手段还处于初步发展阶段,人们对如何看待转型期通胀经验不足,导致特定阶段治理通胀政策的力度和果断性不够,甚至一度出现某种程度的犹豫和反复。1988年夏秋季爆发的抢购挤兑风潮提示危机风险,决策层不得不采用代价更大的强势措施控制局面。

在总结20世纪80年代实践经验教训的基础上,90年代学界和决策层的宏观调控自觉性显著提升。针对90年代初宏观经济再次增长过热、消费物价指数涨幅一度上冲到超过20%的严重通胀形势,决策层果断实施组合紧缩政策,同时在调控方式上注意避免"一刀切",最终取得宏观经济阶段性"软着陆"成果。21世纪初年开放经济扩张再次引入通胀压力,2007年下半年和2010年年底再次实施紧缩宏观调控。

逆周期宏观调控自然也包含在经济不景气时实施积极扩张政策。不过由于种种原因,我国改革开放时代比较自觉和成系统地实施扩张性宏观调控政策,要延后到在20世纪90年代末才开始。2008年年底推出四万亿一揽子刺激措施,是迄今为止最大力度的扩张宏观调控政策。近年的稳增长取向政策也具有积极宏观调控含义。

总体来看,虽然中国特色宽泛化的宏观调控在如何与市场规则更好兼容方面仍存在需要反思改进的问题,改革时期宏观调控政策的提出和推进构成了经济体制转型的重要内容,对确保在经济起飞阶段把宏观经济波动限制在可控有序范围发挥了不可或缺的积极作用。

## 改革突破上台阶

二是"改革突破上台阶",就是坚持问题导向,根据哪儿短缺改哪儿、哪儿扭曲改哪儿的务实方针,在经济下行调整阶段针对特定时期束缚经济增长的体制障碍实施市场化取向改革,或者为更充分发挥上一轮景气扩张阶段引入的重大改革政策持续发力创造现实条件,通过改革创新阶段性提升供给侧潜在增长能力,推动宏观经济运行进入新一轮内生较快增长的景气扩张阶段。如果说宏观调控的主要贡献是保持宏观经济稳定,那么市场化取向改革创新则为经济成长迈上新台阶提供动力。

这个规律性现象在改革初期就以始料未及的方式凸显出来。按照1980年年底决策层的计划安排,本来国民经济调整从1981年开始还要持续实施三年,因而高层把1981年的工业增速目标下调到3%,"六五"(1981—1985年)期间年均增速目标被压到"保四争五"较低水平。不过实际形势发展与预期反差较大:随着宏观失衡因素基本化解后,当时大力推进的解放思想、包产到户、特区探索、个体经济等改革开放系统破冰举措组合发力,潜在增长率爆发性提升,1982年后展开势不可挡的景气高增长,计划经济时代难以解决的国民贫困和吃饱饭问题很快展现出现实解决途径。

90年代前中期第二次思想解放和确立市场经济体制的系统改革突破,加上80年代后期改革开放重大举措效果进一步释放,成功推动企业制度和市场体制建设取得实质性进展。新一轮大规模城市化浪潮推进产业与技术结构提升,伴随宏观经济出现1991—1995年新一轮内生景气增长,使得十亿多国民低水平温饱问题得以普遍解决,沿海发达地区和大中城市居民生活开始快速奔小康。

世纪之交决策层以"三个代表"理论突破作为意识形态支持,在宏观经济第一次面临通货紧缩的不景气时期,以极大勇气力推国企、金融、住房关键领域改革突破,并通过设计与实施入世战略实现对外开放新突破。"三突破"体制创新为新一轮宏观景气到来奠定基础,21世纪头十年开放型经济内生高增长,伴随人民币汇率实际升值趋势展开和全球竞争力大幅提升,推动中国经济快速迈上"中等偏上收入"新台阶。

21世纪初年经济高速扩张也积累了宏观失衡因素,2010年年底推出大规模刺激后宏观周期调整规律再次发挥作用,此后经济经历较长调整期,目前仍处于最近一轮调整期低谷。以过往40年作为时间观察窗口,本轮调整期"宏观调控谋稳定"举措成效比较彰显,"改革突破上台阶"效应仍有待充分释放。

就"宏观调控谋稳定"而言,党的十八大以后提出"三期叠加"和"新常态"形势判断,大力实施供给侧结构性改革政策。适应潜在经济增速回落形势,适度调低增长预期,通过去产能、去库存、去杠杆等措施主动对经济失衡因素进行调整,同时实施积极财政和投资政策,把经济运行稳定在中高速水平。在潜在增速回落、结构深度转变、化解刺激失衡等多重因素叠加的复杂形势下,通过实施适当宏观调控政策保证调整期经济大体平稳,显示宏观调控能力提升。

在"改革突破上台阶"方面,决策层一直明确坚持改革开放方针,21世纪初年尤其在建立社保体制和完善民生体制改革方面取得重大进展,在金融等领域的市场化改革方面也取得重要进展。十八大后高层更加重视推进改革,十八届三中、四中全会决定描绘经济体制与法治改革蓝图,产生了振奋人心的效果。2013年12月中央全面深化改革领导小组成立,到2017年10月已召开38次会议,审议200多个相关文件,破解了经济、社会、国防诸多领域的改革难题。然而,由于一段时期内需要深化改革的领域较多、阻力和欠账较多,关键领域改革仍有待进一步突破。

围绕贯彻落实十八届三中全会改革决定,结合我国体制转型和经济发展现实,近年学界对新时期现实必要改革议题提出了大量讨论意见和建议。例如,改革行政垄断供地体制,降低地价房价、有序释放相关领域增长潜力;调整税制,降低企业税负和宏观税负以拓宽民间经济发展空间;加快改革户口管制和城市规划体制以促进城市集聚效应,更好地推动经济增长;深化改革,赋予民企体制性平等地位,更充分激发经济活力;进一步解放思想,改进完善意识形态与改革开放实践个别不相适应的因素,等等,都可能对经济长期发展产生显著积极影响。

2018年最引人注目的改革议题,可能是如何进一步赋予民营企业体制性平等地位问题。改革前民营经济近于零,目前在国民经济中占据"五六七八九"地位。40年的发展经验显示,稳定靠国企,增量主要靠民企;托底靠国企,创新主要靠民企。实事求是,解放思想,冲破"一大二公""姓资姓社"等传统意识形态束缚,给民营企业挣得合法空间,是实现改革开放后经济发展奇迹的重要驱动和保障力量。目前,对民企在法律、体制、政策上仍有系统性区别待遇,有必要继续坚持"三个有利于"标准,进一步解放思想,深化改革,赋予民营企业体制性平等地位。

首先要加快落实民企市场准入平等地位。这是讲了很多年的问题,近年也出台了不少改进政策,然而现实情况与市场准入平等地位仍有较大差距。例如,观察近年国企与民企利润来源的行业部门分布可以发现一个耐人寻味的现象,就是国企利润贡献最大的前六个部门(2015年提供国企整体85%以上利润),与民企创造利润最大的前六个部门(利润贡献率为43%),二者之间没有一个交集。这从一个侧面显示现实经济生活中,民企仍面临相当程度的市场准入壁垒,同时也提示新时期国企经营状况好转虽得益于国企改革成功及其治理结构改进,然而相当程度上仍依赖于垄断和半垄断体制及政策保护作用。

其次要在法治基础上提升,保护民营经济产权有效性。有恒产者有恒心,无恒产者无恒心,完善产权保护对矫正并稳定社会预期并激发增长活力具有重要作用。改革开放阶段性成功的重要原因之一,就是协同推进产权制度改革和市场化改革。然而一段时期内,民营经济发展环境出现某些不利变化,一些地方民企面临选择性执法、乱摊派、强要捐赠和翻几十年前历史旧账等多方面风险,少数地方甚至出现公权力剥夺民营企业财产的案例。产权保护不完善影响长期预期,我国民间投资增速从2011年的34%降到2016年的低谷3.2%。针对这一形势,中央2016年出台了《关于完善产权保护制度依法保护产权的意见》,从十个方面提出具体改革措施,随后最高法院也发布相关法律实施意见,这些举措具有重要的积极意义。然而,在转型期尊重和保护产权是一项长期艰巨任务,让中央完善保护民营经济产权的方针政策真正落地仍需持久努力。

再次需探讨如何通过特定程序赋予民营经济平等法律地位。我国的民营经济从早年被看作"阶级异己力量",到改革初期被接受为社会主义经济"必要补充",后来进一步被肯定为"重要组成部分",其体制地位发生巨大变化,推动了改革开放时代的经济社会发展。然而,依据我国目前的法律框架,民营经济与国有经济比较仍有明显不同的待遇:国有经济是国民经济主导力量,国家"巩固和发展"国有经济;民营经济受到"鼓励、支持和引导",同时接受"监督和管理"。应肯定现行民企和民营经济地位的法律表述代表了历史进步,然而从完善现代市场经济体系和现代治理体系需要看,依据企业所有制类型决定政策方针的取向是否适当仍需反思改进。笔者认为,需进一步超越企业所有制属于制度本质的认识,依据所有制中性立场赋予民营经济平等法律地位,最终把两个毫不动摇调整提升为一个毫不动摇:毫不动摇地保护中国企业产权,支持中国企业创新发展。

最后需进一步解放思想,改进完善现行意识形态与改革开放实践要求不相适应的因素。意识形态是制度性交易成本的重要内容,邓小平中国特色社会主义理论的重要贡献之一是解放思想,突破传统意识形态的某些重要命题,否则在"阶级斗争和无产阶级专政"为核心的革命意识形态束缚下,不可能有40年的经济探索与社会发展成就。然而,与时俱进地继续完善意识形态仍具有重要现实意义。例如,近年出现一些新现象,就是一篇主张消灭私有制的学者文章,甚或一篇提出民营经济应退场的网络短文,就能在社会上引发议论纷纷和轩然大波,影响之大以至于需要高层出面澄清以正视听。出现这些看似奇怪的现象,不是因为这些引发争议的文字本身有什么高明之处,而是我们转型期的意识形态仍有个别不适应改革开放实践深入推进的内容,这些因素通过意识形态特有的"场域"效应影响社会心理,导致个别舆情甚至一点网络噪声也能产生超级放大的怪异效果。这从反面显示,进一步改进完善主流意识形态中个别不适应改革开放实践的因素,是推进我国改革创新和走向现代化面临的亟待回应的挑战性任务之一。

我想讲的基本意思是,对我国改革开放时代经济奇迹般的成长,或许可以从"宏观调控谋稳定、改革突破上台阶"两个视角加以探讨认识。从这个规律性现象观察,目前我国宏观经济处在改革时代第四轮下行调整期的低谷，也是历史上最长下行调整期的低谷。从"改革突破上台阶"规律看，目前短期的经济困难形势客观上蕴含着重要现实发展机遇。我们如果能在减税降负、农地流转、户口管制、城市化规划、民企待遇等问题上果断推进改革，并与扩大开放政策组合发力，定能推动中国经济迎来新景气和迈上新台阶。这无疑将有利于实现党的十九大提出的现代化目标，也将为我国应对外部环境变化赢得更大主动与更大胜算。

# 企业家亟须的数字化理解与反思[①]

陈春花

## 你的企业数字化嵌入有多少？

数字化已经深深融入各个行业当中，这已经是今天的时代背景。你会发现，整个数字化嵌入的速度比我们想象的来得快，数字化嵌入的比例也比我们想象的高。

如果拿两个企业做比较，你可能就理解了这个变化的影响有多大，那就是柯达和富士胶卷。我们都知道，柯达在光学感光胶片行业一直是世界第一，富士胶片这一点没有柯达强。但2000年出现一个变化：这两家企业放在新技术和数字产品上的比重不一样，柯达的数字化产品比例只有20%，而富士胶片的数字化比例已经达到60%。到2012年，柯达宣布申请破产，富士的市值则已经到120多亿美元。十年时间，它们境遇转换的原因是什么？就是十年前的数字化投入不同。

所以对于数字化及其变化，我第一想问的就是：你对数字化的嵌入做了多少？

我带领的团队在跟金蝶做一个连续三年的项目，看互联网移动技术和数字技术对每个企业在财务方面的影响到底有多大。这个联合研究项目已经进行了一年半，我们发现，从财务的视角来看，数字化转型的重要性不断

---

[①] 本文根据陈春花教授2019年9月1日在中国500强榜单发布论坛上的主题演讲整理。

提高,而且速度越来越快。如果你没有能力去理解这个概念,也许从资金效率上,你已经跟不上。

数字化对日常生活的影响也比我们的想象更快。比如说,你们现在吃的东西可能其实是机器和数字帮你选的。本来你已经想好了要吃什么,但当你打开大众点评看到它给你的推荐时,你可能就会放弃原来的计划,接受大众点评的推荐。更重要的是,你接受之后发现没有任何问题,这个推荐非常可靠,之后你就产生了依赖。整个数字化和智能化已经深刻地影响到我们生活当中的每一个领域,我们也已经开始接受数字化给我们推荐的选择。

## 数字化根本改变的是什么?

通过世界银行的报告,我们看到沃尔玛拥有分布于 28 个国家的 11 000 多家店;再看淘宝,分布在 200 个国家,有 900 万家店。今天在数字化概念下,很多增长逻辑和成长方式已完全变化。抛开企业不谈,相信各位从不同的角度都已经感受到很多真实发生的数字化生活场景。这些成长性非常高的公司之所以取得这样的成长,背后的逻辑和变化是什么?

第一,这些公司确实跟技术融合在一起。今天的技术迭代速度比我们想象的要快很多。技术让一切变得有可能。迭代的速度需要我们不断地跟上去,需要我们有非常好的了解。

第二,今天非常普遍的是跨界颠覆。从来不做这个行业的人现在来做,这就与你原来理解的行业边界完全不同。以前,全球最大的零售连锁店叫沃尔玛,可是今天在零售方面最代表未来、成长性最高的是亚马逊。但你很难说亚马逊是个零售公司,也许你必须说它是一个智能公司。今天讨论出租汽车的时候,我们看到的是一套出行软件,而不再是简单的汽车。餐饮业也同样以完全不同的方式做了组合和调整。所以,数字技术正不断带来跨界颠覆。看任何一个行业、任何一个企业,都不能用原来的方式,必须重新定义。

第三,强强联盟的生态网络。对于那些非常领先和强大的公司,你很难说它们具体在哪个领域里,它们是在非常广泛的领域拥有强连接能力和协同优势。所以它们进入任何一个领域的方式都跟原来不太一样。我常说，如果你只知道对手是谁，你可能将被淘汰。如果你知道跟谁合作，你可能机会更多。所以关键要看你跟谁合作，而不是看你比谁更强。

第四，企业和行业的边界被调整，原因是顾客的需求在变，必须根据顾客需求做变革。以前，你只要能提供好的产品，就可以在市场上存活下来。那时最根本性的是生产变革，即我们怎么用最低的成本、最高的效率把产品生产出来，满足更多人的需求。但接下来，我们发现消费在变，顾客本身提出了个性化需求，需要你能满足他们的新需求。这就走到了第二个阶段，叫作消费变革。这个时间其实很长，比如计算机行业的直接定制模式是戴尔，汽车行业有丰田提出精益制造，它们推进了制造业和消费的改变。

数字化时代，你不仅仅要满足顾客的消费需求改变，更重要的是，顾客要求参与创造和体验，希望完全跟整个生产过程组合在一起。这种情况下，对你的要求不再是生产变革和消费变革，而是要求你有能力做协同变革。

今天，非常多的企业在谈平台效应，谈生态网和价值网，怎么去做一个生态网或价值网呢？当顾客价值和员工价值总体组合时，协同效益将变得更大，企业就有新的成长机会。所以企业只有去做彻底的变革，为满足顾客需求去做边界突破及融合，才跟得上时代。

第五，人也发生变化。我们有一张20家明星互联网公司的2016年人才迁徙图，结果发现人才在各种公司之间跑来跑去。这种现象的原因我用一句话解释是"个体价值的崛起"。我在很多场合向第一代企业家问过一个问题："如果一个员工说，我在你这里工作两年，然后我辞职出去玩三年，三年后我再回来，你还收不收我？"第一代企业家都说不。我就笑笑说："那你就招不到年轻人。"未来的年轻人可能不仅仅是从这个公司往那个公司跳，甚至可能是工作一段，休息一段，然后再工作一段。人变，其实是最大的变化。

## 如何认知数字化时代？

康德哲学经常启发我们去思考认识世界的三个问题：你可以认识什么？你应该做什么？你可以期望什么？最后，康德又加了一个问题：人到底是什么？我把这套认知工具运用在理解数字化核心产业当中。

2012年,互联网技术正式带来真正的消费革命,带来线上的繁荣,以及彻底的对传统行业的不断冲击和挑战,数字化由此成为我们几乎所有人非常时髦的观点和概念。

可是,根据我从2012年开始对20多家企业的持续跟踪研究,我发现大家对数字化的理解并不完全到位。

数字化概念的核心是速度和时间,不再是我们从前看重的资源和能力。整个工业时代,我们很多时候要考虑资源、核心竞争力。但在数字化时代,不是从资源看,也不是从能力看,而是从变化和变化的速度看。数字化时代和工业时代最根本的区别,就是关于时间的理解变了。我们看时间,不能从过去看未来,而是先看你现在的地点,再看你可能变化的速度,以及今后的加速度。

农业时代最关注的是什么？是你能不能在自然当中活着。所以,农业时代的时间概念是用来证明你活着这件事情,它是一个永恒,只要活着,你就是存在的。整个农业时代当中任何物种、任何产业的安排,其实都是一个自然的状态。

工业时代最重要的是效率,能不能用更高的效率去产出更多,所以最关注的是规模跟成本的关系。如果想在工业时代成功,就要用最少的时间得到最多的产出,实现最大的规模。所以那个时候,时间就是效率,效率就是金钱。

信息时代最重要的是什么？是附加价值在哪里。同样生产一瓶水,它的附加价值是什么？它对我们今天生活的意义是什么？不再是说单位时间产出最多,效率最高就最值钱,而是说当下给人的生活和意义带来的价值是什么？附加值多高？这些才是最重要的东西。

这三个变化体现在产业概念当中,就是保持竞争优势的时间变短。如果你曾经非常强大,却不能往数字化方向改变,被淘汰的速度就会非常快。

以手机行业为例,摩托罗拉占据世界第一的时间很长,诺基亚超越摩托罗拉之后,在世界第一的位置上站了14年,到2013年,三星超过它,但很快苹果就上来,今年华为正在超过苹果,世界第一迭代的时间越来越短。

再举个例子，有线电话的普及率从 10% 到 40% 用了 39 年，移动电话的普及率从 10% 到 40% 用了 6 年，智能电话从 10% 到 40% 只花了 3 年。再看同一家公司的两个产品，QQ 和微信都是腾讯的产品，QQ 获得 5 亿用户用了十多年，微信只花了 3.5 年。

数字化时代跟以往的很大不同在于，不是你有没有竞争优势，而是你想保留竞争优势越来越难，因为数字化会让你的竞争优势保持的时间非常短。这不仅仅是在技术创新的领域，在所有产业都这样。

数字化最根本的特征是什么？不是一个口号、观点，也不是一个时髦的概念或简单的系统。我们必须要从本质上去理解数字化，它正以前所未有的速度，把以下三件事情的时间周期变短。

第一，企业的寿命在变短。今天数字化带来了一个非常大的变化，就是一个企业"从 0 到 1""从 1 到 N"的速度变得非常快。比如，今天在世界 500 强当中有一家非常年轻的公司叫小米，它进入世界 500 强只用了 8 年的时间，这非常值得关注，意味着其他企业被淘汰的时间也在缩短。

第二，产品的生命周期也在缩短。以前，做一个产品可以让顾客用好多年，但今天这个产品如果加上智能和数字，你就必须有更快的速度来迭代。

第三，争夺顾客的窗口期在变短。我们在互联网开始的阶段还会常常说风口期、红利期。数字化来了之后，这两个概念都成为过去式，因为窗口期一直在缩短。理解产业、行业、产品的时候，真的是要彻底转变。理解数字化，就要理解和接受所有行业和企业都要面对的新事实——时间轴变短。

换个角度说，从今天开始，你所做的任何事情都要打上时间标签。企业家们都需要问问自己，你的企业、产品、战略到底跟时间有没有关系？如果没有关系，其实你就没有活在现代，而是还活在工业时代。

## 数字化会给产业带来什么样的革命？

2015 年我们就开始讨论一个概念，叫互联网的上半场和下半场。那时大家其实还不需要那么紧张，因为在互联网上半场，我们只是改变了消费端和零售渠道端，我称之为消费互联网。从 2015 年开始线上线下打通，所有线上的企业都开始移到线下来。阿里讲"五个新"战略,新零售、新制造、新金融、新技术和新能源就开始往下移。腾讯也开始讨论"产业互联网+"的整体战略转型。

这些在线上非常强大的公司,为什么都移到线下来？我们发现,线上的空间已经全部被占满,必须开始拓展和抢夺线下空间。也就是从2015年开始,当我们开始广泛讨论互联网下半场,尤其是当互联网技术开始主动融入产业端时,产业的新时代开始了。

这个产业新时代跟我们所有做产业的人相关,还是仅仅跟做互联网技术的企业相关？这个问题非常重要。

有一段时间大家常说虚拟经济冲击了实体经济,我不这样认为。虚拟经济的价值和实体经济的价值不存在谁冲击谁的问题,最终一定是融合——为顾客创造价值。如果两者不做融合,没有人去为顾客创造价值,两个就都不存在,所以并不存在谁冲击谁的问题。

如果做实体产业的人不明白,实体产业也必须融合数字技术去满足顾客价值,那么对你的冲击就不是因为虚拟经济,而是因为顾客开始淘汰你,这才是特别令人担心的。

回顾一下工业革命到底带来了什么？工业革命最根本的改变是什么？工业革命也被称为机器革命,最重要的就是不断把人的双手释放出来,效率变得更高,成本变得更低。

工业革命有三次标志性变化。第一次是蒸汽机的出现；第二次是电力革命,也就是电气时代,在这个时代当中,无论信息还是资讯革命都到了顶峰；第三次是这些新技术与产业融合,从而掀起整个工业的革命,各大领域都开始变化。

今天这一轮变化我们称之为"第四次工业革命",也有人把它独立出来,叫它"信息革命"。这次不再是机器时代,而是智能时代。以前所有的技术都是淘汰工具的,但这一轮是技术开始淘汰人。以往我们不断地让机器效率更高,接下来是要让人机之间的效率更高,这一定会把一部分人替代掉。

新产业时代,我们一定要懂数字化对产业价值的真正意义是什么？熊彼特曾经讲,创新可以被定义为一种新的生产函数。当加入数字化之后,每一个产业组合都变了,诞生了无限可能的"新产业组合"。

美国布鲁金斯学会2018年的报告《人工智能改变世界》中说,人工智能将推动全球GDP增长15.7万亿美元,至2030年经济增长30%。人工智能本身将渗透到各个产业当中。人工智能专利覆盖的产业将来都会被调整,都会有非常大的变化。

数字化进入各个产业当中,会产生非常多的新产业组合,这就需要我们理解这个时代的变化已经跟工业时代完全不一样。工业时代是原有生产要素的组合,而在今天的新产业时代,数字化把原有要素全部更新到数字的价值,带来全新的组合。

讲一个具体的小例子——腾讯AI服务把人工智能用来读患者的片子、预测病种并给出的实时辅诊建议,而且准确率越来越高,人工智能和医疗之间的产业空间完全改变。产业空间改变之后,你发现腾讯好像变成了一家医疗健康公司。如果医院借助人工智能,医院也似乎变成了技术公司。这就是新产业组合。

## 领先企业的持续领先之道

我从1992年开始研究中国的领先企业如何成长,这个研究持续到现在接近30年。1992年,我从3 000家中国企业中筛选出5家:华为、海尔、TCL、联想和宝钢。我的选择依据是选不同的所有制,包括上市和非上市公司,以及面对消费端的公司和资源性的公司等。

经过持续近30年的跟踪,我发现这些持续领先的企业一直在不断进步、调整、转型。比如今天的海尔,很难说它是一个制造公司,还是智能制造公司。"智能"两个字已经深深嵌入企业的整个战略中,以组织和最终产品的形式呈现出来。

对这五家公司的研究给了我非常大的帮助,当然我也很幸运,它们一直走在领先的路上。今天再来看华为,我们也会知道,它不仅仅是最初的程控交换机供应商,也不仅仅是一家全球化公司,更不仅仅是电信运营商的综合服务商,而是已经能够帮你提供手机、数字化解决方案的公司。未来,它还会连入千家万户。

除了我在 1992 年开始的这条主研究线路,从 2012 年开始我又加了一条线——研究数字化、互联网、智能技术对企业的影响。

为什么这些企业能够持续领先?我发现,非常重要的原因是它们不断运用新技术满足顾客的需求,创造顾客的需求,并且创新价值。当它们不断创新创造,推动价值改变,它们的成长速度就更高更快。比如,小米成长为世界 500 强仅用 8 年时间,腾讯、阿里也纷纷进入世界市值排名前十。

这种成长和发展速度背后的逻辑到底是什么?其实就是它们将市场和技术的变化融合到商业价值当中,持续实现产品和服务创新。

## 企业家的六个根本性调整

理解技术和数字对产业的影响时,我认为企业家在认知方面至少要有六个根本性调整,不能再用原有的经验。

### 1. 一切转化为数字

今天的一切都在转化为数据,要在两个方向做调整:一个方向是模式创新,一个方向是效率改变。有很多人问,传统企业有办法像互联网企业那样做模式创新吗?数字化带来的最大好处是什么?以前的制造企业,谁用你的产品,其实你根本不知道。数字化来了之后,你能够知道谁用你的产品,而且数字化带来的另一个帮助是,当你能够完全数字化时,整个供应价值效率可以改变。

举个例子,以前在农业里讲得最多的是种子、养殖或种植过程,这就涉及土地、气候、农民的能力、物流配送,最后到餐桌上。可是当农业企业转型时,刚才说的这些既重要也不重要,影响农业企业的还有金融、供应链、农业信息技术等。从田间到餐桌需要进一步提高端到端的效率,把损耗减少就是效率的改变。损耗只要减少 1%,产业空间就会有非常巨大的改变。一切转化为数据时,能够创新和创造的空间实际上在变大。

再举个例子,现在拍电影、拍电视剧跟以前很不一样。以前要有好剧本、好编剧、好导演、好演员,电影电视剧才会卖座。现在不是这样,而且有个故事就发到网上,问大家觉得故事应该怎么发展,很多人跟着往下编。编完之后,我们又可以请大家来推荐男主角和女主角,被推荐最多的就当选。接着又开始请大家选导演。这样的电影电视剧拍出来一般都会是头部剧,因为参与者最后一定会去观看。

当一切转化为数据时,到底什么变了?

首先,数据即洞察。理解数据才可以理解消费者、理解市场。数据的出现带来三个变化:第一个变化是从顾客到用户,如果你只有顾客没有用户,今天就没有机会;第二个变化是,原来以产品为中心,现在必须以数据为中心,之前企业跟市场之间的关系是用产品去连接,现在要用数据连接;第三个变化是,以前是供应链关系,把供应链做得有竞争力,企业就有竞争力,现在是协同关系,企业及其所有合作伙伴都是共生协同关系。

其次,数据即包容。拥有了数据,就可以融合更多的需求,产生出更多的产品。举个例子,以前我们没有办法让聋哑人非常有效地去参与到所有日常生活中,原因就在于学手语非常难,但是当把手语变成数据以后,就可以转化成文本,可以非常容易地去做交流。不同形式的信息转为数据后可以包容出更多的机会、更多的可能性。

今天,华为一年的销售额超过 1 000 亿美元,因为它让企业和未来组合在一起。华为正在做"数字行动计划",连接应用和技能,过去十年已经帮助了 108 个国家的 3 万多学生提高数字能力。这其实就等于和未来的消费者提前组合。

### 2. 连接比拥有更重要

今天是不断迭代、优化,甚至不断变换的时代。任何一个人都不能独立应对,要跟更多的人组合,以得到智慧和资源。所以,连接比拥有更重要。

通过连接共享,不断地改变人类生活,企业就会从中脱颖而出。无论是 Uber 还是滴滴,都需要企业有能力去做这种开放式的协同平台。

海尔的开放式创新协同平台也做得非常棒,其中有一个"解决者创新平台",上面有四十万人在一千多个领域内不断做创新。他们并不是海尔的员工,但他们可以满足海尔对创新的需求。这样的一种连接,使海尔拥有非常多的面向未来的创新可能性。

华为的战略就是直接与人连接,它做手机、电视机,就是要通过大屏小屏把人连在一起。华为手机的未来战略叫"1+8+N",到2025年就会有1 000亿的连接,其中55%在商业领域,45%在个人消费领域。把这些连起来,空间就会特别巨大。

### 3. 开放、信任和协同是关键

数字化带来最重要的是可信度、安全性。可信、开放、协同是关键。很多领域中领先的企业为什么做得好?因为它们跟非常多的生态伙伴去建立命运共同体,使得自身的发展非常顺畅。

很多人说新零售对传统零售的冲击太大,虚拟经济对实体经济的冲击太大。7—11便利店从来不说自己是互联网公司,可是它今天依然保持着非常强劲的增长。原因就在于它很早就采用互联的方式建立了和生态伙伴之间的可信度、开放协同,取得并保持了很好的效率。

从可信开放的角度,我们看另外一个案例——小米。小米用8年时间走进世界500强,不是靠自己,而是靠它建立的整个社群——米家。这个协同和共同成长的平台让小米跟很多的个人和机构合作,跟1.32亿台的智能设备连接。

未来的连接是人与人、人与商业/服务、人与智能硬件的连接,这是根本性的连接。

腾讯在战略中将自己定位为连接者,然后找到了发展的空间,实现了如此高的市值。引用马化腾的一句话:"合作伙伴自主生长、没有疆界、开放分享,才是互联网的新生态。如果你认为他必须遵从你,这个时候你不是一个开放的互联网新生态。"

想成为一个连接者其实并不容易,因为你必须能够让别人自主地成长,必须要保证别人是一个独立的主体。

## 4. 从竞争逻辑转向共生逻辑

我跟廖建文老师（京东首席战略官）花了两年多的时间研究战略的底层逻辑，现在还在持续做。面对数字化和新产业时代，在战略的底层逻辑上需要一个彻底改变，就是你能不能从竞争逻辑转向共生逻辑。

在工业时代，我们其实是在满足需求，所以我们常常讨论的是比较优势，讨论我如何获得竞争优势，怎么能够在竞争中赢。

现在到了数字化时代，核心不在于满足需求，而在于你能不能为顾客创造价值、创造需求。很多需求是创造出来的，因此我希望大家都能够融合到技术里，去给顾客带来更大的价值。当你创造顾客价值的时候，其实你就没有对手。真实的市场中的确存在竞争，但取胜的企业一定是要能超越竞争。

今天你要放下对手的概念，多问自己能跟谁连接在一起创造新东西，你努力去寻找合作者才会有新的空间，这就是共生逻辑。放掉输赢的概念，打造或加入真正的合作共生体系才是关键。

制定战略时，我们最关心三件事情：第一，我想做什么；第二，我能做什么；第三，我可以做什么。

在工业时代，用的是竞争逻辑，"我想做什么"对应的就是初心和梦想，"我能做什么"对应的就是资源和能力，"我可以做什么"对应的就是我在产业中的位置、对它的理解，以及对产业规律的把握。

但进入数字化时代，这三个问题的逻辑完全改变。"我想做什么"变成你可不可以重新定义它，只要能够重新定义，就可以去做。所以，今天非常多的创业者跟传统的企业不太一样，好像每件事情都敢做，原因就在于他们能够给产业赋予新的意义。"我能做什么"也将不再受限于资源和能力，好像什么都能做，因为关键在于连接。"我可以做什么"也变得不太受限制，因为你随时可以跨界。

战略认知的底层逻辑转变，最关键的就是从竞争逻辑转向共生逻辑。今天虽然大的经济环境和整个经济增长不断在调整，和之前不太一样，但对于单一企业来讲，发展的机会依然很多。因为你的领域已经完全可以重新定义，不断去连接，不断通过跨界打开新的空间。

## 5. 顾客主义

给顾客创造价值的确要跟数字化在一起,因为数字化是能够帮助我们打开整个战略选择谜题的唯一钥匙。数字化可以让你更加贴近顾客,使你回到顾客端的逻辑更加可靠。

我和廖建文老师的研究发现,今天的机会更多。从顾客一端看,能发现顾客的新需求,我们称之为"洞见"。如果能给顾客创造新的需求,我们称之为"远见"。今天的技术不断迭代和更新,我们称之为"渐进技术"。我们把不同的新技术放到产业领域里,称之为"激进技术"。

当我们把顾客的需求和技术组合应用,发现有四个全新的战略可以推进行业的变化。

今天传统电视销量急剧下滑,可是 2018 年小米电视卖得非常好,因为它推的是互联网电视。技术跟需求组合,完全可以推进新的产业需求。当技术跟着未来的需求变化,企业就成为革新者。现有需求加上激进技术,企业就会成为颠覆者。未来的需求和全新的技术结合,企业就成为引领者。

四个空间都可以变得更大,核心就在于能不能真正回到顾客端。1998 年《财富》杂志访问乔布斯,他说"有人问我,我的公司很小,我没有钱,我怎么去做这个数字化和 AI 技术?我跟他说,这没有关系,最重要的是你知不知道回到顾客的那个价值是什么。"因此,核心在于回归顾客价值,而不是有多少钱可以用于研发。

## 6. 长期主义

前段时间,一百多位美国著名公司的 CEO 们联名写了一个宣言称,企业的目的不再是寻求股东利益最大化,而必须是推动社会进步。这就是基于长期主义的认知。

中国高铁之所以有今天的成就,是因为在 2004 年之前还很弱小的时候就确定了一个长期主义的战略。怎么样从学习引进变成跟随者,再完成关键部件、关键产品的生产,最后实现核心能力的超越。如果没有一个长期主义的战略安排,而只是短期的拿来主义,我相信不会有今天中国高铁在全球的影响和对于中国经济进步的推动。

长期主义为什么能够帮助我们？因为长期主义的核心就是回到人的本性，回到你对爱的需求，回到承诺、信任。当你能够从人的本性出发，你就不会被淘汰。

华为能够走到今天，原因之一是它非常早就有长期主义概念，很明确地在战略当中一直坚守让技术为人带来帮助和价值。这个价值观的引领和持续的布局，才让华为有今天如此强大而持续的增长。美国以这么大的力量来阻止它的发展都未能成功，反而使它在 2019 年增长更快。如果不是长期主义的战略布局，我相信今天很可能是另一个结果。

在整个认知当中，外部环境是不确定的，最重要的是你本人要笃定。你要坚信和坚持基于长期主义的价值观，基于最重要、最基本的价值去创造和满足人的本性中最需要的东西，去推动人类社会的进步，增强人类的福祉。只要从这个出发点去做，我们就可以超越自己，同时也超越竞争。

无论是技术还是环境，一定不断在变，我们如何走向未来？我们没有办法预测未来的所有可能性，要想让人生变得很精彩，就只有在接受和探寻未知的同时，始终为美好而努力。

我们在 40 年前都不会想到中国企业能在 2019 年世界 500 强上榜的数量超过美国。看到 2019 年的榜单时，所有人都非常惊讶，甚至包括美国人。这大概就是我们今天要懂得的一件事情，当你融合进步，接受未知的挑战，愿意理解这个外部的世界，并拥有内在的力量时，结果一定是非常美好的。

# 如何破解中小企业融资难题[1]

## 黄益平[2]

我最初想讲的题目是"金融供给侧改革",后来改成"如何破解中小企业融资难题",两个不同的题目其实指向同一个问题,因为如何破解中小企业融资难题本身就是金融供给侧改革的重点。

关于如何破解中小企业融资难题,我主要介绍三大类问题,包含六个具体问题。

第一类问题是为什么现在提出进行金融供给侧结构性改革。我们从1978年开始就一直在进行金融改革,为什么现在忽然加了这么长一串词上去,不少人可能会不太习惯这个说法。通常说到供给侧改革,都是相对于需求端的政策。中国过去习以为常的做法是,当经济比较疲软时,采取扩张性的财政政策、货币政策,把经济刺激起来,这都是需求端的政策,主要用来抹平经济周期。现在既然采取"供给侧结构性改革"这一说法,显然更关注供给方面的问题,更关注金融效率、金融风险问题。

为什么现在会有这样的说法?从2013年以来,在中央和国务院的文件中就经常出现两个提法:第一个叫"金融不支持实体经济",第二个叫"小微企业融资难/融资贵",这两个在本质上是同一个问题。

---

[1] 本文根据黄益平在2019年5月12日北京大学国家发展研究院"国家发展系列讲座"上的演讲整理。

[2] 黄益平,北京大学国家发展研究院副院长、金光讲席教授、北京大学数字金融研究中心主任。

第二类问题是在经济发展过程中,我们的金融体系中到底发生了什么事情。为什么这些问题在过去不突出?今天变得突出的根本原因是什么?

第三类问题是应该采取哪些必要的改革措施来缓解这些难题。

## 为什么现在提出金融供给侧结构性改革?

### 1. 为什么现在对金融的抱怨忽然增加?

根据我的观察,可以提供三个方面的证据。既然说金融不支持实体经济,或者金融支持实体经济的力度在减弱,那么这一点可以用边际资本产出率来证明。"边际资本产出率"是指每产出一个新的单位GDP需要多少个新的单位资本投入,这个指标反映的是资本效率。从20世纪80年代中期以来,边际资本产出率一直都在波动,但此前基本是在3—5之间波动;2007年以后出现了很大的趋势性变化,现在已远远超出历史上的波动区间,2007年达到3.5,到2017年已经上升到6.3。这意味着,如果想刺激GDP增长1个百分点,就需要增加6.3个百分点的资本投入。从3.5到6.3,资本效率的下降非常明显。"金融不支持实体经济"这一说法也许还可以再探讨是不是成立,但金融支持实体经济的效率在下降,这已经是不争的事实。

为什么现在金融供给侧改革变得非常迫切?边际资本产出率过去也有波动,很正常,但值得担忧的是:现在看上去像一条直线不断往下。最极端的情形会发生什么?这样下去就有可能像日本所谓"失去的十年"或者"失去的二十年"。也就是说,如果这样的趋势再延续几年没有变化,那可能意味着不论我们投入多少资本,对经济增长都不管用,这是资本效率下降导致的最极端结果。资本效率一直下降令人恐慌,这是我认为需要从金融供给侧做文章的重要原因。

我之前说过,中国金融领域面临很多风险,其中最大的风险是效率下降。但"金融风险很突出,要防范系统性风险,要守住不发生系统性金融危机的底线"这些说法,也是在最近的相关文件中才经常看到。

为什么现在要强调这些?大概是因为过去这些问题没那么突出,现在很突出了。

2008年全球金融危机后,系统性风险的指数一直在上升,最近还算平稳,但仍处于较高水平。系统性金融风险一般指比较广义的金融风险,不是在某一个部门发生的。眼下中国所看到的现象,似乎是金融风险已经在不同的部门间来回游走,往往某一部门出现的风险刚被压下去,其他领域又冒出新的风险,这可能最值得关注:从最初2015年年初股市回调,到后来债权市场的很多违约事件;从"影子银行"不断出现问题,到近期的P2P平台爆雷。我们曾经特别担忧资本外逃、货币贬值,现在仍然担心房价过高问题、地方政府债务问题等。

### 2. 杠杆率走高

国外对于中国系统性金融风险的关心是从高杠杆率开始的。所谓高杠杆率就是负债太多,这一问题最初引起关注是源于几年前麦肯锡的一篇报告,指出各国的杠杆率在2008年以后都发生了明显变化,中国尤其突出。2007年中国非金融部门的杠杆率在100%左右,几年后上升到200%左右,如今非金融部门的杠杆率已经达到240%左右,总体明显偏高。

杠杆率走高的趋势令人担忧,这是全球金融危机后的共识。两位美国经济学家卡门·莱因哈特(Carmen Reinhart)和肯尼斯·罗格夫(Kenneth Rogoff)合著一本书《这次不一样》,研究了人类历史上800多年来经历的金融危机,试图总结出一些规律,他们最后的结论就一句话:钱借多了、杠杆率太高是要出问题的。更重要的是,不仅杠杆率太高有风险,杠杆率的快速上升更意味着风险,因为在杠杆率快速上升过程中,低效率、泡沫风险会快速累积,很容易出问题。中国恰恰就面临类似情形,现在的杠杆率非常高,其中最高的是企业杠杆率,非金融企业的杠杆率大概为160%左右。中国的综合杠杆率240%并不是全世界最高的,但非金融企业的杠杆率160%可能是全世界最高的。

我并不认为高杠杆率会马上引发系统性的金融危机,因为中国的高杠杆率主要在两个部门——国有企业与地方政府,而它们都跟政府信用有密切关系。所以,我担忧的不是像有些人说的——经过一段时间高负债的高速上升,投资者忽然丧失信心,市场崩盘,从而引发金融危机,这种情形在中国发生的可能性较低,因为这两个部门基本由政府来托底(或隐性托底,或显性托底),崩盘的可能性不太大。真正危险的是,国企和地方政府的杠杆率持续上升,最后使得经济效率和资本效率下降,而我们知道,边际资本产出率持续下降会导致很大的问题。

当然,不可否认的是,中国经济当中有很多领域存在金融风险,虽然不一定引发系统性风险,但值得监管部门、学者、企业家担忧。比如房价回调30%,很可能对中国的金融体系是致命的,但我不觉得房价下降会导致其他国家那样的危机,因为中国有一个特殊的机制,那就是绝大部分贷款都是抵押贷款。中国曾有过很多不良贷款,有很多金融风险,但在过去40年里没有发生系统性金融危机的原因在于有两大因素支撑:第一,持续的经济高增长,好处就是在发展中解决问题,虽然出现了一些不良贷款,但由于经济增速快,可以把这些存量消化掉,所以即使有问题,也没有演变成为危机,而是得到化解;第二,政府兜底,即使出现问题也关系不大。1998年亚洲金融危机时,中国银行业的平均不良率达30%以上,也没有出现银行挤兑的现象,其实并不是大家觉得银行不会有问题,而是觉得不管银行出不出问题,只要还有政府兜着就没大事。

但如今这两条都难以维系。首先,经济增速持续下行,已经低于7%,接近6%,甚至更低也是有可能的。其次,政府想把一切风险都兜起来的难度越来越大。为什么四年前政府引进了存款保险制度?这意味着要通过其他机制来管理风险,而不是由政府直接兜底。

所以,无论从哪个方面来看,中国的金融风险确实在上升,迫切需要防范和处置金融风险的机制,过去的做法无法持续。

### 3. 经济中有很多合理的金融服务需求未得到满足

我举两个比较明显的例子。第一个,老百姓的金融服务需求没得到满足。老百姓如今手上持有的资产很多,但银行存款在资产中占70%,中国人有钱就存银行或买房,不会做别的考虑。横向来看,全世界其他国家居民的金融资产没有这么高的存款比例,世界平均水平是27%。和中国经济类型接近的周边经济体(比如韩国、新加坡)基本都在 40% 左右。

中国这么高的存款比例在过去可能没问题,但现在有压力,越来越多的人对 2% 的年回报率(存款利率)不满。中国金融系统有一个巨大的风险就是可投资的资金很多,但可投资的资产很少,长期而言很成问题。政府也已经意识到,因此提出要发展多层次的资本市场,一方面对经济提供更多的融资支持,另一方面也为大家提供更多的投资机会。

政府期待未来有一部分存在银行的资产流向股票市场、债券市场等,使直接融资的比重上升,金融结构改善。但结果发现,一部分资金确实流出银行了,但转身进了影子银行、互联网金融,并不是政府鼓励的投向,说明资本市场的投资价值还不够,对投资者吸引力不足,这是今天的问题。

居民需要越来越多的资产性投资和收入,但暂时根本无法满足。企业,尤其是小微企业希望解决融资难/融资贵的问题,这个问题从 2013 年以来就一直讨论。2015 年,我和国家发展研究院同事宋国青老师做过一份第三方评估报告,评估国务院的一系列金融支持实体经济的政策,其中一条是如何帮助小微企业改善融资环境。国务院当时确实出台了一些政策建议,但作用发挥得不好,政策不对头,因为今天很明显这个问题不仅没有缓解,而且更严重。

2013 年以来,中央和国务院几乎每年都要出台文件,要求金融机构改善对小微企业的融资服务,缓解融资难/融资贵的问题,但就是不见效,究竟什么原因?金融供给究竟存在什么问题?

## 中国金融体系的演进与特色

要想进一步理解这些问题,就要知道为什么金融供给侧结构性变革现在变得非常必要;如果退一步来看,还应该先认真梳理中国的金融体系从哪里来,今天是什么状态,又应该向何处去。

1978 年刚开始改革开放时,中国只有一家金融机构——中国人民银行,既是中央银行又是商业银行。到 1984 年,商业银行业务分离出来,变成今天的中国工商银行;政策部分保留下来,变成今天的中国人民银行。当然,中国人民银行后来又逐步分离出保监会、银监会（目前已合并为银保监会）。

从一家金融机构开始，中国至今已经有一个放眼世界都非常庞大的金融体系，这一体系由银行主导，而四大国有商业银行可以跻身世界前五大银行。综合性金融资产一般看广义货币（M2），也就是"现金+银行活期存款+定期存款"。中国的 M2 占 GDP 的 208%，排在世界第三位（第一黎巴嫩、第二日本）。相对而言，这一 M2 绝对量已经远超美国，而美国经济规模比中国大很多，这也反映出中国的银行部门确实很发达。中国的资本市场一直被抱怨，似乎是公认的不太发达，但中国股市的总市值也已经排到世界第二，债券市场的市值排在世界第三。综合起来看，中国的金融体系已经非常庞大。

如果要对这 40 年的中国金融体系做一个简单概括，我会用四个词：规模大、银行多、监管弱、管制多。

在金融研究里，我们将管制称为金融抑制，政府干预的方式是多种多样的，对利率、资金配置、汇率、跨境资本流动等都有各种管理。根据世界银行的相关数据，我们编制了金融抑制指数，以度量政府对金融体系干预的程度。这一指标一般处于 0—1；如果是 1，代表金融抑制程度最高，基本上市场机制不发挥作用；如果是 0，意味着政府完全不干预。客观来说，大多数国家都介于 0—1，数字越低，说明金融市场化程度越高。

1980 年刚开始改革开放时，中国的金融抑制指数就非常接近 1，当时市场机制发挥的作用几乎为零；到 2015 年，这一指数变成 0.6，说明我们向市场化的方向不断在发展。

如果对金融抑制指数做横向比较，可以发现三点：第一，40 年来中国不断推进市场化改革，金融抑制指数从 1 降到 0.6，说明市场化程度不断提高，这是毫无疑问的。第二，改革进程相当缓慢。俄罗斯的金融改革比中国至少晚 10 年，1990 年的金融抑制指数也很接近 1，但现在只有 0.4，说明市场化程度比中国高 1/3，从这个角度来看俄罗斯的市场化比较彻底。第三，0.6 这一数据究竟处于什么水平？我们对 2015 年世界各国的数据做了综合测算，发现有 130 个国家可以计算出金融抑制指数，中国排在全世界的第 14 位，这是比较惊人的结果。尽管已经有 40 年的金融改革，但中国的金融抑制程度依然非常高。

大体而言，美国和英国是资本市场主导的金融体系，德国和日本是银行主导的金融体系。如果把中国的金融体系进行国际比较，会发现几个很重要的特征：第一，中国的金融体系中银行占比几乎为全世界最高；第二，政府对金融体系的干预程度也几乎为全世界最高，再加上前面提到的另外两条（规模很大、监管很弱）。因此，到目前为止，中国还没有构建出有效的防范和处置金融风险的机制，仍主要靠政府起作用，这是很大的短板。如果不能解决这个问题，未来某一天要出大问题、系统性问题。这有点像日本的情况——过去日本也是银行主导的金融体制，银行和企业相互持股，为企业提供长期服务。第二次世界大战以后，日本经济发展中有很长的时期内没有失业、没有违约、没有破产，一直平稳高速增长，但最后就出现系统性问题：要么都不崩溃，要么一起崩溃。

对于金融风险，如果涉及的机构不是很多，由政府兜底是可以的。但政府兜底往往会导致道德风险，对金融机构的管理层失去约束，这是个大隐患。

不过，如果把中国的金融体系与过去几十年的经济发展轨迹做对比，会发现问题可能也没那么严重。尽管人们从整体上批评这样的金融体系，尤其是政府干预程度过高，但不可否认的是中国一方面实现了GDP增速年均9%（前30年为9.8%），称之为经济奇迹并不为过；另一方面是从未发生过系统性的金融危机。其他主要新兴市场都曾有过一次或多次金融危机。

做到上述两条，决策者一般会比较满意，既实现了所追求的高速增长，又保证了金融体系的相对稳定，如果有问题，再慢慢改进。但事实上，这引发了比较大的学术问题，就是"政府干预到底好还是不好"。我是学经济学的，第一反应肯定是不好，但后来做了实证分析，发现也有好的一面。我举个例子，经济学分析里经常用到"市场失灵"，讨论最多的是两个领域：第一是收入分配，如果完全由市场自由决定，问题会变得越来越严重，需要政府干预才能更公平；第二是污染问题，如果一家企业排污，成本很难内化，就会继续排放，这就需要政府实施环保政策，对排污企业征税或禁止其开工。可以将"市场失灵"这个概念运用到对金融领域的分析。在很多人看来，政府对金融体系的干预往往对经济增长和金融稳定不利,表现有三:第一,降低金融效率,政府干预跟市场配置在效率上是有差异的;第二,政府的各种干预包括担保,会导致一些道德风险问题,也可能使金融风险积累得更多而不是减少;第三,如果政府干预过强,金融体系发展就会有问题,也就不能很好地支持经济发展。

一般认为,政府干预金融主要带来的是负面影响,但也有专家对此有不一样的看法,过于开放和自由化的金融体系也许危机频发。1980年以后全球范围内发生各种金融危机的频率越来越高,这些专家就认为问题出在各国都在推进金融自由化,尤其是资本项目的自由化。虽然这些改革的初衷都是提高金融资源的利用效率,开放有这方面的好处,可以让市场机制配置资源,但往往也带来不稳定和风险上升。在这种情况下,就看市场化改革对经济的好处多还是坏处多,这取决于一个很重要的条件——市场机制的自我调节能力强不强、监管框架是否有效。

金融市场和其他市场很重要的区别是,市场变化往往是由预期推动的,有很多金融问题就是如此,如果大家没有了信心,只要出现微小的变化,也会被放大,这是我们需要担心的。比如,2015年中国人民币对美元贬值并不多,只有2%—3%,但因为我们金融市场的政府抑制指数比较高,所以货币贬值的幅度虽然不大,但极大地改变了大家的预期,后来在资本市场衍生出巨大的影响。相比之下,很多成熟的市场经济国家,即便货币贬值20%—30%,也不会出现特别大的问题。

这一类观点的核心是,如果风险控制不够,金融市场放开还不如不放开;如果市场机制不成熟,监管框架不完善,适度的政府干预对经济可能是好的。

借鉴这样的理念,我们对中国进行了实证分析,也证实了相关结论。在20世纪八九十年代,政府对中国金融体系的干预有助于经济增长,原因在于:第一,银行配置资源的效率可能比较低,但也有一个巨大的优点,就是能很高效地把储蓄转化成投资;第二,有政府的支持就不太容易出现金融恐慌,这对增长和稳定也是有帮助的。极端一点,我认为如果政府在改革开放之初就彻底放弃对金融体系的干预,完全由市场来决定汇率、利率、资金配置、跨境资本流动等,在过去40年里中国可能已发生过好几次金融危机,这是不难想象的。当然,这种政府干预是有成本的,但综合起来看,过去的体系是有效的。

## 新的难题

经过这几十年,中国金融体系确实有很大改变。但我们需要认真思考的是:第一,为什么今天的金融效率在下降;第二,更重要的,为什么中小企业融资难/融资贵的问题变得更加突出。

客观来说,中国的金融体系过去一直存在对中小企业的歧视。这有多方面的原因。最重要的是,这个规模庞大、银行为主、监管偏弱、管制很强的金融体系,其核心特征之一就是比较擅长支持大企业、制造业、粗放式扩张。

为什么会这样?因为提供金融服务,首先需要解决两个问题:第一是获客,第二是风控。把规模几十亿的企业变成客户,业务做起来就比较容易。金融领域也有"二八法则",一家机构最好的业务策略就是服务好顶级的20%客户,即大企业和有钱人,这些群体好找,同时也有规模,每一笔交易都很大。对金融机构来说,风控也容易。对于大企业,银行的风控无非是看三点:第一,历史财务数据,比如利润表、资产负债表、现金流量表,基于此就可以对企业有大概的判断。第二,资产抵押,比如要想得到100万的贷款,就先提供价值150万的房产抵押给银行,抵押贷款其实是一种比较懒的风控办法,贷款万一出问题,就处理抵押品。第三,政府担保,有很多银行都是对照着政府的产业目录放贷,不会有太大问题,即便有问题也说得清楚,是支持政府的产业规划;即使受损,银行也认为风险不大,因为政府不喜欢国企破产,出了问题也会想办法兼并重组,这对银行来说比贷款企业破产好太多了,重组意味着会有一家优质的企业接盘,债务不会消失。所以,很多银行都愿意向国企提供贷款,既有一定的政治偏好,又能控制风险。

相比之下,中小企业的不稳定性要高出国企很多。第一,中小企业的平均寿命为4—5年,这意味着每年都有20%—25%的中小企业倒闭;第二,因为运营历史短,中小企业往往没有规范的财务数据可以提供;第三,中小企业没有可抵押资产;第四,中小企业往往没有政府担保。

客观上,中国目前的金融体系对民营企业、中小企业确实有一种内生的歧视。大银行对于这样的企业束手无策,不知道怎么做风控,自然就不敢轻易放贷。其实,这一问题从1978年开始一直存在,当时甚至比今天更严重,因为没有一家金融机构敢向民营企业贷款,现在已经有所改变。但为什么这个问题近几年这么突出?

我认为,背后主要的原因未必是金融体系的改变,而是中国经济的增长模式发生巨变。

过去,中国经济的增长模式是要素投入型增长、粗放式扩张,今天更需要创新驱动型增长。简单地说,2007年中国的人均GDP是2 600美元,处于中低收入水平,到2018年,中国人均GDP已经接近1万美元,达到中高收入水平,这7 000多美元的涨幅很关键,中国原有的低成本优势已经不再,成本压力大增。

我曾去浙江湖州调研,发现有一家专门面向中东市场做女士头巾的企业,它遇到的典型问题就是业务难以持续,而主要原因就是原来三千块的工资现在变成一万块。靠低端产品和规模化发展起来的企业利润率很低,对成本极其敏感。后来,这家企业又活了过来,应对的办法是自动化,一个人可以照看15台机器,相当于产业升级。虽然生产的还是同一种产品,但技术改进以后,单位产品的劳动成本变化不大。

我有一个中学同学生产领带,原来也是做低端产品,后来同样遇到成本上升问题。现在他的企业也活了过来,办法是和大品牌合作,每生产一条领带都卖几十、几百美元,以此抵消工资的上涨。

这些故事都说明今天的中国更需要产业升级换代。为什么会有所谓的"中等收入陷阱"这一说法?世界上曾经有很多国家达到了中等收入区间,但只有极少数国家能最后进入高收入区间,80%—90%都留在了中等收入区间,主要原因就是这些国家缺乏创新力和持续的成长性。

对于前期的要素投入型增长模式,银行做业务得心应手。但中国现在和今后都更需要创新驱动,创新的主力军是民营企业、中小企业。

根据国发院同事张晓波老师做的相关研究,在企业层面,目前民营企业对知识产权的贡献度为70%,国有企业仅为5%,还有25%由外资企业贡献。这充分说明,如果下一步要支持中国的可持续增长、支持创新、克服中等收入陷阱,关键就在于如何支持这些能够创新的中小企业、民营企业。过去的金融体系对中小企业、民营企业有内生的歧视,民营企业在融资难和融资贵的市场环境下,依然顽强地实现增长,呈现出很强的生命力和竞争力,对GDP的贡献占比不断上升。

可惜,中国传统的金融体系仍是银行主导,而银行面对民营企业和中小企业的融资问题,仍然束手无策,因为老一套办法不支持。近两年,民营企业和中小企业的金融服务问题变得日益突出,在我看来,就是中国经济模式亟待转型升级,再叠加短期的经济下行,银行惜贷,这一问题就更加突出。

还有一个问题也纠缠在一起,那就是去杠杆政策。去杠杆确实对防范系统性金融风险很有必要,但客观上造成民营企业融资的严重挤压。一方面是银行由于去杠杆要收缩信贷,肯定先收缩针对民营企业的贷款,毕竟民营企业的风险更大;另一方面,监管部门也在压缩影子银行,而影子银行在表外做的很多业务都是向非国有部门提供金融支持,现在受到挤压之后,当然也会影响到民营企业。

下一个问题是为什么政府出台了这么多政策,"企业的获得感"却不强?

2013年以来,平均2—3个季度,国务院就会召开一次常务会议,都要出台一系列措施支持中小企业融资,但似乎没有改善实际情况,这可能跟相关部门的做法有关:第一,要求商业银行增加对民营企业的贷款;第二,要求银行降低对民营企业的贷款利率。这两条要求都是好心,但办不了好事。第一条可能还行,但第二条就比较要命,要求银行把融资成本降下来,甚至要求对中小企业的贷款利率不能超过基准利率(一年基准利率为4.35%),那么在经济下行、风险上升的背景下,面对高风险的民营企业,哪家银行敢放贷?高风险必须有高利率才能覆盖,要求低利率,银行几乎是必亏无疑,而且贷款又是终身负责制。

但这么不可能的事情,只要是政治任务,大银行竟然也都能做到。2015年,我和宋国青老师一起对国务院的中小企业融资政策做第三方评估,当时银监会有三个"不低于"的要求,其中一条是银行每年对小微企业的贷款比率只能上升不能下降，这怎么能做到？像工商银行等大银行，服务小微企业并不擅长，即便小银行也有难度，因为对小微企业的贷款占比可能已经达到90%，还怎么往上升？

我们在调研中就发现执行部门的创造力很强，如果相关部门有硬性要求，数据上的结果大概率可以实现，但实际问题并没有解决。比如，明明不需要钱的民营企业不断得到贷款，而真正需要贷款的企业依然陷在融资难的困境里。

金融业的一个根本性问题就是风险定价，其基本规律是高风险高成本、低风险低成本，这是不能违背的。民营企业、中小企业都在抱怨融资难/融资贵，这两者哪一个更突出？当然是融资难。如果可以从银行获得贷款，就算利率上浮100%，那也就是8.7%，很多民营企业可以接受。但如果要求对中小企业的贷款利率不能高于基准利率，银行怎么敢借钱？这是第一个问题。

第二个问题是技术性问题。相关部门要求大银行向中小企业放贷，但问题是他们不会做这类业务，因为对他们来说获客和风控太难。怎么找到这些客户？怎样给他们做风控？如果这两条不解决，大银行就难以施展拳脚。

总而言之，过去政府干预金融体系的资金配置偏好等做法，会存在效率损失，但对经济总体而言利大于弊。但发展到今天，已经明显弊大于利，而且成为突出的问题。

## 必要的改革措施

接下来该怎么解决这个问题？我认为要进一步推进市场化改革。

从1978年到2018年，我们在金融改革方面真正的市场化步伐很缓慢。从一定意义上来说，中美贸易摩擦中一个很大的问题就跟中国金融体系的扭曲有关。美国人不断抱怨说中国的国有企业不公平竞争，其中一点就是认为国有企业融资成本并非市场化，而是用政府补贴的资金到国际上发展，造成不公平竞争。我认为，下一步需要从三个方面推进市场化改革。

第一,金融结构多样化。虽然银行主导的金融体系在短期内很难改变,但多层次的资本市场、多种金融机构不妨八仙过海,各显神通,这样才有可能解决这个问题。未必应该发展资本市场,提高直接融资的比例,因为对创新企业特别有帮助的是天使基金、创投基金和私募基金。银行也需要做出很大改变。往往一说到大力发展直接融资,似乎小微企业也都可以到资本市场融资,这其实不可能,因为企业到资本市场融资的门槛要远远高于向银行融资。直接融资市场发展起来以后,主要是可以解决一部分大企业的融资,从而使银行腾出更多精力支持中小企业。

第二,强化由市场机制决定资源配置的原则。一般情况下,利率市场化或市场化的风险定价是提高效率、降低风险的必要一步。市场化的风险定价是金融机构能不能为民营企业、中小企业提供金融服务的根本性前提,而不是硬性地把贷款利率压到不超过4.35%,那样只会把金融为高风险企业服务的路堵死,因为银行没法以商业化手段开展业务,只能由纯粹的政策性银行去做,否则,商业银行就会出问题,更何况我们的大型商业银行已经是上市公司。在这个意义上,利率市场化非常重要。市场化的风险定价还有一层更根本性的含义,就是官方文件所说的竞争中性问题。国企往往更容易获得融资,因为有政府的隐性担保,而民企没有,这就是不公平竞争,是对民营企业的差别化待遇。还有一点,很多国有企业的投资回报诉求和市场化的企业不一致,他们可以长期不把利润最大化或市场占有率最大化作为运营目标,这也会导致不公平竞争。

第三,改革金融体系的监管框架。过去是分业监管,以机构监管为主,慢慢地要走向更多监管部门之间更好的政策协调,从机构监管走向功能监管,尤其是审慎监管,把防范和处置金融风险的责任彻底从政府手上接过来。因为政府已经无法继续兜底,出现一些风险就应该及时处置。当然,最近几年对一些风险事件的处置过猛,同时有些领域的风险又没有得到很好的处置。举个例子,现在有银行存款保险制度,但至今没有用过,是因为在这一制度建立几年来中国所有银行都没出现问题吗?显然不是,只是依然有政府部门愿意给出问题的金融机构兜底,而不是启用银行存款保险制度。这个问题一定要解决,否则未来一旦问题大规模爆发就会非常危险。

监管部门一直想降低中小企业的融资成本,作为一个学者,我当然希望能够真正降低,但中国的基准贷款利率客观上就不高,到底还能往下压多少?我们不妨做一个国际比较:4.35%这一基准利率,和澳大利亚、意大利、韩国、美国等发达国家已经大致处于同一水平,远远低于印度、印度尼西亚、墨西哥、南非和俄罗斯等新兴经济体。因此,我认为,相对于中国目前所处的发展阶段,今天的利率水平已经偏低,和中国的经济增长速度相比也偏低,这实际上就是金融抑制。

当然,如果能通过提高效率来降低融资成本,我觉得没有问题。但如果只是通过行政手段要求银行把融资成本降得越低越好,在政策执行过程中必然出现矛盾:一方面要求银行控制风险,不良率高了或杠杆率高了就要采取措施;另一方面又要求把融资成本降低。两者本质是相悖的。如今银行业的杠杆率太高,政府很担心,要求去杠杆,去杠杆就会造成银行贷款节奏放慢,尤其是先去高风险的民营企业杠杆,结果政府部门又担心金融不支持实体经济。难题就是这么来的。

在现实中,很多金融机构还真不是简单地偏好国有企业,而是没有能力为中小微企业服务,因为获客难和风控难的问题解决不好。银行面对以创新为主导的中小企业真的是束手无策,因为这些企业没有历史数据、抵押资产、政府担保,银行不知道该怎么评估风险,也就不知道该怎么放贷,更何况利率还要受控制。

要想解决这个问题,必然需要金融创新。好在有问题就有人去想解决方案,尤其是商业化的解决之道。目前已经摸索得比较成功的方法是:线下靠"软信息",线上靠大数据。

线下"软信息"是什么意思?很多地方的农商行、城商行在当地有网点,就要求业务人员要对自己负责区域的每家每户情况加强了解,不论他们是否需要金融服务。这有点像劳动密集型工作,确实做起来很痛苦,成本也高,但好处是有可能克服两个问题:第一是获客难,如果对整个村子、整个镇子里的人都有基本的了解,就能大概知道谁有融资需求,获客问题得以解决。第二是风控难,虽然缺乏规范的数据信息,但如果了解这个人的家庭关系、为人处事等情况,就能从多个方面判断一个人的品格。对于小微企业融资,在风控方面与其判断项目的好坏,还不如看人品。如果人品可靠,放贷的可靠性就高;即便项目看起来不错,如果人品不行,风险依然很大。

"线上大数据"很多人都听过,目前的互联网金融、网络贷款大都依托于大数据平台进行。这种平台的基本特征是初期的固定投资完成之后,新增业务的边际成本很低,服务5亿人和6亿人差别不大。大数据平台建立起来之后,同样可以解决获客难和风控难的问题。

无论是京东、微信还是淘宝,每个平台都有几亿用户,都是金融服务的潜在客户,获客问题不难解决。在风控问题上,每家平台各显神通,大多数网络贷款根本不见面,也不做尽职调查,甚至不看财务数据,而是通过贷款者的综合行为来判断其信用状况。比如腾讯旗下的微众银行,用户一打开就会显示出一个额度,这就是通过用户的微信行为确定:白天在哪里发微信(地理位置),稳定的十个微信好友是什么样(交叉验证),在什么样的微信群活跃,抢红包多还是发红包多,等等,这些信息如果单独拿出任何一条都不够准确,无法形成可靠的判断,但汇集起来就可以对客户进行相对准确的画像。蚂蚁金服、网商银行也是这样,他们已经对9 000多万个小微企业或个人画像,虽然不是每一个都有贷款需求,但已基本完成风控评估。

相比之下,传统大银行对客户做尽职调查的成本很高,如果是小额信贷业务,根本无法覆盖这一成本。蚂蚁金服号称其是"310模式":客户用3分钟在网上申请,1秒钟贷款打到支付宝账号,整个过程0人工干预。因为平台已经预先对客户做了风险评估,有一个预批的信贷额度,客户在申请时只需要把相关数据调出来就能很快放贷,这种模式在相当程度上解决了银行面对的风控难问题。

北京大学连续几年对口支援云南弥渡县的脱贫工作,我去过两次,每次一到那里,县领导就让帮他们搞一点金融支持,促进当地的经济发展。我就问具体需要什么金融服务,他们说想搞一个产业引导基金,争取发展出几家上市公司来。我就很好奇,当地有可以达到上市标准的企业吗?他们安排我去了几家公司实地考察,其中有一家在当地还算做得不错,但我觉得离上市的距离还很遥远。实际上,县里真正的需求是通过小微信贷为农民、穷人提供发展支持。

我在弥渡时听说孟加拉国的"穷人银行"格莱珉在大理州有个试点,就决定去看看,如果合适就准备介绍到弥渡。考察完之后,我有两点感受:第一,精神可嘉,一个孟加拉人来到中国山区,带着十几个中国年轻人埋头做事,工作环境很辛苦,特别难得;第二点,成规模太难。我很快放弃了把他们引到弥渡的想法,原因是他们辛辛苦苦一年只能帮助 130 家农户,弥渡县至少有几万家农户需要帮助,与此相应,可能要有几千人做项目,这不现实。不仅如此,这个试点并非财务自盈,而是由福建银行每年为项目提供 120 万元的资金支持。这一模式固然令人尊敬,但不是理想的普惠金融模式。普惠金融模式在商业上应该可自盈、可持续、可复制。相较之下,网商银行的模式更有前途,2017 年以 377 名员工服务了 500 万家小微企业(创立 4 年时间累计服务 1 500 万家),效率非常高。我在一次国际会议交流时曾介绍到这一模式,当时的与会者都觉得了不起。网商银行并非唯一的解决方案,但数字金融确实为我们提供了一个有效的新思路。也不仅限于数字金融,很多线下线上结合的金融机构也能服务更多的群体,而且取得良好的风控效果。我们最近的调查就发现有些机构用大数据、机器学习的方法预测异地贷款的违约概率,准确性超过了传统借助财务数据的方法。

未来进一步解决中小企业融资难/融资贵问题,需要一个漫长的过程。从原则上,我想提出两点:第一,市场化是十分必要的,没有市场化的风险定价,任何政策最后都达不到预期的效果,希望不远的将来相关部门能真正理解这一点,否则出台再多政策也无法真正解决问题;第二,确实需要数字金融和更多创新,在一定意义上,中国的很多做法和实践在全世界上都比较领先,而且不仅是微众银行和网商银行可以进行数字金融创新,很多传统银行也可以采用大数据风控的办法开展业务,将传统风控和创新风控结合有可能效果更好。

总之,我相信只要推进改革,坚持创新,解决中小企业融资难题是大有希望的。

# 中国应以发展的眼光应对全球气候变化[①]

林毅夫

我想从新结构经济学的角度来谈今天的主题"中国经济结构转型及能源革命、气候变化与环境保护战略"中几个关键词的内部逻辑,并提出相应的政策建议。

众所周知,经济发展的一个表现就是收入水平不断提升。收入水平要不断提升,就要靠劳动生产率水平的不断提高。劳动生产率要不断提高,基础就是依靠技术和产业结构的不断变化。比如,一个低收入国家,其产业主要是农业,当它进入中等收入阶段,主要产业会变成制造业,到高收入阶段,主要产业将以服务业为主。

现代化过程不仅体现为上述产业结构的变化,每个产业所用的技术也在不断变化。比如农业,低收入的传统农业一般用农户自留的种子和农家肥,变成现代农业以后,升级为改良的品种、化肥、农机等。制造业也是,传统制造业是手工作坊,使用简单的工具,现代化制造业所用的机器设备越来越多,对电力、交通等基础设施的要求也更高。

总体而言,农业的能源使用和排放密度低于制造业,服务业的能源使用和排放密度也低于制造业。传统技术的能源使用密度和排放密度都接近于

---

[①] 2019年9月29日,由北京大学环境与能源经济研究中心牵头、北京大学国家发展研究院主办、能源基金会资助的"第三届气候变化经济学对话"在国发院朗润园举行。本文根据林毅夫在会议上的发言整理。

零,但现代化技术在农业、制造业、服务业中的能源密度和排放密度都越来越高。美国经济学家西蒙·库兹涅茨(Simon Kuznets)在20世纪50年代就提出,在经济发展过程中存在着环境的倒U形曲线——刚开始都是青山绿水,但非常穷;进入中等收入阶段,主导产业转向制造业,同时农业使用现代化技术,能源和排放密度提高,因此,环境随之恶化;当一国慢慢进入高收入阶段,主导产业变成服务业,服务业不需要用太多机器设备,以人力投入为主,对电力、交通等要求下降,单位产值的能源密度和排放密度又开始下降,环境相应得到改善,而且,随着收入水平的提高也有更多的资源和手段来治理环境。

## 理清经济发展与环境污染的逻辑关系

对于中国而言,改革开放之后,经济发展速度非常快,但环境恶化程度也相当严重。国内理论界和舆论界还由此产生一个说法,那就是把中国环境问题的严重性归因于改革开放以后的发展速度太快,是以牺牲环境换取的经济快速发展。

我认为这个说法未必正确。环境恶化当然与经济发展有关。改革开放初期,我国81%的人生活在农村,以农业为生,采用的也是传统技术,比如耕地大多是靠人力和畜力,所以当时真是青山绿水。后来随着经济发展,制造业崛起,农村也开始采用拖拉机和化肥,排放密度和污染程度加重,环境恶化。

但我们是不是就可以就此得出结论:因为牺牲了环境,所以才取得了超快速的发展?为此,我们不妨比较一下中国与印度。印度1978年的人均GDP比我国高30%,如今只有我们的20%。也就是说在过去40多年,印度经济发展速度比我们慢得多,如果按照有些人环境换发展速度的逻辑,印度的环境应该比我们好得多才对,但事实并非如此,不管按世界银行还是其他国际组织的标准,印度的环境指标都比我们差很多。所以上述简单的归因未必科学。

如果我们掉入有些人的逻辑,为环境而放慢经济发展速度,那意味着什么？意味着我们会放慢进入高收入阶段的速度，延迟进入以服务业为主的低耗能、低排放阶段，结果恰恰是我们要在以制造业为主的中等收入阶段停留更长的时间，延缓重污染阶段的时长。不仅如此，因为延缓进入高收入阶段，我们的收入水平就相对低，用来治理环境的能力也会相对弱。

因此，我们首先要认清经济发展、结构变迁与环境变化之间的关系和规律。否则，良好的愿望可能使治理的代价更高，问题存在的时间更长。

## 认清全球气候变暖问题的根源与责任

随着经济快速发展，环境问题最终会减轻，甚至得到彻底解决。但从国内和国际两个方面的新情况来考虑，我国政府都不可以放手不管，单靠经济发展、产业结构变化来自动解决环境问题。

首先，随着我国收入水平不断提高，人民的需求在变化。过去我们的主要矛盾是人民日益增长的物质和文化需求与落后的社会生产力之间的矛盾。如今进入中国特色社会主义的新时代，主要矛盾已经转化为人民日益增长的对美好生活的需要和不平衡、不充分发展之间的矛盾。美好的生活环境是美好生活所需要的内容之一。因此，化解环境恶化的问题已经上升为我国经济发展的主要矛盾之一。

其次，和环境恶化问题同根同源的全球气候变暖是当前国际需要化解决的一个主要矛盾。气候变暖一方面会造成海平面升高，侵蚀很多沿海耕地和城市，对有些国家带来重大影响。另一方面导致极端天气增多，个别地区的大雨、洪水、连续干旱，对当地人民的生产生活带来重大影响。

气候变暖的根源在于大气层里二氧化碳累积过多，二氧化碳的累积肇始于18世纪中叶的工业革命，祸根不在于最近几年。发达国家率先从农业经济进入以制造业为主的阶段，能源使用密度大幅提高，加上生活方式的改变，包括使用更多汽车、轮船、飞机等高耗能的交通工具，进一步加大了排放。这是全球气候变暖的历史成因和主要原因。

全球气候变暖主要是由少数国家和地区造成的，非洲等仍处于低收入阶段的国家对此问题成因的贡献微乎其微，但其危害是由全世界共同承担的，尤其是发展中国家应对海平面上升和极端天气的能力相对比较弱，受害更严重。在化解这个问题上，国际上已经形成共识，应该继续坚持发达国家和发展中国家共同而有区别的责任。

发展是每个人的权利，也是每个国家的权利。不应该为了应对全球气候变暖而要求发展中国家不再进入制造业阶段，长期留在低收入的低能耗、低排放农业，这是不公平的。而且，这样会使全球的贫富差距越来越大，进而带来其他一系列经济、社会与政治问题，对全世界产生的冲击和伤害未必小于气候变暖。非洲现在有11亿人，70%在30岁以下，50%在20岁以下。预计到2050年，非洲会有24亿人口，其中绝大多数是年轻人。如果非洲不进入工业化阶段，不提高收入水平，就难以维持社会和政治稳定，会引发更多人道主义危机。当地人口一旦在非洲本土生存不下去，必然出现大量向欧洲流动的合法和非法移民，造成欧洲国家的各种民族和文化冲突，以及政治和社会的不稳定。不只是非洲，南亚、中亚、拉美都有同样的问题，尊重发展中国家的发展权利同样是全球必须共同承担的责任。

因此，我们不仅要关注全球气候变暖，还要考虑发展中国家需要以经济发展结构变迁来应对人口爆炸的冲击，在两者之间找到平衡。

在我看来，国际社会首先必须承认发展中国家拥有发展的权利，承认并容纳他们在发展过程中提高二氧化碳排放和能源使用密度。同时，在应对气候变暖上，各国要勇于肩负共同而有区别的国际责任，发达国家有责任率先减少二氧化碳排放，并帮助发展中国家在发展过程中降低每单位人均GDP增加的碳排放，提高能源使用的效率。

## 中国要勇于担负更多的国际责任

中国还是发展中国家，但在应对全球气候变暖问题上可以比其他发展中国家做得更多一点，甚至成为一个领导者，有几方面原因。

第一，我国是大陆型国家，环境污染或气候变暖的后果以我们自己承受为主，外部性较其他国家小。我国需要防止东部沿海的海平面上升太多，防止对胡焕庸线以东的地区造成恶劣影响，那是我国主要的经济活动区。我国还要抵御极端天气的冲击。我国在降低气候变暖对自己的好处方面远大于一般土地规模小的其他发展中国家对自己的好处，因此，我国有理由比国际社会对其他发展中国家的要求承担更多的应对责任。第二，化解全球气候变暖的关键不在于放缓经济发展，而在于节能减排的技术有所突破。我国的主要矛盾已经发生变化，如果能为继续推动经济发展并满足人民对美好环境需求的日益增长，而率先在节能减排技术上取得突破，那么些新技术设备的生产就可以成为我国经济的新增长点，甚至成为能够出口的竞争优势。如果中国能走出一条以新技术推动经济发展与环境和谐的新道路，作为一个大国，我国就可以站在全世界的道德制高点上，并为其他发展中国家解决发展问题和应对气候变暖提供新经验、新技术。

基于以上两个理由，在解决环境和气候变暖问题上，中国既要在国际上继续坚持共同而有区别的责任，但同时可以做得更多一些，起到表率作用。

## 解决全球气候变暖的措施

全球气候变暖怎么来解决？

一种措施是进行能源革命。气候变暖和环境污染的大部分原因是二氧化碳排放。因此，我们应该转变现在"煤炭+石油"的能源结构，逐渐发展替代的新能源，包括水利、天然气、太阳能、风能、地热、潮汐、核能等。这些能源中既有可再生能源，也有清洁能源。

另一种措施是进行技术革命，发展节能减排技术，并普及到每个家庭、每个企业。这是面对全球气候变化应有的认识。

解决全球气候变暖的方向是明确的，但是单靠市场很难解决，需要政府有可行且有效的环保政策。对内，首先要认识到发展是硬道理，不要错误地把发展与环境对立，这个观念不够科学，发展本身就是解决环境问题的手段之一。这一点在前面已经讲过。其次是要从供给侧和需求侧的政策方面下功夫。在供给侧，可以通过税收、产业发展基金等手段来促进能源革命、技术革命，支持新能源技术或新节能减排技术的创新研究。在需求侧，可以用税收或者碳交易等手段让污染付出代价，让节能减排更有收益，以鼓励企业与家庭更多地使用替代能源，主动节能减排。

对外，中国可以站在道德制高点，强调在应对全球气候变暖上共同而有区别的责任。一方面要继续坚持发达国家必须承担更多的责任；另一方面中国作为发展中的大国，也要勇于承担更多责任，在帮助发展中国家呼吁他们的发展权和发展空间的同时，也为他们提供相应的新技术。

## 总　结

第一，发展是结构变迁的过程，环境会出现库兹涅茨研究发现的倒 U 形曲线，这是发展不可逾越的规律。

第二，不论是考虑到适应我们国内人民需求的变化，还是应对全球气候变暖的挑战，我们都需要在供给侧发挥有为政府的作用，以政策引导新能源革命和新技术革命，同时也需要在需求侧更主动、更大力度地推动节能减排，而不是全部依赖于市场自发的力量。

第三，在认知上，我们对内不要把发展与环境对立起来；对外应该站在道德制高点上帮助发展中国家呼吁发展的权利和空间，同时提供可行的新技术，让他们在发展的过程中尽量不重复发达国家的老路，至少尽量以更低的环境代价取得发展。

# 第三章
## 关键的改革

# 中国增长模式的转型与必要的改革[①]

黄益平

我主要讲两个问题:一是在第二个一百年,我们的经济增长方式会发生什么样的改变?二是我们的政策会有一些什么样的转变?这两个问题是相结合的。

## 如何理解过去的改革?

过去四十年,中国经济改革政策的构成和形态其实是一个比较复杂的过程。如果对四十年做一个总结,确实能够看到我们一直坚定地朝着市场化的方向走,这一点毫无疑问。但是另一方面,政府这只"看得见的手"在很多领域依然很活跃。比如,民营企业和国有企业依然不算完全站在一条起跑线上竞争,政府对金融体系还有很多干预。

所以,我想谈的第一个问题是,如何理解过去的改革逻辑和实际效果,主要有两点。

### 1. "双轨制"改革策略有利于维持经济与社会的稳定

要解释上述的现象,首先要意识到中国改革的一个重要策略是"双轨制

---

[①] 2020年8月13日,北京大学国家发展研究院联合北京大学出版社举办【朗润·格政】第146期暨北大博雅讲坛第313期在线论坛,主题为"疫情与国际新挑战叠加下的中国经济展望"。本文根据黄益平教授在论坛上的主题演讲整理。

改革",或称之为"渐进式改革"。双轨制很重要的特征是把经济分为旧的一轨、新的一轨。1978年改革开放要走市场经济道路,但是我们同时有很庞大的国有企业。我们并未像苏联、东欧那样实行"休克疗法",一下子把所有国有企业私有化,把计划经济原有的一套全部摧毁,希望明天醒来的时候,民营经济和市场经济一下子就发展起来了。事实上这很难做到,因为市场机制的发展需要很长时间。

客观地讲,我们过去走的改革道路就是双轨制改革,是两条腿走路。简单说就是一方面让国有企业继续运行,这是政治和社会稳定的要求,其实也是经济稳定的要求;另一方面,开放市场,允许包括民营经济和外资企业在内的非国有经济快速成长。这是我们过去四十年改革的重要轨迹。实行双轨制主要是为了在获得市场化改革好处的同时保持相对平稳的过渡。

### 2. 市场化的改革并不对称

中国通过双轨制改革使经济走向了市场化,但又属于"不对称的市场化改革"。"不对称"指的是产品市场基本都放开了,但政府对要素市场的干预仍然较多。到今天为止,政府在农产品、制造业产品、服务业产品等产品市场上的干预已经很少,由自由市场的供求决定价格。然而在要素市场,包括土地市场、能源市场、资本市场,甚至在劳动力市场,政府的政策限制和干预仍然较多。劳动力市场比较特殊,政府基本不太干预工资的决定,尤其是农民工进城等,但是户口制度对于劳动力的流动和工资水平的决定有一定影响。

一方面是产品市场的放开,另一方面是要素市场的扭曲。对于要素市场的扭曲在金融领域表现得非常突出。

我们的金融体系有两个特征:第一是体系非常完备,规模非常庞大;第二是政府在金融体系中的各种干预较多,包括对利率和资金配置、对汇率水平、对大型金融机构的运行,尤其是对跨境资本的流动等,政府有着各种影响和干预。

为什么要素市场会有这么多扭曲?我个人的解读是:要素市场扭曲其实是为了支持双轨制改革政策。双轨制是既要国企继续发展,同时也鼓励民企和外企更快地成长。然而，在过去这样一段时间，国企相对来说效率比较低，但为了经济和社会的稳定，国企需要继续运行，需要一定的特别支持。我国财政在相当长时期内没有能力来支持这样一些国企，所以政府采取的措施就是通过干预要素市场，为国有企业或者国有部门提供变相的补贴，这是支持双轨制落地的一种做法。

所以，目前的情况是，大方向是市场化改革，但在具体政策上政府干预还比较多。这是一种摸着石头过河的做法，方向没有错，但为了改革过渡比较平稳，出现了很多看上去似乎是政府干预市场运行的做法。这是我们过去几十年到现在一直存在的现象，在乐观的人看来，我们一直朝着市场的方向走，但不太乐观的人可能觉得政府对经济体系的干预太多，退出不够快、不够坚决。

## 未来的三个新挑战

回头看过去四十年改革期间的经济表现，我国在这段时间增长的绩效非常突出，尤其是在前三十年，经济增长年均保持10%左右，这在世界上都很罕见，有人称之为"中国经济奇迹"。这说明，这套政策框架虽然有前面所述的不少问题，但实际上是很成功的。

成功背后的原因很多。一方面，过去三四十年，政府对经济体系的干预程度在降低，也就是说市场化程度在提高，这对提高效率很有帮助；另一方面，我们做的一些研究发现，当市场经济机制还没有很完备的时候，适度的政府干预在一定程度上对于支持经济增长是有帮助的。不管什么原因，我们把改革的四十年全放在一起看，年均GDP增长仍然有9%以上，这仍然是非常了不起的。

在过去十年，中国经历了2008年、2009年全球金融危机，2010年增长进入一个小高峰，达到10%以上，但从那之后GDP增速不断往下走。这个持续下行的增长我们都感受到了，一开始大家以为政府出台一些宏观政策就可以稳住经济增长，但现在看仍然是持续往下走。今年因为新冠疫情的特殊影响，第一季度增速是负增长，是国家统计局自1992年开始公布季度GDP

数据以来的首次,经济到第二季度开始复苏。整体来看,自 2010 年起,GDP 增速已经从 10% 以上降到 2019 年的 6%,呈持续下降的趋势。经济增长减速在学界引起了很多讨论,对于到底是趋势性的结果还是周期性的结果,又或者是结构性的结果,我认为这些方面的因素可能都值得我们关注。

其实更重要的是,我们现在要走向第二个百年计划,在未来三十年能保持什么样的增长?过去四十年我国算是比较成功的,未来会怎样?

在此,我集中讨论三个挑战,这三个挑战跟我们过去三四十年遇到的问题不太一样。

### 1. 新挑战一:从低成本到中高成本

改革开放开始时,我国人均 GDP 是 200 美元,在世界上属于很低的水平。那时,只要有低成本优势,能够生产产品就有竞争力,就能在市场上卖得出去。即便到了 2007 年,全球金融危机的前一年,中国人均 GDP 2 600 美元也属于中低收入水平,仍然有一定的低成本优势。2019 年,我国人均 GDP 已经超过 1 万美元,离世界银行设定的 1.26 万美元的高收入经济门槛已经比较接近。从中低收入水平到中高收入水平,对我们来说意味着生活水平的改善,但是对于经济发展来说,一个很重要很突出的挑战就是低成本优势不再,过去充满竞争力的很多产业难以为继。

经济政策讨论里经常说到"中等收入陷阱",指的是大多数国家有能力从中低收入水平发展到中等收入水平,但是很少有国家能够从中等收入水平进入中高收入水平。未来十年、十五年,中国面临的一大挑战是,失去低成本优势以后还怎么发展?如何克服中等收入陷阱?这是我们过去没有,但将来要面对的第一个挑战。

### 2. 新挑战二:从全球化到贸易摩擦

1978 年以来,我国的发展除了赶上人口红利,似乎还有一个巧合:全球经济一体化,贸易和金融都越来越自由化,而恰恰那个时候我国进行改革开放。中国恰好成为全球化的主要受益者,过去这些年外国直接投资和对外出口这两大因素,是我国长期经济增长的重要推动力量。我国的贸易开放度在全世界尤其在大国经济当中是非常高的。

然而,我们现在遇到了新的挑战。特朗普2017年上台以后,2018年、2019年美国的平均关税税率基本已回到第二次世界大战以前的水平,也就是说,美国对外的贸易壁垒一下子退回到了几十年前的水平。美国是表现最突出的,其他国家虽没有那么极端,但总体而言,全球化的步伐大都在放慢,出口的难度和投资的难度都在增加。这是我们现在遇到的问题,将来可能还会持续一段时间。

除了面对国际化政策的变化,还有国际化影响力的新挑战。

我国已经从中低收入经济体变成今天的中高收入经济体,过去是小国经济,现在成为大国经济。从贸易角度看,大国经济就是你在国际市场上买什么什么贵,卖什么什么便宜。在这种情况下,外部经济扩张就会越来越难。因为当一个国家在国际市场上已经成为重要贡献者时,其持续扩张就会对其他国家提出结构调整的要求。一定意义上说,现在中美的贸易矛盾这么大,也是因为我国的体量、经济总规模及在全球市场上的影响力不断增加。反过来看,如果今天中国经济规模还像四十年前一样,美国是否还会发起这样一场贸易摩擦呢?我认为可能不会。但这并不意味着美国不会挑起贸易摩擦,而是它针对的对象有可能会发生转移。二三十年前美国曾经瞄准日本,也曾经一度瞄准德国。

因此,中国面临的外部环境变化,有特朗普的因素,有全球金融危机的因素,同时也有中国自身带来的国际影响力不断变大的因素,中国的进一步增长会对其他国家带来结构性的挑战,引发一些调整问题。从这个意义来说,我认为中国政府现在提出的"内循环"是很重要的。如果外部市场、外部投资对中国增长的贡献不能持续像过去那么大,我们如何继续保持增长?这是中国接下来要面对的第二个新挑战。

### 3. 新挑战三:从人口红利到老龄化

过去,我国劳动人口占比不断上升,但从2010年开始持续下降,同时老龄人口的比重在上升,所以抚养比在不断提高。

老龄化一方面使我国劳动力供给、人口生产率开始下降,另一方面,需要供养的老龄人口不断增加,对消费、储蓄、投资、医疗和养老开支都会有很多影响。总体来说,老龄化可能使我们过去通过增加劳动力的供给来支持经济增长的方式变得越来越困难。

但凡事都有两面,老龄化也不是说一定就对经济增长不好。如果我们能充分利用老龄化带来的机会,抓住随之产生的各种新需求,那么人力资本积累也许就会更快一些。但不管老龄化带来的影响是正面还是负面,也不管哪一面更重要,都意味着我国的增长模式可能不得不做出调整。

## 增长模式调整的必要性

综上所述,展望未来三十年,我国的增长模式可能面临的最主要挑战是什么?我认为归纳起来是相互关联的两个问题。

第一,经济环境实实在在的巨变使得经济增长模式必须不断做出调整。中国经济已经从中低收入水平发展到中高收入,快接近高收入水平。从过去面对全球自由的市场转变为外部经济环境越来越困难,甚至还面临贸易摩擦等更恶劣的政策环境;从原来的人口红利到现在慢慢转向老龄化等,这些都会对我们的经济增长模式产生很大影响。简而言之,过去支持了经济发展几十年的依靠低成本优势和要素投入的粗放型增长模式在未来不可能再持续。未来可能需要依赖的是创新驱动型的增长模式。当成本已经足够高之后,为了能够保持在国际市场和国内市场的竞争力,那就必须有全要素生产率的提高、经济效率的提高,这样国家的竞争力才能不断改善。

第二,双轨制改革政策遇到了瓶颈。从双轨制到不对称的市场化改革,一方面是不断地朝着市场化体制走,另一方面政府确实维持了对经济体系的不少干预。这样的政策体系在过去没有妨碍高速增长的原因是,一方面确实还是在进行市场化,因而效率在不断提高,另一方面是在市场机制还未完全有效的时候,一些政策可能对增长的限制不是那么突出。

以金融业为例,政府过去对金融体系的干预措施所造成的对经济增长的影响在不同阶段是不一样的。早期,由于我国金融体系的市场化程度相对不太高,政府的适度干预不仅对于增长没有很多负面影响,甚至还有一些正面的支持。例如，1998年亚洲金融危机期间，我国很多银行的不良率很高，但却没有发生挤兑和银行危机，原因之一就是很多银行都是政府持有，所以存款人对于银行的信心没有下降。与此同时，金融资源配置在相当长时期内比较偏好国有企业、大型企业，这可能会造成一些效率损失，因为民营企业效率更高、发展更快，但是从资源配置的趋势看，民营企业获得的资源越来越多，虽然年度之间有一些波动，但大方向没有改变。更重要的是，从总体来看，我国这套金融体系的效率可能是受一定影响，但是它的有效性实际是很高的。只要有了储蓄，今天的储蓄就可能转化成明天的投资，直接支持经济增长。从这个角度来说，我们过去这套体系支持增长是有效的，但是现在我们看到它的效率确实在下降。抑制性金融政策在20世纪八九十年代对经济增长有促进作用，但是进入新世纪以后，对经济增长的负面影响越来越突出。

这可能是因为市场化程度提高了，所以政策对效率的影响就变得越来越大。也可能是因为现在的增长模式改变了。过去是粗放式的增长，由国家主导的银行来配置资金所造成的问题不太大，但是现在变成创新驱动的增长模式，如果还沿用过去那一套有很多政府干预的金融体系，那么增长效率和速度受到的影响就会比较明显。

做个总结，如果看过去四十年和未来三十年的增长，一方面增长模式确实在发生改变，另一方面，过去一些曾经行之有效的政策现在对于增长和效率的约束越来越突出。过去四十年经济增长取得成功，最简单的解读就是改革和开放，改革就是市场化改革，开放就是融入世界经济。

## 未来的关键改革方向

我个人认为，如果给一个简单的建议，将来还是应该继续沿原有的改革方向走下去，但在具体做法上，可能需要一些改变。我认为有四个方面的关键性改革是绕不开的。

第一，在改革开始的时候，双轨制是不错的改革策略，但是到今天我们可能需要考虑终结双轨制改革策略。国企、民企与外企之间相对不平等的政策环境应该取消,实现竞争中性、公平竞争。

第二,过去市场化改革存在非常突出的不对称,一方面产品市场完全放开,另一方面要素市场的扭曲很明显。这么做在以前是有理由、有逻辑的,而且效果还不错。但是这样的要素市场扭曲在今天和今后已经越来越成为制约经济增长的一个重要因素,所以中央已经提出,推进市场化改革是下一步经济改革的重要内容。这一点我非常赞同,而且有很多方面的政策可以研究,比如取消户口制度,改革农村土地的产权安排,支持农民工城市化。其实就是把过去对要素市场的一些约束取消,让市场机制来发挥作用。金融领域现在的政府干预仍比较多,应尽量实现市场化的风险定价机制,增强竞争,支持金融创新,同时要平衡创新和稳定之间的关系。

第三,因为现在要走向创新型经济增长模式,所以如何支持创新与产业升级是一个比较大的问题。一方面要支持基础研究,另一方面要更加重视采取一些政策工具来支持创新和产业升级。

第四,坚持对外开放。今天的国际环境改变了,所以我们会更加重视国内需求对支持增长的作用,但同时一定要继续保持开放。比如,我们现在跟美国的关系比较僵,但是不是每个领域都没有合作机会了?我想并非如此。而且除了美国,我们还可以和很多其他地区合作。过去四十年与改革相伴的一直是坚定的、独立自主的开放,开放对经济增长发挥了很积极的作用,将来还是应该继续坚持这种稳健开放的策略。

# 体制成本与中国经济

周其仁

中国经济早就引人瞩目。不过,人们对中国经济有着不尽相同的理解、解释和判断。本文选取一个角度参与讨论,中心论点是,体制成本是理解中国经济高速增长得以发生及经济继续变化的关键。

## 新问题:解释中国经济起落

自改革开放以来,中国经济经历了30年高速增长。对此,经济学者做了系统回顾。2008年7月,年近百岁的诺奖得主科斯教授在芝加哥大学组织了总结中国经济制度变革经验的学术研讨会。是年年底,国家统计局发布公告,2008年中国经济年增长率为9.6%,虽比上年有所降低,但还是达到了1978年以来30年的平均增长率。次年,中国超越日本成为世界第二大经济体。再过一年,中国成为全球最大出口国。2013年,中国又成为全球最大贸易国。2014年,国际货币基金组织以购买力平价方法计算,宣布中国经济总规模超越美国成为全球第一。

比照20世纪70年代末的情景,中国经济取得了足以傲人的成就。这也激发了学界总结中国经验的理论雄心。毕竟,像中国这样人口众多的大国取得如此出色成绩,绝非偶然。与中国经济增长奇迹并存的,应该有关于中

---

① 原文发表于《经济学(季刊)》第16卷第3期(2017年4月)。

国经济的学术建树。所以大体也在 2008 年前后，人们不再满足于仅把中国作为验证现成经济理论的一个案例，而立志要从中国经验里提炼新理论和新思想。其实，经济成就与其理论总结之间的关系，并不一定亦步亦趋。1776 年，亚当·斯密出版《国富论》之时，距瓦特发明第一台单动式蒸汽机不过七年，英国满打满算还处于产业革命的初级阶段。七十多年后，《共产党宣言》所说的"资产阶级在它的不到一百年的阶级统治中所创造的生产力，比过去一切世代创造的全部生产力还要多，还要大"的宏图，在当时还没有可能被人感知。斯密时代的英国经济只不过经历了长久的缓慢增长，他当时看到过的绝大部分企业规模还很小，而不被他看好的像东印度公司那样的获皇家特许贸易权的大公司，为数寥寥。当时英国人的生活水平似乎也普普通通，甚至乏善可陈。

就在那么一个经济基础之上，诞生了足以长久影响后世经济思维的古典政治经济学。以此作为参照，30 年中国高速增长的奇迹，就算斯密本人在世，也不能不刮目相看。拿出与当今中国经济绩效旗鼓相当的思想产品，顺理成章。问题是雄心愈烈，挑战愈多。恰从 2008 年开始，中国经济增长态势开始发生新的变化，虽然 2009—2010 年因施加强刺激政策而维系了高增长，但下行压力终究尾随而至。回头看，2007 年第一季度中国 GDP 折成高达 15% 的年增长率，应该是一个增长阶段结束的空谷绝响。不过几年光景，世界第二大经济体增长减速一半以上。这里带出一个新问题——如何阐释中国经济的起落？

分开来处理，可以增长解奇迹，下行析成因。但如果我们不满足于此，希望在一个简明框架里获得对中国经济戏剧性变化一以贯之的理解，那就还须付出努力。下文从一个核心概念入手，试图在这个概念的基础上扩展相关分析。

## 体制成本的含义

无独有偶，也很年轻的中国经济学家张培刚在 20 世纪 30 年代从事抗战经济问题的研究时，也提出"纯商业费用"概念。他观察到当时湖南、江西等地的中国农民很穷,生产粮食的成本极低,但在沿海城市如宁波的粮食市场上,中国大米却竞争不过远道而来的泰国大米。经过仔细调查,张培刚发现,从中国农村粮食产地到沿海城市销售地之间,经商成本过高是问题的关键,诸如地方割据、关卡需索无度及种种其他麻烦的顽固存在,把本来很有竞争力的中国大米排斥到沿海市场之外。他的结论是,如果有效改善商业通道,节约纯商业费用,战时中国的粮食供应将得到改善。考虑到当时张培刚还不可能读过上述科斯那篇论文,我们可以说一位中国学者独立发现了在生产成本之外还存在其他成本。这再次说明,当学者直面真实世界时,有机会提出一个新概念来阐释可观察到的反常现象。

经历多年沉寂之后,"交易成本"终于引起学界注意并得到进一步阐释。1969年,后来获得了诺贝尔经济学奖的肯尼斯·阿罗(Kenneth Arrow)提出,科斯提出的交易成本实际上就是一个经济体系运行的成本。他因此打通科斯经济学与古典经济学传统的关系,因为在斯密那一代学人那里,最关心经济体系的运行,而不是孤立而零碎的经济活动。另外,科斯的一些追随者则把交易成本概念扩展为"制度成本"。例如,张五常在1987年为《新帕尔格雷夫经济学大辞典》撰写"经济组织与交易成本"的词条时指出:"交易成本就是一系列制度成本,包括信息、谈判、起草和实施合约,界定和行使产权,监督管理的成本以及改变制度安排的成本。简言之,交易成本包括一切不直接发生在物质生产过程当中的成本。"这是说,在直接生产之外需要付出的代价,还远不止狭义的交易成本。

在真实世界,制度无处不在。人们从事生产、消费、储蓄、投资等各项经济活动,无不受制于特定的产权与契约安排,无不组成特定的组织与机构,如家庭、社区、企业、市场、货币体系、立法、税收与政策制定、政府及一系列监管部门。这些交织到一起的组织、机构和制度,不仅源于个人的自愿选择而自发生成,而且受到传统、流行观念与"社会强制力"的作用而被构建。

因此,为了在交易成本(或"纯商业费用")和制度成本的基础上继续前进,我们要把观察和分析的重点转向成体系的制度,特别要关注那些由社会强制实施的组织与制度怎样影响个人的选择,并以此影响经济运行。

这里使用的体制成本,是指经济运行所必须支付的一种成本。体制由一系列制度构成,运行于由社会强制执行的产权与合约的基础之上。举凡体制确立、运行和改变所耗费的资源,就是体制成本。体制成本的性质和变化,对经济增长的影响至关紧要。

与狭义的"交易成本"或"纯商业费用"相比,"体制成本"不但可以扩展到对形形色色非市场交易行为的分析,而且可以深化对市场及非市场行为的一般理解。人们习惯于把市场交易视为利益诱导下的自愿选择和契约组合,因此无须涉及那些带强制性质、包括合法强制的力量与机制。"体制成本"则不同。作为真实世界里约束人们行为的一组集合,社会强制力包括流行观念、政府权力以及由此生成的政策制度禁止或许可,从一开始就是经济体制不可或缺的要件。对体制成本的观察和分析,涉及国家行为,离不开国家理论。与"制度成本"相比,"体制成本"更强调成体系的制度,而非单一的、个别的制度安排,特别是把重点放到约束着自发、自愿行为的社会强制力本身的约束条件。回溯过去,狭义的交易成本和单一的制度成本,可以看作体制成本的局部或特例,我们的认知从局部和特例开始,走向更一般的抽象。

## 大幅降低体制成本是中国奇迹的奥秘

中国经济高速增长并不是一个自然现象。远的不提,1980年中国制订1981—1985年计划(第六个五年计划)的时候,确立下来的年平均增长目标不过是4%,"争取达到5%"。为什么处于高速增长起点时段的中国,定下那么一个事后看来低估自己潜力的增长目标呢?因为当时中国经济面临难以突破的瓶颈。最大问题是在当时这个"十亿人口、八亿农民"的国度,吃饭问题还没有解决,占人口绝大多数的农民非常贫困,无从支持工业和城市发展。那么,为什么农业拖后腿、农民贫穷?答案是存在严重的体制障碍:不论政府多么急切地希望发展农业生产,也不论几亿农民多么急切地希望改善生活,当时成体系的经济体制的运行效果就是事与愿违,怎么也打不开鼓励农业增产的阀门。

是的,并非单项制度或单项政策,而是成体系的、彼此纠缠到一起的观念、制度安排和政策措施，共同导向此类困境。这里首先是人民公社生产制度，集体出工、集体劳动、集体分配，虽享有一定规模经济的好处，但因难以准确计量社员个人的付出与贡献，从而难以调动生产劳动的积极性。不仅如此，那种集体生产模式还常常因错误指挥和武断命令而遭受严重损失。其次，农村土地的集体公有一旦建立，似乎就再也不需要也不允许在农民家庭之间划出必要的土地产权界限。再次是农产品统购统销，由政府全盘管制农产品流通，政府一手定价定量收购，一手定量定价在城市配给，基本排除市场机能。最后，为了维系农产品生产，国家禁止农民外流，不得自由转入收入较高的非农业部门。

在这种情况下，即使拥有数量充沛的生产要素也无济于事。劳动力不能自动转化为生产力，庞大人口不但带不来红利，反而成为包袱，最后导致严厉的生育控制政策出台。

按照传统分析，生产者之间的激烈竞争导致较低的产出品价格，从而激发需求增加，转过来拉动供给。但此分析忽略了一点：过高的体制成本妨碍要素的有效组合，从而限制产出增加，结果就在农业生产要素极其充裕的条件下，农产品却长期供不应求。于是，低农业生产成本——它的另一面就是农民贫穷——与农产品短缺长期并存，成为中国经济增长难以克服的瓶颈。这说明，需要对体制成本做出恰当分析，才能理解长期得不到解决的那些中国经济问题的症结。

中国解决上述难题是靠体制改革。由于制度障碍并非孤立个别，而是自成一套体系，破解之道就是必须多管齐下。当时先实施的治标政策是休养生息：政府动用极为稀缺的外汇，增加粮食进口以减少征购量，让负荷过重的农业、农民和农村缓一口气。接着政府又动用财政资源——当时要靠赤字维持——提升超额出售农产品的收购价，在边际上增加农民增产的激励。更重要的是解放思想，尊崇实践是检验真理唯一标准的务实哲学，鼓励地方、基层和农民突破原有体制的束缚，大胆改革创新。特别是当安徽、四川等省区自下而上冒出"包产到户"来的时候，中央政府不失时机地运用自己的政治权威给予底层自发改革以合法化承认。结果，仅仅几年时间，在农业生产大幅增加的基础上，中国农业从生产、流通、分配到土地产权制度，渐进而又全盘地推进了改革。

抽象概括,中国经济体系的运行成本即体制成本,经由改革得到大幅度降低。在农村变革进程中,降低体制成本的行为主体,首先是农户和基层社队,因为改革重新划定了集体经济产权的边界,使第一线当事人有权选用较低运行成本的合适体制,而无须屈从按照本本教条设计、实际运行效果很差的老体制。地方政府以及拥有最后政策决定权的中央政府,则与底层实践积极互动,在时而矛盾对立、时而妥协统一的改革政策制定过程中,最终完成对改革的合法性背书。

很清楚,被粮食短缺和农民贫困逼出来的改革,大幅度降低体制成本,打开了充分释放原本数量充裕的农业劳动力转化为现实生产力的阀门。农业增产、农民增收,从供给和需求两个侧面支持了国民经济增长。回头看,历史检验了以下结论:农村改革这场奠基礼,突破了1981—1985年中国经济原先计划"保四争五"的格局,为后来中国经济更高速增长创造了条件。到20世纪80年代中期,人们已经明白,中国并不需要把八亿农民束缚在农业和农村。数以亿计的"农村剩余劳力"转向生产率更高的非农产业和城镇部门,构成中国经济高速增长的扎实基础。不过,这波经济潜力的释放要求突破更为严重的体制障碍,包括对从事工业和城镇经济活动的国家垄断,也包括对非公经济(个体户、私人合伙以及民营企业等)雇工经营的法律禁止。

在那个时代背景下,这两大障碍比承认农业家庭经营更难以逾越,因为它们触及更成体系的意识形态、法律及习俗惯例。幸亏中国已积累了渐进改革的经验,那就是允许和鼓励先行先试,从局部地方的改革试验入手,直到新选择所表现的经济社会效果为多数人接受,再完成改革的全局合法化。大体到20世纪90年代,在经历了一轮又一轮思想政治方面的反复之后,中国特色社会主义市场经济体制终于得以确立。

## 比较优势新内涵

更大挑战接踵而至。中国突然爆发出来的务工经商生产力,到哪里去寻找能够容纳得了他们的市场?出路是融入全球化。首先是借力发达经济体的市场。这也是从实际出发的选择,因为日后凸显的中国制造能力并非内生而成,从一开始,包括来自发达国家的资本、技术以及商业模式,就参与了中国制造能力的形成。后来被称为"世界工厂"的中国,靠全球市场消化自己惊人庞大的生产力,合乎逻辑。贸易数据让人们对新到来的经济大时代印象深刻。1978年中国出口不足100亿美元,到2012年超过2万亿美元,增长了210倍;进口从108亿美元增长到1.8万亿美元,增长160多倍;国家外汇储备从1.67亿美元增长到3.3万亿美元,增长近2万倍。不过,要深入理解这一翻天覆地的变化,并非易事。通常的看法是,经济学上历久弥新的比较优势理论,应该是分析中国经济崛起最合适的分析框架。问题是,比较优势理论要获得用武之地,需要一个必不可缺的前提,那就是在发达国与后进国之间存在大规模贸易。问题是,究竟具备什么条件,潜在的比较优势才能被唤醒并受到强有力激发?

为此,我们需要明确比较优势的内涵。比较优势首先是比较成本,因为各个经济主体——从个人、家庭、地方到国家——从事生产所花费的成本各不相同,其产品一旦进入市场,绝对优势或相对优势在比较中互现,才形成绝对优势或比较优势。但是,各行为主体互相比较的,远远不限于生产性成本。在真实世界里,任何生产活动要得以进行,离不开特定的制度结构,从而受到成体系制度安排的决定性影响。实际的生产成本究竟是高还是低,比较优势究竟是潜在的还是现实的,以及究竟能不能把潜在的成本优势发挥出来,受制于特定的体制,并非由所谓自然禀赋就可以决定。

中国的经验教育我们认识到上述区别。早在贸易数据惊醒世界之前,作为一个经济落后的人口大国,中国极低的人均收入水平似乎意味着她拥有极富竞争力的低劳力成本优势。但是事实上,如果被贫穷包围的巨量人口和劳力,根本没有被投入有效生产,也提供不出能参与全球市场竞争的产品,那就谈不到在全球舞台上发挥比较优势。那些妨碍充沛人力资源投入生产过程的体制性摩擦,甚至高到足以让很多生产活动根本无从发生——这与物理世界里摩擦系数过高、物体根本就不可能被移动的道理,如出一辙。

无须强调,潜在的低生产成本从来就不会自动生成比较优势。关键是能不能消除妨碍生产活动的体制束缚。不幸的是,潜在超低的生产成本常常伴之以极为高昂的体制成本,妨碍经济运行,以至于本来有机会显露的竞争潜能,根本无从发生。人口多,包袱重,劳力多,就业难度大。若问为什么在那种情况下劳动密集型产业搞不起来,答案是原本极低的生产成本受到极高体制成本的拖累。更具有决定意义的是,倘若落后国不开放,根本拒绝与他人比较,那又怎么可能谈得到比较优势?

中国的基本经验不是别的,正是经由改革开放大幅降低体制成本。这是实现经济增长的前提。举其大要,破除国家对工业和其他较高收益产业的行政垄断,欢迎外资落地,鼓励民营企业发展,解除国际贸易的国家专营,启动汇率改革(特别是主动减除严重的本币高估),持续改革进出口体制,根本改善外贸服务,所有这些改革硬仗,一役也不能少。归结起来,就是把先前几乎无穷高的体制成本大幅度降下来,同时也包括降低中国人接受一切先进技术管理知识的学习成本。在此前提下,中国潜在生产成本优势才开始得到激发,中国出口才开始发力,世界也才得以发现中国经济拥有惊人的比较优势。

这样来看,不少流行之见需要重新推敲。如"廉价劳力是中国崛起的秘密",我们不妨反问:改革开放前的中国劳力更为廉价,为什么那时不见奇迹?又如"政府管控才是中国模式灵魂",我们不妨再反问:苏联模式政府管控国民经济的全部,为什么失败到连苏联都不复生存?至于颇受青睐的"举国体制",在笔者看来也未点中要害——究竟是举国推高体制运行成本,还是举国走改革开放之路、大幅降低经济体系运行的成本?

笔者认为,真实的中国经验是以降体制成本为纲领,靠改革开放释放出中国在全球市场的比较优势。为理解和阐释中国经验,有必要扩展比较优势的内涵,把生产成本与体制成本一并纳入分析框架。

## 成本曲线先降后升

体制成本也是成本,终究服从成本行为的一般规律。在经济学理论上,所有成本曲线一律先降后升。之所以如此,传统的解释是边际收益递减。那是说,随着经济规模扩大,在合理的要素结构范围内,增加某一要素的投入,会在边际上带来产出增加,此时对应于产出规模,成本下降;但是过了合理临界点,增加某要素投入使得产出增量不增反减,于是成本曲线见底回升。

这套分析加深了人们对生产成本的理解。给定其他条件不变,对一块农地追加劳力投入,会带来产出增加,追加肥料投入亦然。但过了技术合理临界点,过多劳力引起窝工,过多肥料烧死庄稼,农业产出的边际收益便下降,成本曲线上扬。不过,该分析还是忽略了一个问题:即便边际生产成本尚在下降,但随着规模扩大,是不是还可能发生其他成本?其他成本带来的产出效果又怎样变化?

这个问题由科斯的发现得到解决,由于产品走向市场、走向消费者要发生非直接生产的交易费用——例如市场营销费用——该成本一旦过了交易结构的技术合理点,可能先于生产成本而上升。这与实际经验吻合,当较多的农产品或工业产品生产出来的时候,即便其生产性的边际收益还在上升,却很可能因为花费过多的市场营销费用而导致交易成本的边际收益减低。真实世界的成本曲线,比只见生产不见交易的"黑板经济逻辑"所推导的,可能更早掉过头来重新上升。

不过就算把生产与交易合并起来,也还不足以描述成本行为的全部。除了在生产交易过程中那些显而易见的耗费,譬如要不要多用劳力、加施化肥、引入机械、扩大厂房和设备、扩展营销等涉及收益考量的成本行为,在真实经济过程中各经济主体还要支付一系列"非自愿耗费",如不得不缴纳的税款和其他贡赋,不得不耗时费力与管制部门或权力人物所打的交道,以及不得不在生产和市场过程中劳神费力处理的与其他各方事关财产和产品的纠纷、冲突和损伤。虽然在不同经济体系里,自愿耗费与非自愿耗费的比例很不相同,但一般而言,它们普遍存在。遗憾的是,与古典政治经济学相比,现代主流经济学常常忽略了对真实世界里那些非自愿支付耗费的分析。中国的现实让我们格外关注体制成本。体制成本不是个别生产者、消费者在竞争中为获利所自愿支付的成本,而是成体系的、即使行为个体不自愿也非承担不可的成本。这类体制成本具有强制缴纳的性质,不受一般市场竞争和讨价还价的约束,因此更不容易得到合理节制,可能比生产成本和交易成本曲线更早、更大幅度上涨。

让我们先看一组中国数据。根据国家统计局的数据，1995—2012 年，中国名义 GDP 从 60 793.7 亿元上升到 518 942.1 亿元，共增长 8.5 倍。这显然是第二次世界大战后大国难得一见的高速增长。不过不可避免地，中国高速增长也必须付出代价即成本。对此，人们曾普遍关注，是不是劳力成本的过快增长削弱了中国制造的竞争力？不过我们发现，同期全国工资总增长 8.7 倍，几乎与名义 GDP 增速持平，并没有特别快于经济总增长的出格表现。期间大大快于总经济增长的，是以下几个变量：第一，税收，同期全国税收总额增长了 16.7 倍，相当于经济总量增长倍数的 197%，或工资总额增长倍数的 192%；第二，包括税外收益的财政收入，期间增长了 18.8 倍，快于税收增长；第三，全国社保缴纳，期间共增长 28.7 倍；第四，土地出让金，同期全国土地出让金总额增长了 64 倍。

以上诸项，都是为生产附加价值所必须付出的成本。不同之处在于，工资总额发生于劳力市场，包括绝大部分国企工人在内的全国劳力资源，通行劳务合同制，工资决定一般要根据雇佣双方意愿，受市场供求法则支配。但是，税收及其他向政府机构缴纳的行政服务费，属法定负担，带有执行方面的强制性，不存在个人、家庭和企业对政府行政服务满意就多付、不满意就少付的经济关系，而纳税方也难以参与税法制定和税率确定。社会保障项目的缴纳，在理论上用于缴费人未来的生活保障，也是广义上劳务成本的组成部分。但社保缴纳的数目、提取后的营运、支付等管理，依现行法规由政府机构独家执行，也带有法定强制性。最后一项土地出让金，则是转型中国特有的经济运行成本，因为在现行体制下，中国用于合法经营的土地一律属于国有——包括大部分经由政府征用农村集体土地转为的国家所有——然后由政府批租给用地机构及个人。这里虽然存在着一个土地批租市场，但唯有政府掌控土地供给，类似其他一切政府或国企行政垄断供给的"市场"，需求者众而竞争激烈，供给者则或独或寡，不容他方进入提供替代，因此在此类市场上形成的资产价格，本质上不过是行政权力的租金。

加到一起，在以上观察期中国经济运行的一个显著特征，是法定的、带强制性成本项的增长速度，不仅大大超过经济总增长速度，也大大超过受市场法则支配的其他成本项的增长速度。这说明，转型中国在取得高速增长成就的同时，尚没有形成持续约束体制成本增长的有效机制。这是渐进改革远没有到位的表现，也必然对中国经济的持续增长产生消极影响。比照早期以"解放思想、放权让利"为纲领的改革，随着中国开始在全球市场上因发挥比较成本优势而实现高速增长，一度大幅降低的体制成本又重新掉头向上，并以远超高速经济增长的更高速度回升。实际情形很像一匹巨型骆驼，早期减负促其迅跑，却在高速行进中不断被加载越来越沉重的负担，终于令其前行乏力。笔者认为，对于一个迄今为止靠比较成本优势在全球立足的经济体，中国高速增长轨迹的变动，可用体制成本的下降和重新上升给予解释。

## 难以量化的体制摩擦力

还有一些体制成本，或难以在统计上得到反映。观察表明，经济活动中涉及的产权界定合约纠纷、新产品开发与相关市场准入、政府专营范围变动、行政诉讼和民事案件审理等事务，无一例外，都需要在直接生产成本之外另有耗费。虽然这类广义的交易成本或这里定义的体制成本在一切所谓成熟的市场经济中也照样发生，但对中国这样一个转型经济而言，这些非生产成本的形态还是颇具特色、自成一家。据笔者近年研究过的若干案例，本节简要讨论这类成本的性质。

第一个案例涉及政府电信专营。背景是20世纪90年代末互联网兴起，提供了完成语音通信的新机会。与传统电信不同，基于互联网的语音通信（IP电话）无须在通话时独占昂贵的通信电缆，而能够在同一线路上大量传输压缩了的语音数据包，从而可以革命性地降低通信资费。1997年年底，福州市马尾区一家由陈氏兄弟经营的民企开始把IP电话应用于商业活动，在市场上大受欢迎。当时中国的国际长途话费很贵，每分钟在18—32元，而陈氏兄弟提供的IP电话，每分钟收费仅6—9元，于是他们的生意火爆。但是，当地电信局却以涉嫌"非法经营罪"报案，由区公安局查抄经营场地、扣押设备，并限制两兄弟人身自由，后由家属缴纳取保候审费5万元才予以释放。

陈氏兄弟到区法院提出行政诉讼,败诉后又上诉至福州中院。福州中院院长许永东法官考虑到案件涉及新技术,要求各方提供专家证人,当庭辩论 IP 电话与传统电信在技术特征方面的差别。经过审理,福州中院认为 IP 电话不属于传统电信专营范围,而属于国务院文件规定的可以向社会开放经营的新业务。1999 年 1 月 20 日,福州中院裁定,撤销马尾区法院对陈氏兄弟案的裁定,发回区法院重审。

可惜,这份 7 000 多字写就的理据清晰的法院裁定,未得到应有尊重。1999 年 1 月 21 日,也就是福州中院发布裁定的次日,当时的信息产业部管理局一位处长对媒体公开宣称"'IP 电话不属电信专营'无从谈起"。他的根据是信息产业部发过的一份"通知",其中规定"计算机信息网络业务"实行许可证制度,"暂不开办电话、传真等电信业务"。这位处长说,既然明确"暂不开办","如果有人利用 IP 电话经营长途电信业务,就是非法经营"。他还通报:"对于经营 IP 电话这种非法经营行为,目前主要的处理方式是:如果数额不大,一般由行政执法部门追缴违法所得、罚款;如果数额达到犯罪标准,则移交司法机关按照《刑法》第二百二十五条以非法经营罪查处。有关部门已在广东、上海等地查处了一批此类案件,有的已经移交司法机关处理。"很明白,在这位处长看来,他援引本行政部门的一纸通知,远比福州中院的裁定,以及在裁定里援引过的国务院文件还要权威,既不容置疑,也无须司法讨论。如此"法制"氛围里,陈氏兄弟案的最后结局不了了之,再也没对公众有一个清楚交代。

第二个案例是触动邮政专营的民营快递。随着商业活动频繁,诸如商业文书、样品以及后来大成气候的电商包裹的快递业务蒸蒸日上。20 世纪 90 年代民间出现"小红帽",而联邦快递等五大国际物流公司也先后进入中国市场。可是,快递业务起步就面临新问题:非邮政机构有权经营快递吗?邮政部门持否定立场,因为 20 世纪 80 年代通过的《邮政法》,明文规定送信业务属于国家专营。新问题是,原先的法规到底能不能自动覆盖过去从来没有出现过的新业务?对此原邮电部的立场是,为保护公民通信自由,非坚持邮政专营不可。于是,争议重点转到新兴快递商业包裹,究竟是不是还属于原先的"信件"范畴。

利益纠葛使咬文嚼字成为一门必修课。何谓"信件"？1990年的《邮政法实施细则》指明："信件包括信函和明信片"，而"信函是指以套封形式传递的缄封信息载体"——按此释义，套封传递并缄封的《二十四史》《资本论》或《大英百科全书》，是不是也统统可以划入信函？还有，何谓"其他具有信件性质的物品"？该部颁细则声明："是指以符号、图像、音响等方式传递的信息的载体"。考虑到中国人对常用语汇的理解可能有所不同，该细则还特地宣布，邮政专营的"具体内容由邮电部规定"。

甚至恐怖分子在"9·11"袭击美国的后遗症，也为中国延伸邮政专营添加了一段插曲。2001年11月15日，为防止报道中已在美国发生的炭疽病毒事件蔓延到中国，国务院办公厅紧急通知，要求"加强信件、印刷品等寄递业务管理，防止炭疽杆菌传播"。2001年12月20日，包括国家邮政局在内的几家主管部门联合通知，要求所有"需要办理进出境信件和具有信件性质的物品的寄递业务"的企业，"应在本通知下发之日起六十天内到省级邮政部门办理委托手续"。2002年2月4日，国家邮政局在下发给省级邮政部门——批准委托申请是否可准的权威机构——的通知里，宣布"邮政委托的范围限于：进出境单件重量在500克以上（不含500克）或单件资费在国家规定的（同一重量、同一通达国家/地区的）邮政特快专递资费标准以上的信件和具有信件性质的物品的寄递"。这句罕见的拗口长句的意思是，"凡500克以下，以及收费比邮政企业便宜的"邮件寄递业务，一律不准委托！更令人匪夷所思的是，该通知还明确，前款规定的委托范围不包括具有公民个人名址的信件及县以上（含县级）党、政、军等机关的公文！据此，笔者当时发表评论指出，这些有悖常理的不当行政管制，要保护的仅是邮政部门过时的专营特权，与防炭疽病毒一点也不相干。

第三个案例是一档东莞奇事。作为沿海开放和中国制造在珠三角地区的一个重镇，东莞市绝大多数常住人口都是非本地户籍，由此导致本地服务严重供不应求。新兴民企乘势进入，其中包括在街上开设药店。2001年5月，《广东省零售药店设置暂行规定》宣布开放广东药品零售市场，外地商家涌入东莞城里，民间投资热情高涨。然而，"他们很快在一道坚实的行政壁垒上碰得头破血流"——东莞市药监局从2001年6月开始施行"500米直线范围内不准开设第二家零售药店"的审批准则,到次年在舆论和省领导干预下宣布撤销,"500米大限"整整实施了一年。在此新政下,很多花费了购租铺面、装修、进货、人工成本的投资方,因拿不到批件而不得开店经营。他们通不过审批的原因,是在500米距离之内,还有其他药店或药品专柜——其中包括某些后来先到的"关系户"。据说,当地药监局开着车用咪表"准确度量",就算差上几米也不批准。其实在市场里开门店是不小的学问,一万米内只开一家也无从保证一定不赔钱,50米内开3家也不一定不盈利。究竟如何布局是谁投资谁操心的事儿,政府要监管的是不卖假药、不准欺诈。

上述几个案例,在高速增长的中国经济里似乎小到不足为道。不过深入案例,才清楚认识中国经济所遭遇体制摩擦的经济性质。很明白,在直接生产成本或直接服务成本之外,经济运行还要支付其他耗费。无论是陈氏兄弟被扣的设备、取保候审的"押金"以及为官司所付钱财和精神耗费,还是快递业务或医药零售业务为谋求合法批准所投入的努力,无一例外都属于本文所关注的体制成本。这些"额外的"代价,可以大到足以让许多商业活动根本无从发生。

也不要以为这几个案例发生在21世纪之初,随着时间展开,那些阻碍创新、抑制投资、干扰就业增加的体制成本就会自动降低。观察表明,21世纪初,中国经济摆脱上一轮通缩重新走强之后,"宏观调控"压倒了"打破行政垄断"的改革部署,不当管制重重叠叠,行政审批愈演愈烈。

2012年新一届政府再次高举"放权让利",以此对冲经济下行压力,由此而来。新一届政府宣布要清理废除的行政审批文件,多达成百上千,其中绝大部分都不是计划时代的遗产,而是在步入21世纪以后的经济高速增长中,行政部门左一项、右一项加到经济运行中来的。一个标志性事件也许可以作为体制成本居高不下的间接证据:早在20世纪90年代就尝试开放的中国电信业,囿于仅对几家央企开放,通信网络的资费水平和服务品质虽有进步,但依然广受诟病,以至于到了2015年,还要国务院总理出面喊话,要求中国宽带必须降费提速。不过,涉及部门权力与利益,政府指示未必能够做到自动落地。

## 贪腐和奢靡的经济影响

2008年7月，在提交给科斯主持的芝加哥大学纪念中国改革30年研讨会的论文里，笔者除了阐释改革开放以来邓小平做对了什么才把中国经济带向举世瞩目的成功，还提出了一个判断："在上述分权改革、重新界定权利、承认并鼓励民营企业家、大规模利用价格机制的每一个过程中，腐败不但形影相随，且有更快蔓延之势——腐败跑得似乎比改革还要快！"时隔9年回首审视，笔者认为对那个结论唯一需要做出的修订，是把当时出于谨慎而写就的"似乎"两字一笔删除。

诚然，直到今天，我们对发生在转型中国的腐败现象，还是缺乏基于确凿事实和严谨统计的合乎科学规格的系统研究。但是，党的十八大后剑及屦及的反腐新政，经公开发布的通报、报告、新闻报道及相关司法审理文档所披露出来的事实，已足以帮助我们得出一个结论：转型进程中令人震惊的腐败，并不能由个别官员的道德失范而得到合理解释，也不宜笼统地把它们看成工作失误或治理松懈的结果。相反，转型期的腐败是一种成体系的、由转型进程内生的与制度有关的腐败。

在上引文稿中，我还引用了一个张五常的经济学理论，解释为什么转型的中国经济伴生严重腐败。这个理论的逻辑是，人类为解决资源争用而形成了两种基本经济制度：一种以等级制特权来规范和约束人们的行为、防止稀缺资源被滥用；另一种以财产权利的界分来划分人们从事经济活动的自由空间，以刺激生产、交换、分工与合作。当转型从第一种经济制度转向第二种制度即市场经济时，原来的等级特权无可避免地要争取"权力租金"，导致腐败大量发生，由于响应约束机制的缺位，甚至形成一种体制性腐败。这表明，"腐败不仅是改革启动的一种伴随物，也是瓦解公众支持改革的腐蚀剂，甚至是终结改革的致命杀手。转型经济怎样应对制度化腐败，是一项严重的挑战"。

进一步要分析的问题，是严重的腐败怎样影响中国经济。流行的度量方法似乎把一切收入——其中也包括官员的非法收入——都轻而易举地加总为国民收入,并在此基础上讨论"经济增长"。但是,恰恰是人们再也无法视而不见的转型腐败,提醒我们有必要把不同性质的收入加以明确区分。腐败性收入虽然也是一部分国民的收入,却构成其他国民生产性活动持续增长的障碍,因而应该被恰如其分地视为拖累经济增长、降低中国产品国际竞争力的负面因素。

让我们从抽象出来的一个简单现象开始:行贿人为获取某种特别的法外利益,给执掌权力的官员或其家人一笔数目大小不等的好处,然后从受贿人那里得到回报。这里,我们省略了该行为得以发生的各种可能动因——自愿的、预谋的、受到暗示或明示、不得不按流行的潜规则办事,等等——而集中分析此行为发生后的连锁经济影响。

第一步逻辑结果,是行贿人获得回报——无论是经商便利或审批快捷,还是获取土地、信贷、公司上市以及市场准入等特别机会——只要这些回报还服务于生产性活动,那么比照"不行贿不办事"的状态,生产性项目得以推进,投资得到回报,也增加了相应就业和收入。在这个范围内,个别权力腐败的确为经济增长提供了润滑剂。

但事情绝不到此为止。个别人行贿成功而在资源争用中胜出,会刺激一连串后继行为出现:更多商人仿效行贿商人,更多官员仿效受贿官员。于是,我们有了第二步逻辑结果,即行贿受贿范围的动态扩大,并不断"教育"权力部门和权力人物,重新认识到他们手中的公权具有极高的私人经济价值。结果,利用各种职权获取权力租金的行为蔓延,寻租反向刺激"设租"——权力部门和权力人物更加主动地通过给市场中的人强加成本而获取非法的个人收益。

从现象上看,不只是"肥缺部门"和大型国企官员成批出现贪腐,而且在公认的清水衙门——包括统计局、文化单位、科研机构和大学——也出现严重的权力腐败。在腐败蔓延的逻辑支配下,腐败超越个别官员道德失范范畴,呈现出成体系、制度化的恶性态势。这一步的经济含义是,腐败占用的资源越多,用于服务生产性活动的资源就越少,比例也越低。

除非遭遇力度相当的反腐,腐败蔓延不会中止。不过,依仗权势贪腐终究在道德层面不可能被视为"正确",加上严重腐败损毁国家政权的合法基础,总会受到追究和制裁,所以贪腐活动不论多么流行,总要蒙上遮掩的外衣,并为对抗反腐花费种种额外的代价。这让我们明确,一切围绕贪腐攻防而耗费的体制成本,都不具有生产性,这也是贪腐行为带给经济的又一步逻辑后果。

如果把这部分明明阻碍经济增长的腐败成本,也看作国民收入并被误导性地计入高速增长的组成部分,那就无从判断通常被认定的增长奇迹里是不是已经包含水分。颇具讽刺意味的是,在贪腐蔓延的情况下展开反腐,却要遭受"反腐危害经济增长"的抨击。

因此,我们的结论是,虽然个别贪腐可以对体制运行产生某种润滑效果而在客观上具有某种生产性,但随着腐败行为的蔓延和体制化,它像扩散的癌细胞一样迅速吞噬健康的经济细胞,因而是实现持续增长的死敌。不难理解,为什么当代没有哪一个贪腐严重的经济体能够实现持续增长。相反,我们可以见证,寄生于高速增长的贪腐行为,将随着贪腐蔓延而不断侵蚀经济增长与社会公正之基,贬损创新创业的动力特别是企业家精神,直到拖累增长步伐,让经济遭受停滞之危。

笼罩官场的奢靡之风,对经济增长也产生复杂影响。不过,奢靡比贪腐更难以在数量上给出描述,我们仅在直观上把奢靡对经济的影响估计得比贪腐远为重大。按一般认识,奢靡并没有化公为私,包括那些令人咂舌的耗费巨额公费的排场与享受,通常限于参与官员的在职待遇,并不能转为官员私人拥有、在离职后还能够继续享用的财产。因此,奢靡花销不仅在财务上被列入因公支出,在认知上甚至被视为为提升社会凝聚力、打造形象、增加人民认同感、鼓励低薪官员努力工作所做出的"必要"支付。

政府开销并不能被看作天然具有提振需求的正面价值。或有人诘问:那些远超标准的公务用房、公务用车、公务用餐和一切达到奢靡标准的公务消费,难道不都转为一批又一批的市场订单了吗?难道它们不是源源不断派生出对原材料、能源、零部件、设备及相应服务的需求,从而为提升就业、收入和税收做出贡献了吗?所有这些可见的奢靡效果,何止是"有助于经济增长",它们本身就是经济增长!

但是,奢靡之风的经济来源,暴露了其拖累增长的性质。在用政府税费为奢靡埋单的情况下,我们不难发现,正是税费过快增长才构成奢靡的财政基础。如上文指出,在高速增长时期成倍快于名义经济总量增长的税费增长,本身就是经济运行中体制成本上升、增长负担加重的体现。在商界——或自愿或被迫——为种奢靡花销提供财务支持的情形下,我们看到本身已过快增长的税费,还要追加一个数量更为巨大的额外附加。在上述两种情况下,奢靡都使得公权力所应提供的服务变得越来越贵。按照经济逻辑,如果每创造一个增量单位的附加价值要支付更多税费及其附加,那么一旦越过承受临界点,人们从事生产、创造和投资的意愿势必下降。总之,奢靡的逻辑结果类似腐败,那些与日俱增的巨大花销,终究要露出压抑经济增长的真实面目。

## 评论性小结:体制成本至关紧要

笔者在这里定义的体制成本,是"成体系的制度带给经济运行的成本"。它不但包括由前辈学者原创、极富启发性的交易费用或纯商业费用,而且包括在市场以及非市场环境里通过一系列制度强加给各方当事人的成本,其中包括税费、管制、审批、法律政策的限制及禁止,以及围绕希冀这些变量发生变化的观念、舆论、公共政策辩论以至于政治竞争等相关耗费。强制性成本之所以得以普遍发生,是因为任何经济活动都离不开国家及其代理机构或代理人参与其中。在产权受到合格保护(这本身就是一种国家行为的结果)、资源利用基于自愿选择的场合,形形色色的契约真要得到执行,在事实上离不开合法强制力居中提供服务。在命令经济即国家直接配置资源的场合,强制力内生于政企合一的行政经济综合体,体制成本直接构成经济体系的运行成本。

在任何一种情况下,国家强制力都参与经济运行,经济增长都支付体制成本。体制成本为零的世界,不过是想象中的乌托邦。转型——从计划命令经济转向市场经济——就是体制变革,即一系列制度发生转变从而影响经济体系的运行。由于体制变量在转型经济中居于更为显著的中心位置,因此超越直接生产成本和狭义交易成本的体制成本,相对容易被纳入转型经济研究者的视野。要理解和阐释转型经济的种种现象,诸如变革动力、阻力与摩擦、潜在生产力的突然释放、长期经济走势的起落,皆离不开对体制成本的分析。毕竟按照常识,为每个单位的产出所不得不支付的成本,低了对应高经济增长,高了则对应低经济增长。这里,仅需把通常的生产成本和交易成本,恰当地扩展为包含强制性元素在内的体制成本。

中国经济提供了一个难得的案例。改革前令人难堪的贫困,同时意味着拥有极为低廉的直接生产成本,表明在中国经济体内蕴含着极为巨大的潜在比较成本优势。要解决的问题,是把高昂的体制成本大幅度降下来,为此必须打破原有体制坚硬的外壳。改革开放实现了以上使命,经由一系列制度变迁——观念的、法律的、成体系政策设计与组织安排的转变——使得中国的潜在比较优势在全球市场上破门而出,由此改变经济体系运行的轨迹与绩效,创造了高速增长的中国奇迹。因此,理解中国经验的基本线索,不是别的,正是以一系列制度的变革大幅度降低了经济体系运行的成本。

不过,改变了世界经济格局的伟大中国成就,并没有也不可能改变冷峻的经济法则。成本曲线终究先降后升,体制成本甚至在高速增长中升得更急。

伴随高速经济增长,人们观察到曾经大幅下降的体制成本重新上升,表现在税费和各种法定负担以快于经济增长率的速度增长,行政审批叠床架屋,设租寻租行为有增无减,必要的市场监管缺位与不当行政管制层层加码并存,所有这一切只能列支在体制成本项下的因素,合成了一个负面结果:单位产出要承受日趋加重的成本负担,并由此削弱中国经济在全球的比较竞争优势,拖累一向靠成本优势发力的中国经济增长。形势很清楚,以全面深化改革抑制并扭转体制成本重新急升的势头,是中国经济持续增长必不可缺的前提条件。

# 创新型经济呼唤中国特色的金融改革[①]

黄益平

## 创新型经济势在必行

中国经济要保持可持续增长,必须更多地依靠创新。但创新的一个很重要的特征是周期长、不确定性高,而且失败的概率比较大。这对金融也提出了新的要求。传统金融业务的特点往往是追求周期短、风险低、回报高的机会。因此,创新型经济与中国传统金融之间存在不匹配的矛盾。最近几年大家普遍感觉金融不支持实体经济,中小企业融资难、融资贵的问题很突出。其实并不是金融体系变坏了,而是经济在转型,但金融模式还没有完全转过来。所以,现在金融也迫切需要改革与创新。

过去四十年间,中国经济推进市场导向的改革,依靠低成本优势,大力发展劳动密集型的制造业,创造了一个"中国经济奇迹"。但现在一些客观的经济环境正在改变,集中体现在以下三个方面的挑战:

第一是低成本优势已经丧失。现在中国人均 GDP 已经接近 1 万美元,成本大幅度提高,再继续生产过去生产的产品,就不会有竞争力。

第二是人口正在快速地老龄化。过去由于计划生育政策,人口的抚养比不断下降,形成了人口红利。但现在老龄人口每年增加 1 200 万,抚养比大幅上升。

---

① 本文根据黄益平教授 2019 年 11 月 13 日在"搜狐财经峰会"上的演讲整理。

第三是国际贸易格局生变。全球化的逆转可能令中国经济不能再像过去那样高度依赖国际市场。

这些意味着,中国经济要保持可持续增长,其增长模式就必须从过去的要素投入型转向创新驱动型。

## 新金融、旧金融都必须面向创新的生力军

中国当前的金融体系有两个比较明显的特征:第一是金融抑制指数比较高,也就是政府对金融体系的干预比较多;第二是银行在金融体系中的比重比较高。客观地说,过去几十年,这套体系在支持中国经济方面还是行之有效的。其中一个重要的原因是以银行为主的金融机构通过看财务数据、抵押资产和政府担保做融资决策,比较适应过去以低端制造业扩张为主的经济发展模式。

但现在情形发生了改变。既然是创新驱动型的经济增长,金融也要支持创新活动。中国创新的主力是民营企业,它们贡献了国内知识产权的70%,国有企业只有5%。但问题是,很多轻资产、创新型的民营企业大多是"三无企业",即无财务数据、无抵押资产、无政府担保。银行面对这些企业,就有点束手无策的感觉。这就是现在民营企业融资难、融资贵的问题变得十分突出的一个主要原因。

林毅夫教授曾经提出"最优金融结构"的概念,主要是说在不同的发展阶段,经济结构会有不同,因而最优的金融结构也会发生变化。这个观点很重要,无论如何,金融是为实体经济服务的,否则金融再发达也没有任何意义。不过有一点可能需要考虑,就是金融结构的形态不像经济结构那么变化快。英美是市场主导的金融体系,德日是银行主导的金融体系,几十年、上百年一直是这样。所以,也许更加需要关注的不是创办很多新的金融机构,而是尽量让已有的金融机构转型,满足实体经济新的需求。

相比传统的金融部门,如火如荼的"影子银行"和数字金融对民营企业的支持则更灵活一些。网络银行以大数据为基础做出风控模型、放贷款。腾讯的微众银行、蚂蚁的网商银行和新希望、小米的新网银行,每一家的员

工数都不超过2 000人,但每家每年都可以发放1 000万笔以上的小微贷款或者个人贷款,这在传统的金融体系中很难想象。最近北京大学数字金融研究中心的学者和国际清算银行的经济学家一起做了一个研究,评估以大数据为基础的风控模型和传统银行风控模型的有效性。研究发现,对于小微企业来说,大数据风控模型更有效,原因可能是因为传统财务模型看的是历史数据,历史数据随时都可能改变。基于大数据和机器学习的风控模型看的是行为,而行为是相对稳定的。当然,最好的风控方法应该是把传统的财务模型和大数据模型结合在一起。

## 中国金融改革要探索自己的路

中国在开始经济改革的时候并没有一个明确的改革蓝图,但事实上大多数官员和学者可能都是按照欧美特别是美国的金融模式作为范本设计国内的金融体系的。市场化的大方向也许不错。但在实践中确实出现了一些值得思考的现象。比如,到目前为止,中国的金融抑制水平还是比较高,传统的看法是这会降低效率、增加风险。但事实上,这个金融体系有效地支持了中国的经济增长。后来的研究也发现,在市场机制不够健全的时候,适度的政府干预反而可以帮助克服市场失灵。再比如,十年前以欧美为中心发生了全球性的金融危机,说明它们的金融体系也存在严重的缺陷。这些表明,中国的金融改革可能还是应该从实际出发,考虑中国经济的客观条件,而不应犯教条主义的错误。

中国金融改革下一步应该怎么走?这是一个复杂的问题,但有两个方面的因素需要关注:第一,市场化的改革还要进一步推进,但市场化的步伐与程度一定要与中国的实体经济相适应,不是简单的市场化越彻底越好。事实上有很多发展中国家在市场化的进程中遭遇了严重的金融危机,一个重要原因就是市场机制特别是监管框架尚未成熟,放开来造成了金融风险。欧美危机的经历也告诉我们,市场化之后,可能还需设置一些政策机制包括宏观、微观审慎政策来控制风险。

第二,在可预见的未来,中国间接融资主导的格局恐怕不会轻易改变。

所以,我们在大力发展资本市场的同时,应该把更多的精力放在改革传统金融机构特别是商业银行上面。德日以银行为主的金融体系,一样支持着它们的经济逼近了世界经济技术的前沿。同样,中国的金融体系也可以不断转变,事实上商业银行已经在尝试很多新的模式,也积累了一些成功的经验,比如供应链金融、投贷联动、信贷工厂模式、大数据风控等。这些尝试都是为了让银行能更好地适应新的经济活动的需求。

数字普惠金融是中国金融部门所做出的世界性贡献。对于这样有价值的创新活动,既要给予发展的空间,也要做到监管风险。"影子银行"也一样,"影子银行"确实也引发了一些问题。但既然"影子银行"做得这么大,就确实有实际经济需求的逻辑,也就是说这些业务满足了很多正规部门不能满足的实体经济对金融服务的需求。在制定监管政策的时候,要把现实的需求和可能的问题两方面都考虑进去,尽量争取实现平稳过渡,努力争取尽早走出"一管就死、一放就乱"的怪圈。

# 中国公共财政的改革方向[1]

林双林[2]

现代政府的公共财政制度起着提供公共品、收入再分配、保持经济稳定、刺激经济增长等重要作用。在中国,建设现代化的财政税收体系,对于经济增长与社会稳定有着非常重要的意义。在中国经济日益发展与人口老龄化日益严重的时代背景下,作为中国现代化治理体系的重要部分之一,中国的公共财政制度也势必要进行一些改革。我想主要就以下三方面问题,提出关于中国公共财政制度改革的建议和思考。

第一,财政的收入与支出问题:改进税收体系,优化政府支出结构。

第二,如何更好地保障民生,促进社会公平:改革社会保障体系,改革医疗保险体制。

第三,财政体制进一步规范化:控制地方政府债务,调整央地财政关系。

## 财政收入改革

财政的收入与支出是现代公共财政的两个基本问题。

我们先从财政收入谈起。税收收入无疑是财政收入的最基本来源之一,

---

[1] 本文为林双林教授一篇英文论文的中文精要。原论文发表于英文学术期刊 *China Economic Journal*。

[2] 林双林,北京大学国家发展研究院教授、北京大学公共财政研究中心主任。

这方面的改革当然重要。

关于税收,有两个基本认识。一个是税收增长依赖于经济增长。"蛋糕"(税基)做大,税务部门才有可能收到更多的税。另一个是税收有收入再分配的作用,向富人征收比穷人更重的税,可用于促进平等。

因此,税收体系改革也相应有两个目标。第一是如何通过设置合理的税种和税率,促进经济增长,把"蛋糕"做大,从而增加财政收入。第二是如何通过税收调节收入分配,促进平等。

目前,中国的税收结构以消费型税为基础。"消费型税"简单来说是从全社会的角度来看,虽然经历诸多生产环节的流转,但是最终缴纳的总税金相当于只对最终消费品征税的一种税。我国的增值税就是消费型税的一种。2018年,消费型的税收收入占到整个税收的50%,其中增值税占比最大,占到总税收的40%。以增值税为主的消费型税征收容易,不易偷税漏税,并且有利于储蓄、投资和经济增长;然而,这种类型的税不是累进的,对收入分配的调节作用小。

另一类大税种是所得税,这应该成为税收体系改革的重点。我国2018年企业所得税占总税收的23%。首先就促进经济而言,企业所得税是对经济杀伤力最大的税收,不利于储蓄、投资和经济增长。中国企业所得税收入占税收总额的比重不仅远远高于发达国家,还高于绝大多数发展中国家,并呈现上升趋势。这与发达国家降低企业所得税的潮流背道而驰,对中国经济极为有害。就调节收入分配而言,目前中国的个人所得税也不理想,尚未广泛征收个人住房财产税。个人所得税缴纳群体占总人口比例低,税负实际均由工薪阶层承担,高收入者避税严重。因此,改革应该扩大征收面,加大对高收入群体的征收。同时,针对高收入群体更强的避税能力,应考虑早日征收个人财产税。

中国人口老龄化的趋势,使我们的财政制度改革更加迫切。如果没有技术的进步和企业家精神的进一步开拓,人口老龄化导致的劳动力增长率下降可能会导致GDP增速下降,未来30年财政收入增长将随经济增速放缓而放缓。因此我们必须加大改革力度以促进经济发展与社会平等。

## 政府支出优化

政府公共财政支出的结构,同样在促进经济发展和社会公平两个方面扮演着重要的作用。

过去,中国政府支出中与经济建设方向支出的占比一直很高,教育、医疗、扶贫等支出则相对小。这对经济增长有积极作用,但不利于社会公平,也不利于中国经济的长期高质量发展。可见,中国的税收和政府支出都是重视效率,忽视再分配。

改革的方向就是减少经济建设方向的支出。过多的经济建设方向的支出一方面会导致低效率、资源浪费与腐败现象、政府赤字增加和债务积累,另一方面过多的产业政策还会直接补助一些企业的生产活动,进而扰乱市场,长期效果不佳。

减少的经济建设支出,应该加到支持收入再分配的方向,加大对教育、医疗等方面的投入,向低收入群体多倾斜,促进社会平等。

从国际经验来看,发达国家政府更多地干预分配,很少干预生产,即利用累进税"惩罚"富人,并提供公共品以及补助帮助穷人,以努力促进社会公平,而很少补助企业的生产活动。长远来讲,中国也应该采取类似的政府支出结构,这既有利于保证经济高质量发展,又有利于发展成果让人民共享,促进社会平等和谐。

## 改革社会保障体系

人口老龄化的趋势,将给我们的社会保障体系和医疗保障体制带来更大的压力。因此,为了保障民生与促进社会公平,社会保障体系和医疗保障体制也亟须改革。

中国的社会保障体系分为城镇职工社会保障制度和城乡居民社会保障制度。现行社保制度存在严重问题。

首先是社保资金不足的问题。一方面,城镇职工社会统筹账户累积了大量债务,个人账户资金被划拨给统筹账户,留下很大缺口。另一方面,就城乡居民社会保障账户而言,年轻农民个人账户缴费太少。年轻农民缴费的每年最低要求仅为100元,在未来可能会引发严重的资金缺口问题。

其次是目前农村退休人员的社会保障收入太低。2018年,国家规定的农民最低养老金每月只有88元,有的省只按照标准发,有的省提高了发放水平。这实在不合适,毕竟农村退休人员年轻的时候也为国家经济发展做出了巨大贡献。

中国需要进行社会保障制度改革:第一,平衡城镇职工的社会统筹;第二,偿还社会统筹账户中的债务,保持个人账户中的资金不被挪作他用;第三,加大对农村老年人的社会保障金发放力度;第四,提高青年农民个人账户缴费额度。当然,个人账户要公开透明,资金回报率要尽可能提高。

## 改革医疗保险体制

中国曾建立四种不同的医疗保险体制,分别为新型农村合作医疗制度、城镇职工基本医疗保险、政府行政和事业单位的公费医疗,以及城镇居民基本医疗保险。最近几年,政府将公费医疗并入城镇职工基本医疗保险体系,并将城镇居民基本医疗保险和新型农村合作医疗制度合并为城乡居民医疗保险。

目前,上述所有的医疗保险体系都有盈余。但是,应当认识到中国医保体系存在许多隐患。第一个隐患是医疗保险水平较低,覆盖面积不够广阔。目前保险率和重大疾病报销上限均较低,病人个人付费过高。这就导致"看病贵"。随着经济增长与人民生活质量的日益提高,未来的医疗保险体系势必要覆盖更广,报销比例更大。加之人口老龄化加重,未来医疗保险账户会出现赤字与债务,增大财政负担。第二个隐患是优质医疗资源供给不足,且存在着过多的和不恰当的政府干预。这就导致"看病难"。

因此,医疗体系迫切需要进行改革。第一,提高医疗保险水平;第二,控制医疗费用,使医疗保险具有可持续性;第三,由政府补助医院为主,到政府补助穷人医疗保险为主,减少政府对医院工资和医疗服务价格的过度干预;第四,改善医生待遇,吸引优秀人才进入医疗服务领域。

## 控制地方政府债务

前述关于公共财政改革的内容,主要是针对财政体制希望达到的目标。为了实现各项目标,一个规范、有效率、能够降低系统性风险的财政制度安排同样是改革的重点之一。

目前,一个必须要规范的内容就是我们的地方政府债务。我们的地方政府债务包括三类:负有偿还责任的债务、由地方政府担保的债务和负有协助偿还责任的债务,这三类地方政府债务加在一起,一直处于增长状态,并且总额很大。

目前,地方政府债务总额较高,存在风险。我们应当认识到,较高的债务总额并不一定意味着风险,控制在一定规模、按照规范发行和偿还的地方政府债务有助于提升地方政府财力。只要能还得起钱,即使债务总额较高也不会是一个严重的问题。但是当债务总额超过了地方的偿债能力时,就会导致较大的风险。

中国地方政府债务存在风险的成因如下:一方面,地方基础建设需求大,地方财力不足;在执行扩张性财政政策时,中央对地方财政缺乏有效监管。另一方面,市场对地方政府的债券充满信心,因为默认中央最终将为地方政府兜底,尽管中央已经三令五申不会这样做。这使得一些很难偿还债务的欠发达省份仍然能够从市场上发行新债借到钱。

这样形成的高额地方政府债务实际上隐藏了非常大的风险,威胁中国金融体系的稳定;如果债务规模持续增加,我们的财政体系将不可持续。

如何控制地方政府债务?第一,应设置一个地方政府债务的上限,超过上限的省份债务规模不能再增加;第二,要适当增加地方政府财力,如允许地方政府建立属于自己的税种,中央给地方分配更多的税收收入;第三,中央政府应该帮助偿还部分地方政府债务,以降低地方政府现存债务压力。

## 调整央地财政关系

中央政府与地方政府的财政关系仍然需要进一步梳理与改革,央地财政关系的核心问题之一,是央地仍然存在事权和财权不相匹配的问题,这容易产生两方面的不利影响:第一是不利于严肃财政纪律,第二是会产生效率损失。

首先是事权,即政府的支出责任;然后是财权,即政府的财力。目前,地方政府仍然承担了很大的事权(支出责任),但财权(财力)不足。这也是地方政府时常违反财政纪律,如挪用专项资金等问题的根源。地方政府一方面有必要的支出责任,另一方面也有促进经济增长的动力,因此有些地方会不惜挪用专项资金以填补其他方面的支出缺口,或者通过借债来维持财力等。这当然不利于严肃财政纪律。

中央为了应对这种问题,往往会给地方一些财力支持,即财政转移支付。但是现行的转移支付体系会造成一定的效率损失。转移支付的机制设计仍有不合理之处,如中央给予转移支付时存在一定的任意性,地方缺乏足够的自主权等,这些都导致了效率损失。因此,为了严肃财政纪律,提高经济效率,必须改善央地收支失衡的局面。

首先要将部分支出责任从地方政府转移到中央政府,例如建立全国性的社会保障和医疗保险体系;其次,要提升地方政府财力,予以地方政府更多的税收立法和财政支出自由。只有在央地财权与事权匹配的前提下,才能真正将财政纪律严肃起来,并可以逐步建立起主要由当地人民监督地方政府的财政体系,从而提升财政系统的整体效率。

未来三十年,中国政府确实应该将经济效率和分配公平作为优先目标。中国公共财政体系,同样将作为中国现代化治理体系的一部分,与时俱进,及时改革,发挥出其应当起到的作用。

# 中国制造业在转型升级中最重要的是什么[①]

周其仁

要保证自己的产品能够在市场当中站稳脚跟,需要有一套体制、一套企业制度、一套治理结构来为企业服务,而我们的市场环境相比之前已经有了很大的变化。

第一,成本结构的变化。之前我们很穷,穷是不好的,但是穷有一个优点,穷就代表着成本很低,人工成本低,土地成本也低。所以刚开始的时候,企业可以享受到低成本的优势。现如今,经济高度增长,人工、土地、税收、社保方方面面的成本增加,对企业的压力是非常大的。在这个成本高速成长的时代当中,企业还能不能为社会提供有利的产品,这对于企业的管理与治理都是一项极大的考验。

第二,内容之变带动框架之变。即使做同样的产品,如果企业的框架不对,也会功亏一篑。在处理历史形成因素的同时留下面向未来发展的空间。我认为中国本土企业家有一个很重要的特征,就是极其善于跟方方面面合作,善于协调。要有一个长远目标,有一个信念,步步推进,最后取得成功。改革当中的企业家不只要判断市场,还要懂社会、懂人情、懂政治、懂政策。此外还要有极大的耐心,不能要求所有事情一步就做到位。

中国是一个幅员辽阔的国家,地方与地方之间竞争非常激烈,都在提供

---

[①] 原文发表于2016年7月18日《北京日报》,原标题为《中国制造业跟过去的发展轨迹告别》,2019年12月20日重发于《北京日报》客户端。

各种优惠条件招商引资。这对于形成中国大批量制造能力,把中国能跟国际接轨的力量从沿海往内地推进是有积极作用的。

但是同时也带来一个副作用,每个地方只能协调自己当地的资源,无法从整个行业、整个市场角度来配置资源,从而很大程度上导致了产能过剩。

例如,一家企业在全国各地都建立了基地,那么公司的战线就会拉长,"精锐部队"就会被稀释,继续研发新技术从而向上突破的力量就变弱了。所以在形势看上去很好的时候,能够看到深层次的问题,主动放弃,把资金拿回来做研发,这个是非常正确的一个选择。

减量说起来容易,实际上就是跟过去的发展轨迹告别。因为形势变了,你不告别,新的形势就会把你淹没。主动告别必然伴随着痛苦和矛盾,但是事后证明这是很值得借鉴的经验。

## 中国制造业在转型升级中最重要的是什么?

中小企业也要创新。现在大企业有两条路走:一是自己做研发,二是关注并收购小企业的研发。所以现在有一种说法叫连续创业,成功一项之后可以卖掉,再继续创业。中小企业到底走哪一条路,可以从这个过程中选择。我不认为中小企业马上可以变成科研企业、科技企业,这也不符合实际。

目前的情况下,要思考如何把我们的制造能力跟全球新研发的东西进行组合。外国一些很有意思的点子可以跟我们中小企业结合。有一些中国的投资者很厉害,已经开始向上游投资,投钱给美国的一些早期研发,找一些专利刚拿下来、再研发一段时间就可以批量生产的产品。然后再引回制造业配套能力非常强的珠江三角洲地区,形成新时代的国际集合的模板。

不一定做尖端的东西,把品质做好就可以。中国产品不是没有市场,要把低价竞争策略变成提升品质策略。同仁堂有一条成功的经验就是真材实料。我们不要低估中国的消费者,如果你的产品质量好的话,消费者还是愿意出钱买的。

## 怎么想将来，怎么干现在的事

经济学家曾预言，未来总是会有不确定性。那你怎么能判断一定是越来越不好呢？就像这三十年来珠三角地区的发展是一天比一天好，当然也可能有些人就喜欢看负面信息。一般积极、正面的东西难以广泛传播，不太好的事情反而被人们传来传去，可能大家都有看负面消息的偏好，当然我不否认我们存在很多问题。我们现在有一个倾向就是，大家喜欢把一个问题讲到它不可能解决，最后就真的不能解决。我觉得中国企业家的世界观不应该这样。

我也不认为美国是"不明确的乐观主义"，我最近去美国，看到美国人并没有总是把金融危机或者把赚钱项目挂在嘴边，而是心无旁骛地讲他在做的事情，我觉得这个东西决定未来。将来中国的走势会如何发展？这取决于中国人怎么想将来，怎么干现在的事。经济学家并不能预测未来，我从来不预测未来。

未来取决于现在的行动，不同的行动会导致不同的未来。经济不是天体活动，可以预测轨道的走向；经济是人的活动，人的思想决定了经济的未来。所以我认为，如果我们对未来完全丧失信心，那么我们的经济很难杀出重围，总要有一个希望。

## 我们的制造业不是不行

我了解过一个项目，关于盲人的。人之所以能看到东西，归根结底是大脑接收到了信号的刺激，所以很多盲人不是大脑无法接受讯息，而是眼睛受损以后讯息不能传入，通过其他渠道将讯息传入，还是可以成像的。有了这个思想之后，他们就埋头研究了十来年，现在产品已经做出来了，专利也已经申请完毕了。在人的舌头下面放一个小的接收器，连接外部的摄像头，就可以在脑内成影，可以模模糊糊看见外面。现在有些盲人学校已经在使用这个产品，很多盲人第一次看到了节目和演出。现在这家公司准备量产这款产品,产地就选在珠三角。珠江三角洲有数量最多、最优秀的技术工人,有可以在工艺和部件这个层次上进行创新的人。

所以,我们的制造业不是不行,不要那么悲观。其实企业界的朋友不需要"过于明确的乐观",哪怕是"明确的乐观",就可以推动实现一些事情。这样一起推动着社会的进步,未来的图景就会不同。

# 如何削弱官员的机会主义行为[①]

席天扬[②]　姚　洋　张牧扬[③]

在西方国家,选举是选择政府及其领导人的工具。选举的目的在于让公民选择执政能力较强且执政纲领符合其偏好的政党和领导人。定期的改选给在位的政党和领导人足够的激励,使得他们必须在一定的时期之内给本国或者当地居民交出一份满意的政策答卷,否则就难以获得连任。这样的一种机制,能通过下一次选举的压力给在位官员提供激励,使其在任时恪守承诺,实现良好的经济发展与社会治理。

然而,定期的选举也会产生一些问题,"政治经济周期"现象便是其中一例。所谓"政治经济周期"现象是指,在许多国家,每当面临政府或者议会改选之际,在位的政党和候选人就会采用一系列扩张性的财政政策和货币政策来拉动短期经济增长,使得在位政党和候选人的经济政策显得十分成功,从而获得选民的青睐,达到提高连任概率的目的。之所以会产生政治经济周期,是因为人的关注力和记忆力往往是有限的。大多数选民并不会把一个任期内政府在各个问题上的施政表现都记得清清楚楚。他们对自己最为关心的一些问题,也许还会花一些较长时间进行关注,进而对政策进行评判。对其他大多数问题,选民平时并不会有太多的关注,顶多也就是对媒体

---

[①] 本文原文由席天扬、姚洋以及张牧扬以英文撰写,发表于 *Journal of Comparative Economics*,中文版由张牧扬改写。
[②] 席天扬,北京大学国家发展研究院助理教授。
[③] 张牧扬,上海财经大学中国公共财政研究院副教授。

的一些报道和评论留有一些印象而已。这样一来,在选举临近的时候实施短期的机会主义经济政策,无疑要比细水长流的政策更加有利于竞选连任。

中国的政治体制则完全不同。在中国,共产党是唯一的执政党,因此政府官员,包括各部门、各地方政府的领导人,通常由上一级党委的组织部门来考察和提名,经对应级别的人大投票批准后任命。中国的政治体制更多带有精英政治的色彩,通过组织部考察政府官员在不同职位上的执政表现,使得能力较强者可以脱颖而出,从而提高了政策制定的效率,避免了政策的民粹化。

当然,即便在中国的政治体制下,由于任期制仍然在起作用,政府官员仍然存在短期机会主义的行为,从而影响到国家的长期发展。

## 官员能力、机会主义与政治经济周期

一般认为,解决政治经济周期问题的办法是加强对官员的监督,但是,在制度不完备的国家,如发展中国家,这个办法的作用有限。

官员具有不同的能力以及不同程度的公益心,能力和德性较高的官员可能较少采用机会主义的经济政策。但现有研究中,对政府领导人能力和政治经济周期之间是何种关系尚存在较大的分歧:一方的观点认为,能力较强的领导人的机会主义行为也较强,因此其在任职期间的政治经济周期也较强。这一观点的理论基础是信息不对称理论,即选民对在位领导人的能力并不清楚,而能力较高的领导人对短期扩张政策的执行成本较低,因此会更多地实施机会主义的短期扩张政策。也有一些学者对此持不同观点。他们认为,能力较高的领导人倾向于在整个执政周期过程中建立一定的声誉,当这一声誉使得他们足以赢得下次选举时,他们就不再需要选举前夕的机会主义政策,因此他们执政期间的政治经济周期相对不明显。

经济学理论基于不同假设得出不同结论是十分正常的,究竟哪一种理论与现实情况更为贴合,要交给数据来检验。从数据分析的角度看,政治经济周期的定义十分明确,只需要测算一个任期内的经济增速的变化情况即可,但度量领导人的能力存在一定的困难。尽管民众可以对比前后几任的领导人,但从严格意义上讲,这种比较是不严谨的。一名领导人任上经济发展的好坏,除了他个人的能力高低,其他很多因素都会产生影响。对地方政府领导人而言,除了可以做跨时间的纵向比较,还可以做跨地区的横向比较。但即便是横向比较,因为地区之间存在禀赋差异,这一问题仍然没有完全消除。这也解释了为什么在经济学研究中很少有对于领导人能力的实证研究。

## 来自中国的实证结果

在这一问题上,中国独特的政治制度为研究提供了很好的机会。与大多数其他国家不同,中国共产党在官员治理上长期以来的做法是让他们在不同的地方政府任职。这样做,一方面是为防止地方官僚势力过于强势,从而影响到中央政府的权威;另一方面也可由此让官员得到历练,并从中选拔合适的人。

不论是出于哪种目的,这一制度安排为官员能力在实证上的比较提供了可能性。试想,当地方官员不存在调动时,即使一个地方经济发展得好,我们也很难明确判断,当地经济发展态势良好,究竟是主要因为当地的禀赋条件好,还是主要因为地方官员的执政能力强。我们所能做的,最多只是在考虑整体宏观经济环境之后,比较同一地区不同时期任职的官员。当宏观环境较为稳定时,如果某一任官员执政时期的经济发展好于上一任官员的执政时期,那么可以认为他的执政能力高于其前任。当官员存在调动时,则可以在考虑整体宏观经济环境的情况下,通过比较同一官员在不同地区的任职期间的经济发展水平,得出地区之间的禀赋条件差异,进而可以比较这两个地区的所有任职官员的能力高低。随着调动的增加,可以比较的地区范围不断扩展。

中国每五年一届的中国共产党全国代表大会,通常在逢2、7结尾的年份的10月或者11月举行。党代会结束之后到次年3月全国人民代表大会开幕之前的一段时间,通常是自上而下的官员职位密集调动的时期。大多数情况下,职位的数量是确定的,下级官员能否晋升,除了他自身的因素,还取决于上级是否调离或者晋升。尽管在实际操作中,中国官员的调动并不限于这一时间段,但在这样的制度背景下,这一时间段确实是调动和晋升发生最频繁的时期。

此外,尽管中国的地方官员以上级任命、人大批准的方式为主,但上级物色人选时通常会有不同的选择。与选举民主制度下发生的情形类似,官员在临近换届时的短期表现可能对他们的升迁产生更大的影响。因此,中国也可能存在以党代会为时间节点的政治经济周期。

为此,我们利用1994至2011年的地级市层面地方官员及经济数据进行了统计分析。我们一共采集了这一时间段除了4个直辖市、新疆、西藏和港澳台地区的25个省、自治区所辖的308个地级市(含地区、自治州或盟,下同)的市委书记和市长的数据。这些官员年龄分布非常广泛,最小的36岁,最年长的60岁,平均年龄为51岁,大概有四分之三的官员的年龄在45至55岁,超过55岁的官员占12%。通过统计,我们首先发现,中国确实存在这样的政治经济周期效应:在一届任期之内,每接近下一届党代会一年,地方官员辖区内的经济增速平均提高0.5个百分点。

随后,我们依据官员在各地任职时期的经济增速估计,在控制地方特征和经济周期因素之后估计得到官员的个人能力指标,并依据官员的能力把他们分为四组。我们发现,政治经济周期效应随着能力的上升而衰减,四组的政治经济周期效应(按能力由低到高排列)分别为每年0.76、0.50、0.41和0.28个百分点。这意味着,越是能力差的官员,越是临近换届,其机会主义行为就越多,越倾向于通过多种手段拉动地方经济增长。这一结果支持了上述两支文献有关官员能力和机会主义行为关联性的理论之一,即官员能力越高,实施机会主义行为的程度越低。

1982年,以邓小平同志为核心的党中央实施干部年轻化政策,对各级领导干部都给出了明确的退休年龄。例如,厅局级及以下官员的退休年龄为60岁,省部级则为65岁。除了明确的退休年龄,通常组织部门还掌握一条准则,即在退休前两年开始就基本不再提拔。因此,对厅局级干部而言,57岁几乎是其最后的提拔机会。因此,57岁及以上的官员,即便临近下一次党代会也可能不存在明显的政治经济周期。

为此,我们依据年龄是否超过 57 岁把官员分为两组,分别考察他们的政治经济周期效应。结果发现,57 岁及以下官员的政治经济周期效应为 0.52,而 57 岁以上官员的政治经济周期为 0.243。这意味着,当地方官员年龄即将届满而失去晋升动力时,基于晋升动力而产生的政治经济周期也就消失了。进一步地,我们继续将官员按照其能力高低分为四组,结果发现 57 岁及以下官员的能力和政治经济周期效应之间的替代关系仍然成立,而 57 岁以上官员不论组别,其政治经济周期效应都不明显。

上述发现说明,在中国的政治制度安排下,城市层面上确实存在明显的政治经济周期现象,但是,政治经济周期的大小随着地方长官执政能力的上升而减弱。

## 启示意义

我们的研究显示,在当代中国,政治经济周期确实客观存在。这一方面说明,晋升激励确实使得地方官员更努力地来促进地方的经济增长,但另一方面也说明,这种激励方式容易使得地方官员产生短期机会主义行为,不利于经济的长期健康发展。

研究还显示,选拔具有较高执政能力的官员,能够一定程度上降低机会主义行为,使得地方经济"少受折腾"。从而,上级在考核下级官员执政绩效时,除了考察短期的经济发展指标,也应该考虑经济的长期可持续发展,并引入公共服务、环境、公共安全等其他社会发展指标。目前,我们看到了中国政府正在朝着这一方向努力,希望这一努力能够在不久的将来取得显著的成就。

对其他发展中国家来讲,因为这些国家政治制度的改进极其漫长,甚至看不到希望,本研究发现的启示意义在于,改进选举机制与限制在任官员权力至少是一样重要的。

# 从"所有制中性"到"竞争中性"
## ——WTO改革国企规制议题的背景与选择①

卢 锋

2018年10月14日,央行行长易纲在一个国际研讨会上指出:"我们将考虑以'竞争中性'原则对待国有企业……"次日,国资委发言人彭华岗就同一议题发表评论,指出还要坚持"所有制中立""反对在国际规则制定中给予国有企业歧视性待遇"。就本源含义而言,所有制中立或中性(ownership-neutrality)与GATT/WTO规则的一个历史特点有关,大体指早先多边贸易规则对国有企业尽量不实施特殊规范这样一个隐含原则。与此对照,过去十来年国际上兴起的竞争中性概念,认为需要对国有企业引入必要规制以确保公平竞争。从趋势看,一段时期以来竞争中性原则的运用范围从国内经济治理向国际经济规则领域延伸,近年美欧等国更是试图在WTO改革中优先推动这方面议题。考察两个"中性"关系消长及其驱动因素,有助于理解国际经贸规则和WTO改革的国企议题由来,对我国相关政策选择也有启示意义。

## 所有制中性原则及其演变

"所有制中性"源自WTO法领域的研究文献,大体指多边贸易规则暗含

---

① 本文根据卢锋教授在2019年9月27日"产能过剩、国企改革与竞争中立"国际学术研讨会上的发言整理。原文发表于《财经》杂志。

一种取向或原则,避免对包括国企在内的不同类型企业设置特别规范。以GATT(1994)为例,除第17章"国有贸易企业"外,反倾销、反补贴等规则都没有对特定企业类型设置特别条款,而是基于对倾销与补贴行为的识别提出规制。

这一特点有其历史原因,与GATT/WTO早期有关市场经济体制条件的隐含原则存在联系。GATT最初23个创始成员国基本属于市场经济国家,缔约方实施市场经济体制这个前提条件也以不成文的隐含形式存在。虽然企业所有制结构是体现经济体制差异的指标之一,然而在最初缔约方基本属于市场经济体制、国有企业在现实经济中影响较小的环境下,GATT缔约国认为相关规则可针对特定行为加以设计规范,无须把国有企业作为额外考察因素。换言之,对市场经济体制条件采取不成文的约定俗成方式处理,在逻辑上暗含所有制中性意思。

GATT规则早年隐含所有制中性精神,不等于说GATT认为国有企业与多边贸易规则注定没有矛盾。GATT一开始就对国有贸易企业制定了系统的特殊规范。另外从历史看,在经济体制差异较大经济体申请加入GATT/WTO时,其入关、入世谈判往往涉及包含规制国企在内的经济体制调整内容,或多或少会突破上述所有制中性原则。20世纪50—70年代,一些东欧国家加入GATT的谈判内容就有相应表现。中国入世时这一点表现得更为突出。例如,WTO对我国国有企业运行方式和补贴认定提出特别条款:一是规定中国国有企业对认定WTO规则下补贴具有特殊识别意义;二是规定"国企买卖行为遵循商业考虑和非歧视原则""政府不直接或间接地影响国企商业决策"。这些显然突破了"所有制中性"原则。

中国入世以后的十几年,中美经济态势与全球经济格局发生了几方面始料未及的变化:一是我国经济超预期追赶并重塑全球经济增长格局;二是在后危机时期中国加快通过存量和增量两个方面积极参与全球经济治理机制改革;三是随着内外形势演变,中国经济体制改革力度、节奏、重点出现某些阶段性特点;四是美国和欧元区两个发达国家地带先后发生两次大危机,并且面临"四民(民族主义、民粹主义、移民、难民)问题"困扰加剧的形势。

面对快速演变的环境,美国决策层在2011年前后重估中美关系,指责中国经济发展体现的国家主导驱动增长模式,质疑早先有关中国发展的"五个基本判断能否继续成立",并从"崛起国"与"守成国"关系视角分析两国关系。美方当时提出的一个贯穿至今的政策方针就是,接过 OECD 当时已在研究推广的竞争中性原则,转换拓展为国际经贸规则以制衡他们眼中的中国政府主导的经济发展模式。过去几年上述政策的动态演变,推动国际经贸规则体系内"所有制中性"与"竞争中性"关系发生变化。

## 竞争原则及其造法过程

竞争中性概念的政策取向是调整国有企业与市场竞争的关系,中心思想是要限制和消除任何企业特别是国有企业因为与政府存在特殊关系而可能获得的额外竞争优势,从而确保公平竞争平台的有效性。竞争中性概念在 20 世纪 90 年代发轫于澳洲国家,2009 年开始得到 OECD 重视与系统研究推广。这一概念在发达国家流行与两个客观环境因素有关:一是经过 20 年私有化改革,即便在西方也普遍认识到,国有企业长期存在有其客观理由,国企不会随着私有化完全消失。二是现实经济生活中,国有企业会借助与政府的特殊联系,获得各种私营企业不具有的特殊竞争优势,影响市场经济公平竞争原则切实落地。竞争中性在肯定国企存在的客观必要性的前提下,对国企由于与公权力特殊关系而可能获得的额外竞争优势加以系统规制,形成规范 OECD 成员国内部及相关经济关系的推荐准则。就其由来和本义观察,竞争中性更多出自发达国家调节国内及其相关经济关系需要,并非注定具有歧视国有企业的含义,而是意在创建更高水平市场竞争规则以落实公平竞争。

然而随着中国经济超预期追赶推动全球经济格局演变,后危机时期美国官方借力打力,把竞争中性作为对华经贸战略重估调整的重要支点。2011 年 5 月,时任美国副国务卿的罗伯特·霍马茨(Robert Hormats)发表题为"竞争中立:确保全球竞争良好基础"的文章,系统阐述这方面主张。他认为,美国的经济竞争力面临中国以及其他经济体所谓"国家资本主义的挑战",由此提出的一个应对策略是推动国际社会在政治上承诺竞争中性原则,并在双边、区域、多边场合使得竞争中性概念规则化,从而对国家主导经济发展模式构成制衡。2012年2月,时任美国国务卿希拉里·克林顿在G20部长会议上也呼吁G20成员应确认竞争中性原则。

通过造法过程使竞争中性变成国际经贸规则的意图,在2012年《韩美自由贸易协定》(KORUS FTA)中就有表现,在奥巴马政府力推并于2015年签署的《跨太平洋伙伴关系协定》(TPP)中体现得最为集中。例如,TPP第17章要求各缔约方政府保证其国有企业和指定垄断企业在从事商业活动时,必须按"商业考虑"原则开展产品或服务的购销活动,而"相关的私营企业在商业决策中通常考虑的其他因素"被写进规则作为"商业考虑"的识别标准。TPP还要求任何缔约方都不得通过对其国有企业进行直接或间接的非商业资助而对其他缔约方造成不利影响。TPP从股权、投票权或任命权三个维度界定国有企业,防范缔约方在国企界定方面自由裁量得以规避国企条款实际发生作用。2018年10月签署的《美墨加协定》(USMCA)全盘接受TPP相关内容,并在某些重要方面进一步发展强化。2018年7月签署和2019年2月生效的《欧盟-日本经济伙伴关系协定》(EPA),也引入了有关国企、补贴、竞争方面的专门条款。据初步匡算,目前参与包含竞争中性与国企条款方面国际经贸规则的国家,其经济规模已经占到全球经济总量的六成上下。

由此可见,竞争中性规则化与国际经贸规则引入新一代国企条款,反映了两方面不同性质驱动因素的作用。一方面体现了国际社会对国有企业这种特殊企业类型长期存在客观必要性的认识,反映了在经济全球化深化拓展新时代背景下,需要创新制定更高标准的开放型市场规则以维护国际公平竞争舞台,构成新区域主义对新一代经贸规则创新分析的重要内容。我国作为经济全球化的重要参与方、贡献方与获益方,坚持开放发展与推进经济全球化方针,对由经济全球化深化拓展提出的现实问题或许可持开放和参与态度。另一方面,上述双边与区域经贸规则变动的背后,存在美国及其主要盟国利用新规则制衡包括中国在内的新兴经济体追赶的博弈动机,体现了从美国利益角度对我国体制转型阶段性特点以及发展方式的片面认知和解读。中国对这方面因素的作用无疑需保持警觉和抵制。

## WTO 改革的国企规制议题

推动竞争中性在国际经贸规则领域造法进程的最新动向，是美国等主要发达国试图在 WTO 改革中引入这类议题。美国、欧盟与日本联手形成"三边进程"，从 2017 年 12 月到 2019 年年初多次发表共同声明，系统阐述 WTO 改革需引入国有企业、产业补贴、新竞争规则等市场经济体制议题。2018 年 9 月，欧盟发表有关 WTO 改革的概念性文件，三方面核心诉求的首要内容就是认为国有企业经常导致市场扭曲补贴问题未能被 WTO 现有规则所规范，因而亟须创造新规则加以应对。美国 2019 年 3 月提出 WTO 改革四点方针，第一条也强调 WTO 必须解决所谓"非市场经济兴起带来的意外挑战"，应对所谓"主要通过国家指导管理经济成员国"对全球贸易造成的影响，表示"三边进程"将"通过制定新多边规则和采用其他措施应对这些挑战。"

中国支持对 WTO 进行必要改革，但是对改革必要性及优先议题的理解与美国等国存在实质性分歧。2018 年 11 月 23 日发布的《中国关于世贸组织改革的立场文件》，系统阐述了中国政府关于 WTO 改革的三个基本原则和五点主张，包括维护多边贸易体制地位及其非歧视和开放核心价值，保障发展中成员的发展利益，尽快解决上诉机构成员遴选受阻等紧迫问题，解决发达成员过度农业补贴，纠正滥用贸易救济，等等。对美国等国试图在 WTO 改革中推动国企规则和竞争中性等议题，中国抱有审慎和质疑立场。有关 WTO 改革体制性议题的立场分歧，已派生 2018 年年底在 B20 峰会与 APEC 场合公告表述问题上的两次直接争议。

我国有关部门对 WTO 改革的方针立场是务实与合理的，不过也需结合多方面内外环境的条件演变进行动态评估。一是我国 20 世纪 90 年代以来对国企改革与鼓励竞争的持续努力，与国际上竞争中性原则有不少相互兼容的因素，对此我国学界和决策部门业已有相当程度的共识。二是为实现党的十九大提出的高质量发展目标与到 2035 年基本实现社会主义现代化的目标，我国自身客观需要深化国企改革并完善竞争规则。三是国有企业经过几十年的改革开放和市场经济环境历练，体制政策负担已大幅减轻，并且实现了内部治理机制和素质改进，因此其在更加公平透明竞争环境下实现可持续发展的能力已得到实质性提升。四是从外部环境客观演变情况看，近年占全球经济约六成国家参与的双边与区域经贸协定，已经包含国企条款与某种形式的竞争中性内容，折射出新一代国际经贸规则演变的客观趋势。

目前形势下，我国相关政策可做新谋划。在WTO改革领域应继续坚持现有合理立场，优先考虑争端解决机制等涉及WTO正常运行的议题，并联手其他成员国积极推动。同时，通过内外统筹组合政策的制定实施，改变国内经济增长下行压力与外部环境变动造成的困难局面。首先，在国内确立高标准市场经济的体制转型目标，加快国企改革以完善市场竞争，包括考虑通过必要修法程序从根本上赋予不同企业作为社会主义市场经济微观主体的平等地位。其次，在目前中国已参与的区域和次区域合作机制场合，研究主动倡导增加有关体制性、规则性内容的可能性，以面向未来、面向现代化为目标，在新一轮国际经贸规则创新方面快速逼近前沿并引领潮流。最后是重新评估相关立场，尽快申请加入CPTPP，探索如何优化中国转型期的体制和营商环境，以便与区域贸易规则有关竞争中性原则要求具体兼容和对接。

# 中美经贸关系出路
## ——中国深化改革,美国调整认知[①]

卢 锋

任何一种关系处于正常状态时,一般不会严肃讨论出路问题。我们之所以要探讨中美经贸关系新出路(a way forward),是因为近年来,贸易摩擦持续发酵使中美关系面临严峻考验:双方加征关税措施涉及进口规模达几千亿美元之巨,两国政府已进行十几轮高级别经贸磋商试图寻求和解之道。这些在中美关系史以及国际经贸史上都实属前所未有。应对目前形势,确实需从不同角度探寻破解困局的新思路。

为什么曾经取得巨大成就的中美关系似乎突然遭遇冰点?为什么美国2018年竟然诉诸301调查单边措施挑起中美贸易争端?简而言之,可以把诸多矛盾分歧因素归结为美方的两大认知问题:一是美国如何看待中国经济追赶,二是美国如何看待中国体制转型。认知误解背后的复杂时代内涵与巨大利益缠绕,决定了两国分歧与争议的长期性和深刻性。要在更高水平上实现两国关系再平衡,美国需调整对中国发展方式与体制转型的认知心态,基于自身利益接受中国现代化发展大趋势;中国则需以自身现代化根本目标为本位,深化改革扩大开放,加快向高质量开放型市场经济体制转型。

---

① 2019年10月27日,北京大学国家发展研究院与上海纽约大学联合举办主题为"中美经贸关系——寻求新的出路"的论坛,发布了包括5位诺贝尔经济学奖得主在内的37位有国际影响力的经贸专家和法学专家签名的联合倡议书。本文根据卢锋教授在本次论坛上的演讲整理。

首先讨论美国如何看待中国经济追赶派生的所谓两强博弈问题。20世纪90年代,中国国内改革的突破释放体制创新效应,进入21世纪后中国经济实现超预期强劲增长,似乎在不经意之间显著改变了中美经济实力对比与全球经济格局。这个快速演变过程给作为长期居于领先地位的美国带来了危机感和焦虑,从大国博弈角度看就派生出了所谓"老大老二"或"修昔底德陷阱"问题。

这个问题的提出并非始于特朗普政府,而是后危机时代美国对华政策调整的产物。北京大学国家发展研究院与美中关系全国委员会过去十年持续合作,每年进行两次民间中美经济对话。2011年元月中旬,我们赴美对话得到的一个突出印象就是,美方交流对象,无论是学界专家、商界人士还是政府官员,都不约而同地提出所谓"对中国几个基本判断能否继续成立"的问题,集中表达了当时美方重估对华关系与政策的意图。其中有一点质疑是"中国愿意接受国际规则并在参与制定未来国际规则上发挥积极作用的判断能否继续成立"。这些都显示后危机时期美国开始从守成大国与新兴大国关系角度审视中美关系,成为21世纪美方对华政策第二次辩论的重要议题,并在几年后转化为更学术化的"修昔底德陷阱"范式的表达。

无疑,中国作为新兴大国的发展权不容否定,中国经济现代化是不以人的意志为转移的历史进程,而14亿人口大国的经济成长必然会对全球格局和治理方式产生显著影响,也自然会对中美关系产生影响。就此而言,在全球经济格局的演变环境下,守成霸主和新兴大国的关系调整与博弈具有必然性和长期性。然而,观察经济领域的多方面条件,这个调整过程并非注定会落入零和游戏和相互对抗的陷阱中。

第一,中国经济起飞是通过逐步开放和融入全球经济体系实现的。开放与合作共赢符合中国自身发展的根本利益,是中国经济现代化道路的基本特征之一,也是区别于历史上强强争霸、两败俱伤的客观依据。中国开放发展道路的选择及其路径依赖效应,使得中国出于自身根本利益考量会成为既有国际规则的维护者和建设者,也就决定了中国参与和推动国际治理改革在本质上是补台而非拆台。美方对华战略的设计需加深对这个基本条件的认识并重视其政策含义。

第二,与第一点相联系,我们看到,面对近年中美经贸摩擦和外部环境变化形势,中国决策层一方面坚持原则并坚定回应美方单边措施,另一方面主动积极实施多方面的扩大开放重大举措。中国以坚持改革开放作为应对外部环境变化的正确方针和行动,有助于广大贸易伙伴与中国共同发展并更好共享中国经济成长的利益,也有利于国际社会接受与欢迎中国作为新兴经济体的崛起,从而对美方少数强硬派的零和思维和政策冲动构成制约。

第三,中美经济客观呈现的深度互补结构,有助于双方合作求解并抑制对抗。这一点在贸易结构中稳定顽强地表现出来:后危机时期,中国经常账户顺差占GDP比重从接近10%的高位大幅下降到2018年不到1%,然而对美顺差占美国外贸逆差总额比重仍在趋势性上升。这意味着,超越阶段性特征的市场力量和经济规律要求两国经济融合而不是脱钩,换言之,如果选择一味的冲突对抗,双方都要在经济领域付出难以承担的机会成本。

由此可见,虽然"老大老二"的关系难免存在博弈因素,特定条件下甚至会面临短期争议加剧的困难与风险,然而从长期看仍存在合作解。

其次是美方如何看待中国经济转型的问题。由于对一段时期以来中国经济体制演变的新态势、新特点解读出现偏差,美国精英和决策层产生了某种失望和懊悔心态:失望是因为中国入世后经济体制演变并未按照美国和西方战略家在世纪之交推测、预判的轨迹展开,懊悔则源自美方自认为帮助中国经济崛起并使自身利益受损的误解。2018年元月,我们访美进行第17次民间经济对话,在与美方各界精英尤其是官员的交流中清晰感受到这方面的共同情绪,预示美方对华政策即将朝强硬方向发生重要调整。

这个问题对中国而言的特殊意义在于,如果说管理"老大老二"关系在直接利益上更多体现为中美双边议题,对中国体制转型特点的解读偏差则在中国与其他发达国家的关系中也不同程度地表现出来。例如,近年WTO改革酝酿讨论中,美欧日"三边进程"六次举行贸易部长会议并发表联合声明,试图构造新一代多边经贸规则以规范所谓的非市场经济体制扭曲,大部分内容不点名针对中国经济体制政策的某些特点。近年,中国与欧盟就执行《中国入世议定书》第15条"日落条款"发生争议并诉诸WTO争端解决机制(DS516),欧盟就中国体制扭曲发布了400多页的长篇报告并作为诉讼材料呈交 WTO，其中某些误读观点比美国 2017 年年底第二份所谓"中国非市场经济地位报告"有过之而无不及。

这个问题重要而复杂，与第一个问题客观存在联系，这里简略提几点个人的观点以供探讨。

第一，中国经济的发展成就和外部竞争力提升，根本上不是由于中国经济体制局部仍存在的不完善因素，而是得益于向开放型市场经济体制转型阶段性成功所释放的体制创新活力。例如，中国外贸规模近年达到四万多亿美元跃居世界首位，对美双边贸易取得几千亿美元顺差，这些成就是中国企业——包括美国和其他国家的在华外资企业在市场竞争环境中创造的。数据表明，近年中国出口中民企贡献近半，外企贡献约四成，国企仅贡献约一成。这从一个侧面显示，中国经济国际竞争力的历史性提升，是中国改革开放实质性消除传统计划体制系统扭曲并释放市场竞争活力的结果。毋庸讳言，中国经济体制仍存在不完善以至局部扭曲因素，有待通过深化改革逐步消除和完善，然而把中国的竞争力归结为扭曲显然不正确。

第二，改革不等于复制外国体制，是中国体制转型的既定方针与明确原则，有外国朋友推测"中国经济体制与 WTO 其他发达成员国体制趋同"，这方面的判断偏差有待自我调整。中国经济体制系统转型始于 20 世纪 70 年代末，1987 年党的十三大已明确提出"建设中国特色社会主义经济体制"这一基本命题。此后，每五年一次的中共党代会政治报告主题，无一不包含"中国特色社会主义"这一关键词。客观观察不难看出，在中国执政党以及中国社会主流理念层面，从来没有把复制西方制度或制度趋同看作体制转型目标。事实是中国始终强调自身特色，高度重视依据中国具体国情选择发展道路与体制政策。学习西方的同时拒绝西化，是当代中国经济体制改革演进的基本特征之一。

第三，中国过去四十年的改革开放与经济体制再选择，基本动因是依据实事求是原则务实解决自身经济和社会发展面临的重大现实问题，从体制转型动力学角度看具有问题导向与压力倒逼的特点。人民公社体制下国民的低水平温饱难以得到普遍性满足，成为最初推动农业改革的决定性动力；大量劳动力缺乏非农就业机会以及南方个别边境地区大批群众"逃港"的问题,对最初特区开放政策破冰产生重要助推影响。在最初改革开放取得超预期成效后,适应问题层出不穷,同时改革开放的内在逻辑不断拓展,中国决策层与社会各界不断总结经验,与时俱进,到 20 世纪 90 年代初确立社会主义市场经济体制目标,并在 90 年代中后期进一步实施系统改革开放举措且加入 WTO,使得开放型市场经济体制创新取得实质性进展。中国的体制转型从来都不是径行直遂的,目前体制不完善对国内经济社会发展的不利影响进一步显现,深化改革仍面临"行百里者半九十"的挑战性与紧迫感。回顾过往,展望未来,有理由相信中国仍会以自身长期发展与现代化根本利益为本位,继续推动中国经济体制转型的历史进程。

目前中美两国关系面临困难,然而现实经验证据更多地提示两国经济存在广泛而深刻的互补性,通过必要磨合在更为合理平衡的基础上拓展深化双边合作,是客观经济规律的内在要求。两国需直面应对几十年成功合作累积、派生的矛盾问题,然而最终是基本经济规律力量而不是特定政治意愿决定历史进程。中国需以自身现代化为本位深化改革扩大开放,美国则应认清时代发展趋势并调整认知、回归理性,双方如此才能扩大交集、化解歧见,僵局自破而新局可期。经过曲折磨合,从长远看两国经济更可能"再挂钩"与"深挂钩",而不是相互分离与"脱钩"。

# 技术发展与社会进步需关注"边界"[①]

姚 洋

## 第四次工业革命:人类的脑力将被替代

从远古时代到农业革命,再到工业革命,每一次进步都离不开科技的发展。但是,每次科技的发展都对人类社会的组织提出了巨大挑战。这一次的所谓第四次工业革命,挑战会超过以往任何一次。

人类在过去的两百多年共经历了四次工业革命:第一次工业革命的标志是蒸汽机,我们在农业时代能够利用的力量仅仅是大自然给我们的力量,但是工业革命使得我们可以利用自己创造的东西来服务于人类,这是非常了不起的。

第二次工业革命发生在 19 世纪的六七十年代,詹姆斯·麦克斯韦(James Maxwell)开创了电磁学,人类跨入电气时代。人类第一次可以控制电,这使得能源结构发生了深刻的变革,从以前的直接燃烧,转换成了电力,改变了我们的生活和社会。

百年之后,在第三次工业革命中,计算机出现了。这种大容量的计算和信息的高速传递,使得人类有了一个飞跃性的发展。

到了第四次工业革命,虽然标志很多,但最重要的当属人工智能。这代表着人工最终是要被替代的,以前是机器替代体力,这次要替代脑力。从技术发展的角度来讲,这是非常重要的一个飞跃。

---

[①] 本文根据姚洋教授在 2019 年 6 月 12 日"兴隆湖畔·新经济发展论坛"上的主旨演讲整理。

## 不劳动，人的意义何在？

第一次、第二次工业革命一方面是机器开始替代人力，另一方面也对人类社会结构产生了巨大影响。在农业社会，每一个人既是生产者，又是消费者，也是生产的组织者。中国的农村工业化走得比别的国家好，是因为中国有小农经济。为什么小农经济容易产生农村工业化？因为每一个农民都是一个企业家，这代表着他不光是一个消费者，还是生产者、组织者。这是过去人类社会的组织形式。

机器化大生产之后，人类都被"剥离"到了工厂里，像机器一样，或者说变成了一颗"螺丝钉"。卓别林的电影《摩登时代》就有对人变成机器的隐喻。这就是马克思所说的"人的异化"。

第二次工业革命没有改变这个状态，尽管是电气化，但它延续了第一次工业革命机器化大生产的性质。

第三次工业革命是人性的回归，计算机可以辅助我们做一些繁琐的计算工作了。计算机大规模应用之后，没有替代多少劳动力，反而提高了人类的劳动力，特别是出现所谓的"高端工种"，实际上是提高了人的价值，而不是降低。所以从某种意义上来说，第三次工业革命使得人性重新回归，人变得更加完整。

但是，到了第四次工业革命，人类发现自己没有劳动的必要了。不仅仅是体力劳动没有必要，甚至脑力劳动都没有必要了。大约三四年前，我们还会去银行柜台办业务，而今天很多在柜台服务的人，甚至一些做财务评估的人，都可能已经被机器替代了。那么，当人类不劳动的时候，人的意义何在？

马克思所设想的共产主义社会是一个劳动的社会。他认为，尽管共产主义社会是物质极大丰富的社会，但是人仍然需要劳动。马克思对人的解放的理解是清晨做渔夫，上午做农民，下午做工人，晚上去做一个思想家。但到了今天，不需要劳动了，人怎么办？

有些国家实行基本收入制度，比如奥地利给每名公民每月 600 欧元的保障，如果你有住处的话，生存不是问题。但人活着干什么？有人说，我们都可以去搞创意,但社会不需要这么多人搞创意。举个例子,有人统计过,从 20 世纪初有电影以来,只有 20% 的演员能够成功地只靠演电影而生存,多数演艺从业者不得不另谋出路。社会不需要那么多人搞创意。

## 技术进步,使得高端工种被替代

再看技术进步对就业的影响。有很多经济学家说,我们不用担心第四次工业革命,它不会使劳动力被替代,而是会创造更多的就业岗位。事实并不是这样。

在第一次工业革命和第二次工业革命的时候,大规模的农村劳动力转移到城里,这部分劳动力在农村的时候并没有充分就业,到了城里之后,才实现充分就业。所以,第一次工业革命和第二次工业革命不是在替代劳动,而是在创造就业。

到了第三次工业革命的时候就打成了平手,计算机没有替代很多的劳动力,而是辅助了劳动力,特别是比较高级的劳动力。

第四次工业革命却是在向替代高端劳动力发展。我曾参访一家鞋厂,鞋厂老板把我带到生产流水线前,告诉我现在这个工种还需要一个工人,但实际上只要老板把机器调一下,这个工人就被替代了。再往上一些处于更高端的工种也正逐步被替代。

有人说,要想就业就必须获得更多的教育。但事实也并非如此。举个例子,美国除了加州和华盛顿附近就业很好,整个广大中西部地区没有多少优质就业机会。很多老百姓即使接受了大学教育,也未必能胜任新技术所要求的那些工种。

北京大学国家发展研究院(简称"北大国发院")在 2020 年完成了一个项目"中国 2049"。本来大家担心老龄化会影响我国的劳动力供给,但根据我们的研究结果看,根本不用担心。因为 AI 和自动化的采用将在未来的 30 年里替代 1.8 亿的劳动力,这将超过老龄化导致的劳动力下降数量。

## 技术发展让经济更加集中

技术进步对经济集中的影响可以在美国民主党和共和党历年总统候选人的得票结果中得到反映。

1960年还没有规律可循。1976年是民主党的卡特获胜,他主要胜在南方各州,这跟民主党在整个六七十年代关注并支持南方的民权运动有关。到了1992年民主党的克林顿第一次竞选获胜时,他赢的州都在西海岸,这里是技术最发达、社会最激进的地方,还有新英格兰地区和中部的一些州。2008年民主党的奥巴马赢得选举,占据的仍然是西海岸、东海岸和中部少数州。2016年民主党的希拉里·克林顿虽然败选,但是她的普选得票数实际上超过了特朗普的250万选票,她的选票还是主要集中在东西海岸。

从美国近50多年的历史就能看到,美国中部的就业在慢慢流失,而且几乎是永久性的,即使能得到部分就业,其质量也不是很高。就业人口都去了东西海岸,而且都是高端人才,一般的大学学历很难获得就业机会。

中国的经济集中情况可以看两个数据:第一个是淘宝的卖家分布统计数据,显示卖家主要集中在我国东部。第二个数据是北大国发院下属的北京大学数字金融研究中心发布的数字普惠金融的分布情况。2011年时很明显集中在东南沿海,这跟阿里巴巴有一些关系。到了2015、2018年,它分布得更广泛一点,但仍然主要集中在东部。这说明,新经济或者互联网经济的发展,并没有"拉平"整个中国的经济发展,而是让经济更加集中。

## 发展技术的同时,如何保护人类社会?

最后看技术和社会之间的关系。有人担心机器发展到最后会反过来统治人类,但我估计这不可能发生,人类不会愚蠢到让机器来主宰自己,因为毕竟是由人类来写代码告诉机器做什么。但是,技术可以主宰我们的生活,可以无死角地"监控"我们,这件事现在已经开始发生。

这为什么是一个重要的问题呢?因为首先这是隐私问题。保护个人私域是现代社会的一个重大标准,也是人类社会的一个重大进步。

人活着首先是为自己活着,我相信马克思也会承认这一点,因为他说过个人解放是全人类解放的前提。但我们现在看到的情况是,社会对个人隐私的保护越来越弱,特别是在中国。人成为技术的奴隶,算法左右决策,视频社交软件左右生活情趣……现在我们每天都生活在算法之中,比如你打开计算机或者手机去查机票价格,查第二次的时候系统就会给你涨价,而且会调查你过去的上网记录,给你一个画像,为你单独定一个价。我们的命运实际上被掌握在算法的手里。

核心问题是,科技会不会最终影响到人的主体性?这并不是说真正让机器来统治我们,而是也许不知不觉中,我们会自愿成为技术的奴隶。

还有一个重大的问题是,政府的边界在哪里?这是全球面对的共同问题。

美国信息监控的发达程度相信大家都多少有所了解,它不光能做到对美国自己的几乎无死角的监控,甚至能监控全世界。正如小说《1984》里反复强调的——"老大哥在看着你"。

但是政府是否有一个边界——它即使知道这些信息,但是它不会用信息优势来做对个人不利的事情?这是非常严肃的问题,如果处理不好,最终可能会威胁到社会的开放,导致人人自危,言路受阻。这样的社会是不是我们所希望的样子?

《大转型》的作者、经济史学家卡尔·波兰尼曾考察英国的资本主义发展。他发现,不加限制的市场最后会摧毁社会的"纤维",并最终摧毁市场本身,因为市场要依赖社会"纤维"而存在,没了社会就不可能有市场。当时他考察的是第一次工业革命和第二次工业革命时代的英国,他所发现的那些规律性的方法,到了今天仍然具有参考价值。他最后的结论是,当市场无节制地运作的时候,会引起社会的反动,即社会将反过来要求国家对市场进行一定的限制,这种限制最终对市场形成一种保护,是有利的。

今天也是一样,技术在不断地冲击我们社会的"纤维"和组织,也会引起社会的反动。全球都在讨论这个问题。一个例子是,旧金山已经成为美国及全球范围内第一个禁止人脸识别的大城市。这个禁令不仅仅禁止在马路上用监控摄像头给人群拍照,而且禁止警察用人脸识别来追踪逃犯。旧金山在这方面设立了一个榜样,因为人脸识别是非常前沿的技术,但是旧金山仍然颁布了这项禁令。

技术发展仍然是人类社会发展的前提。说远一点,每个人注定都要死亡,地球也注定要死亡,大概50亿年之后,太阳会变成一个红巨星,会将地球吞噬掉。如果人类不想死亡,文明不想消亡的话,就只能依赖技术,逃离太阳系,甚至要把自己变成机器人。所以,技术进步仍然是第一位的,但是,在技术发展的过程中怎么保护人类社会,也是我们要认真思考的问题。

关于技术的使用并没有标准答案。我们国家在移动通信、AI和自动化等很多领域已经接近或处于世界领先水平,并且在其他领域也在赶超,但技术所带来的负面影响也已经开始显现,比如我国的征信系统。国际社会对我们的征信系统有疑问,虽然他们的疑问有夸大成分,但我们自己是不是也要有一定的警觉?这个征信系统的边界到底在哪里?

那么,怎么去破题呢?以腾讯为例。腾讯是游戏起家,现在已成为国际巨型公司,马化腾也在带领腾讯核心团队思索这个问题——在一个新时代里应当怎么做?他最后提出来的口号是"科技向善"。这是一个很模糊的概念,但腾讯有了这样的方向,会对它的发展起到主导作用。

# 中国该如何选择创新的路径①

姚 洋

过去十年,中国从两方面经历了非常重要的结构转型。一方面是从出口导向的增长模式转到以国内需求为主的增长模式。2010年之前,中国的经济增长率基本上是"三驾马车"——出口、投资(包括房地产)、消费——各贡献中国经济增长的三分之一左右。2012年之后,出口对中国经济增长的贡献越来越低,国内需求大大增加。另一方面的转变是中国工业化时代的高峰基本上过去。人类经济史有一个规律:工业增加值占GDP的比例和工业就业占全部就业的比例一般都先上升,峰值在35%左右,然后下降。中国2010年达到35%,然后2012年也开始缓慢下降。

上面这两个转型都说明我们外延式扩张的时代已经结束,今后要转向内生型发展。要实现这个转换,创新就一定要跟上。

## "从0到1"还是"从1到N"?

说到创新,很多人只关注硅谷所谓的"从0到1"的创新。"从0到1"的创新是什么?苹果手机就很典型。苹果手机一出来,原来的传统手机基本上没有市场了。2006年之前很有名的手机品牌,比如摩托罗拉、诺基亚等都

---

① 本文根据姚洋教授2018年11月24日在"第四届中国制造强国论坛暨2018中国制造年度盛典"上的演讲整理。

因为苹果手机的创新而倒下。这就是"从0到1"的创新,它是颠覆性的,一个新产品出来使旧的产品完全被淘汰,美国多年都是"从0到1"创新的大国和引领者。

"从0到1"创新的优势是永远站在世界技术前沿,可以拿到巨额的垄断利润。现在智能手机品牌虽然已经成百上千,但苹果一家的利润就占所有智能手机利润的近90%,尽管它的销量并不是最高的。剩下的华为、三星、小米等加起来也就10%多一点。根本原因就是苹果在颠覆性创新上先行一步,功能和创新性一直领先,这就是"从0到1"创新的好处。

但是我们还要看到"从0到1"创新的另一面,即成本非常高。一个新产品出来,旧产品就要死去,它是创造性的,同时对传统产业又是毁灭性的——毁灭的不仅是传统产品,还有对应的设备甚至产业带。美国经济靠"从0到1"的创新实现了持续增长,但主要增长都集中在西海岸、东海岸,加上中间创新能力较强的个别城市,剩下大部分地区没有多少发展。美国中西部的贫困超乎想象,这里的工作机会几乎全部被创新毁掉,因为"从0到1"的创新不培育中间产业,相应的工作机会自然也不会有。富士康即便在美国设厂,也找不到合格的工人,只能从中国招工人。"从0到1"的创新走得太久以后,美国就缺少适合普通人的好的工作机会,最终使美国形成了两极分化,大量的穷人和少数极其富有的人之间有一条巨大的鸿沟。

面对如此巨大的鸿沟,美国还能保持几十年的稳定,这在一定程度上和美国崇尚个人主义的文化有关,这种文化使得美国人从骨子里就接受自力更生,因不能胜任工作被公司裁掉以后也没有太多怨言。当年我毕业的时候,我母校威斯康星大学的化学专业世界领先,很多同学毕业以后踌躇满志,能到最好的制药公司工作。但金融危机使其中一些同学被解雇。那还是十年前,也还年轻,大家继续找工作。但如今又有同学再次被解雇,50多岁的博士无法胜任高科技的工作,只能到超市应聘,干一些杂活儿。但他们没有发泄什么不满,而是成败由人,接受现实。中国是不是这样的文化?我们如果50多岁的博士去超市应聘收银员、理货员,能不能面对现实,心平气和?

我并不是说中国的文化不适合"从0到1"的创新,我们也有很多"从0

到1"的创新优势和成果,我只是在启发大家一起思考中国是不是适合像美国一样只专注于"从0到1"的创新。

与美国相比,德国和日本的创新模式更多是"从1到N"的创新。比如,德国默克集团专注于手机屏幕的液晶研发和生产,全球75%的液晶都是默克生产的,它就把这个东西做到极致。默克已经有三百年历史,到今天还做得非常好。

德国人知道他们和美国在互联网和芯片领域竞争没有优势,因此采取差异化的创新战略,推出"工业4.0",为自己的传统制造业"插上翅膀",进行柔性生产,不求技术大突破,只专注于一个接一个的微创新和优化,然后把一类产品做到世界最好,从而占领全球市场。这就是德国模式。德国的自由主义属于秩序自由主义,先把秩序搞好,在秩序基础上追求自由。因此,整个德国社会也很稳定和谐。到今天,德国的工业就业仍然占全部就业的25%,美国不到10%。

## 从两个维度考虑中国的创新之路

中国接下来一定要把创新做好,但我们一定要想好创新之路该怎么走。在选择时我们要直面现实,好好地理解我们自己的民族性,要想清楚我们到底是个人主义还是集体主义更多一点。我个人的观察是,中国人的心理跨度很大,个人主义和集体主义都有。

张瑞敏、任正非、刘永好、马云、马化腾等,从某种意义上说就是典型的个人主义英雄,虽然背后也都有强大的团队,但不可否认他们本人都有很卓越的企业家才华,也因此不仅获得了可观的个人财富,也为时代做出了贡献。我们这个民族有认同和推崇个人主义的一面。

但与此同时,我们对集体主义也有很高的认同和推崇。央企领导不用说,很多民营企业家谈到企业发展,也都把为国争光放在前面。我们习惯于从大到小、先有国后有家的思维,尊重权威,报效国家,不喜欢思辨,追求和谐,这也是我们骨子里的文化。

因此,中国接下来走一条什么样的创新之路,要和咱们自己的文化传统结合起来。对于具体的技术路线选择,有两个维度参考:一个是历史维度,一个是地理维度。

先说历史维度。我们20世纪50年代就开始搞农业优先发展战略,对这个战略的批评很多,但客观地说也应该一分为二地评价:我们既犯了很多错误,浪费了很多资源,但也因为农业优先发展战略给工业打下了良好的基础。

我自己和家人都曾在西安电力机械制造公司(简称"西电")工作,这是一家1956年建立的公司,是当时苏联援建中国的156个项目之一,直到今天仍然是我们国家输电设备行业的脊梁。在改革开放之初,中国推行出口导向战略,因为我们按比较优势发展就应该暂时放弃重工业,大力发展出口加工业和比较优势明显的劳动力密集产业。但历史在不断进步。经过20年发展,中国服装鞋帽类劳动密集型产品的出口占比达到顶峰以后直线下降,如今占出口比重已经不到10%。相反,电子产品出口占比上升到30%,机械产品出口占比上升到40%。40年走了一个轮回。其实还有一些重工业比西电做得更好,像济南二机床厂。这也是一家纯国企,销售额并不是特别高,不到一百亿,但它非常专注于技术研发和创新,不搞规模扩张,把数控机床做到了极致,尤其是汽车的冲压机床。产品如今可以打败德国、日本的对手,出口到美国。过去,我们是买别人的机器设备,别人派工人到中国来安装调试。如今济南二机床厂把产品出口到美国福特公司,派工人到美国帮他们组装,教美国工人运转机器。这个机器还插上了互联网的翅膀,配备了远程监控,有小毛病在济南就能通过工程师远程解决,大问题再派人过去。中国这样的企业其实并不少,只是没有人关注它们。

再说地理维度。我们有适合"从0到1"创新的地方,深圳、杭州、苏州都有潜力成为世界的创新中心,但是绝大多数地方还是做"从1到N"的创新。即便整个世界都在经历第四次工业革命,也还是要有人生产钢铁、轮船,这是我们的优势,不应该丢掉。在中西部地区,劳动力密集型的行业也还有生存的基础。三四线城市很难在创新上和深圳看齐,也没有必要。如果三四线城市非要在"从0到1"的创新上发力,那深圳干什么?中国有960万平方公里的土地,有不同的经济发展水平和亚文化,没有必要每个企业、每个地区都搞"从0到1"的创新,都去冲击世界最前沿。我老家在江西一个中等发达的县,最近这几年GDP涨得非常快,主要就是依靠两个产业——箱包和灯具。我们县生产了全国中低档箱包的80%,一个箱包净利润只有5块钱,生产100万个,在当地净盈利有500万已经不少,还提供了很多就业。

如果从历史和地理两个维度考虑中国的创新选择,我们首先会发现一个事实:中国是一个巨型国家。过去,我们永远都在检讨自己,觉得自己这也做得不够,那也做得不够。10年前,世界五百强榜单上的中国企业只有35家,到2018年已经上升到120家。日本企业在这个榜单上现在只有我们的零头,美国也才126家。而且估计5年之内中国上榜的企业总数会超过美国。10年前,我们抱怨中国在世界五百强中的企业太少,今天我们够多了又开始抱怨大而不强。如果中国在五百强榜单上既多又强,世界其他国家该如何应对中国?我们现在人均GDP刚刚9 000美元,如果这时就想把人家人均GDP 50 000美元国家的事情都做好,别人一定会想办法控制中国,以保持自己的发展机会。

如开头所讲,我们已经出现两大转变,今后的发展迫切需要我们正视创新,但创新一定要正视自己的历史与地理,一定要从自己的文化出发,选择一条适合自己的创新之路。"从0到1"的创新要做,"从1到N"的创新也一样要重视。每个地方根据自己的阶段和特质,都一步一个脚印把现在的事情做好才是我们最好的路。如果从新中国成立70年的角度来思考,我们走过一段弯路,但总体而言,改革开放又让我们回到了正确的路上,改革开放以后的这条路走得非常踏实,非常正确,要好好走下去。